Lazer e Cultura Popular

Coleção Debates
Dirigida por J. Guinsburg

Equipe de realização – Tradução: Maria de Lourdes Santos Machado; Revisão: Alice Kyoko Miyashiro; Produção: Ricardo W. Neves e Sergio Kon.

joffre dumazedier
LAZER E CULTURA POPULAR

PERSPECTIVA

Título do original em francês
Vers Une Civilisation du Loisir?

© Éditions du Seuil, Paris

Dados Internacionais de Catalogação na Publicação (CIP)
(Câmara Brasileira do Livro, SP, Brasil)

Dumazedier, Joffre, 1915-2002.
 Lazer e cultura popular / Joffre Dumazedier ;
[tradução Maria de Lourdes Santos Machado]. --
São Paulo : Perspectiva, 2014. -- (Debates ; 82 /
dirigida por J. Guinsburg)

1ª reimpr. da 4ª ed. de 2012
Título original: Vers une civilisation du loisir?
Bibliografia.
ISBN 978-85-273-0219-7

1. Ciências sociais 2. Cultura popular
3. Lazer - Aspectos sociais 4. Sociologia - Teoria
I. Guinsburg, J.. II. Título. III. Série.

08-07532 CDD-306.4812

Índices para catálogo sistemático:
1. Lazer e cultura popular : Sociologia 306.4812

4ª edição – 1ª reimpressão

Direitos reservados à

EDITORA PERSPECTIVA S.A.

Av. Brigadeiro Luís Antônio, 3025
01401-000 São Paulo SP Brasil
Telefax: (11) 3885-8388
www.editoraperspectiva.com.br

2014

SUMÁRIO

Nota do Tradutor.................................... 7
Nota Preliminar.................................... 11
I. LAZER E SOCIEDADE 17
   A situação ainda não está clara 19
   Donde vem e para onde vai o lazer? 51
   Determinismos sociais e lazer 65
   Relações entre o trabalho e o lazer 93
   Família e lazer 115
II. LAZER E CULTURA 137
   Lazer usufruído no fim do ano e cultura turística .. 147

 As funções do lazer e a participação no cinema ... 165
 Televisão e lazer 177
 O lazer e o livro 203
 O lazer, a instrução e as massas............... 235
 Atitudes ativas e estilo de vida................ 255

CONCLUSÃO PROVISÓRIA.................... 267

III. ANEXOS................................. 287
 Metodologia 289
 Referências bibliográficas 319
 Bibliografia complementar.................... 331

NOTA DO TRADUTOR

— Pediríamos ao leitor que tivesse presente ao ler este Livro, que o Autor refere-se sempre ao contexto social, cultural, econômico e trabalhista da França. Quando não é esse o fundamento do pensamento ou dos fatos, há esclarecimentos da parte do Autor.

— O Tradutor com vistas a um melhor esclarecimento do texto, procurou contornar esse fato — sempre com a preocupação de não desvirtuar o pensamento do Autor — acrescentando as palavras *"França"* e *"francês"* onde foi possível ou, então, incluindo o nome do País ou da nacionalidade citada indiretamente.

— Foram conservados na língua francesa:
  — os nomes dos Organismos Governamentais e Particulares e Para-Estatais, Instituições Oficiais e Particulares, Empresas Particulares e Para-Estatais, Escolas, Associações, Comitês, Congressos, Reuniões e afins.
  — Os nomes das cidades francesas, mesmo naquelas que já tenham seu nome estabelecido na língua portuguesa.

— A cidade de *ANNECY*, na França, foi o centro das pesquisas relatadas no Livro e realizadas sob a responsabilidade do Autor. Nesta tradução, a cidade de ANNECY, será referida como cidade *A*.

A GEORGES FRIEDMANN,
que estimulou nossas pesquisas.

À associação PEUPLE ET CULTURE
cuja experiência fez com que tomássemos
consciência da importância dos problemas.

AO GROUPE DE SOCIOLOGIE DU LOISIR ET DE
LA CULTURE POPULAIRE, cujos trabalhos nos
possibilitaram escrever este livro.

NOTA PRELIMINAR

Este livro resulta de razões de ordem prática. Entre 1955 e 1959, publicamos sobre o lazer, inúmeros artigos em revistas francesas e de vários países. Recebemos muitos pedidos para reunir esses artigos, dada a dificuldade de divulgação do que é publicado em revistas. Por outro lado, até o ano desta edição, apesar da atualidade dos problemas sociais e culturais suscitados pelo lazer, não existe ainda na França, nenhuma obra científica que trate desse fenômeno no seu conjunto. Atendendo a tais motivos, resolvemos organizar o presente volume.

Ao encetar a releitura dos textos, verificamos a necessidade de atualizá-los, desenvolvê-los e completá-

-los com outros trabalhos. Assim nada foi incluído na sua forma original e ainda alguns autores escreveram ensaios expressamente para este livro.

É possível que existam lacunas. Tivemos de recorrer a pesquisas realizadas por colegas e colaboradores, como George Magnane, que terminou um trabalho sobre a sociologia do esporte e Aline Ripert, que redigiu um estudo dedicado à sociologia do lazer nos Estados e ainda a muitos outros trabalhos. Foram também de grande utilidade os ensaios de Edgar Morin sobre o cinema e o de Henry Raymond a respeito das férias. Queremos também ressaltar que este livro representa somente um certo momento em nosso trabalho pessoal e nas atividades de nossa Equipe. Nele serão utilizados os primeiros resultados de uma enquete realizada pelo Centre d'Études Sociologiques, durante os anos de 1956-57, sobre a posição da lazer no desenvolvimento sociocultural de um aglomerado (a cidade Annecy *, na França, com 40 000 habitantes). Os resultados definitivos dessa pesquisa sobre o lazer e essa cidade serão apresentados proximamente numa outra publicação. Propositadamente não juntamos aqui as análises teóricas por termos a intenção de incluí-las numa tese dedicada ao estudo da ambigüidade do lazer, na evolução cultural das sociedades industriais. Acha-se em preparo ainda um estudo coletivo, baseado em pesquisas, sobre o problema das profundas modificações que as ciências sociais do lazer deverão determinar na concepção geral da educação francesa e por isso neste volume o assunto foi inserido na parte reservada aos Anexos.

O leitor atento perceberá certamente que os vários capítulos não receberam tratamento uniforme. Devemos esclarecer que não os escrevemos no mesmo período de tempo. No decorrer do período em que foram escritos, muitas circunstâncias contribuíram para que evoluíssem nossas idéias, hipóteses e questões: a exploração progressiva dos resultados referentes aos trabalhos realizados na cidade *A;* o desenvolvimento de uma pesquisa sobre o lazer, coordenada em onze países europeus; a possibilidade de confrontar nossas idéias com as de

(*) Como já esclarecemos, sempre que for citada a cidade de Annecy, ela será chamada de cidade *A*. (N. da T.)

outros especialistas da sociologia do *lazer*, por ocasião do Congrès Mondial de Sociologie, realizado em Stresa, em 1959 e por último uma viagem de estudos que fizemos aos Estados Unidos da América do Norte, em 1960. Todavia, consideramos conveniente conservar essa diversidade que corresponde a vários aspectos do lazer, cuja importância relativa ainda não foi suficientemente estabelecida, a ponto de ser possível eliminar alguns, em proveito de outros.

No decorrer destes últimos anos, o lazer tornou-se um assunto da moda na Europa. Infelizmente ele desperta tanto a imaginação dos otimistas quanto a dos pessimistas e todos apresentam afirmações sobre fatos contraditórios, sem a necessária preocupação de juntarem provas do que afirmam. De nossa parte procuraremos esclarecer aquilo que as ciências sociais já conseguiram estabelecer sobre o lazer e o que ainda resta fazer.

Ficaríamos felizes se este livro conseguisse despertar no leitor um maior interesse pelo estudo das relações do lazer com o trabalho, a família, a política e a moral ou então pela concepção de felicidade como hoje é ela entendida, acompanhado pela preocupação em demonstrar uma grande reserva nas afirmações que apresentarem sobre o conteúdo dessas relações. Desejaríamos ainda que os assessores, educadores, as pessoas que trabalham em serviço social e os políticos procedessem a um reexame de certas idéias pedagógicas, sociais e políticas estabelecidas em outras épocas, quando os problemas do lazer ainda não se tinham apresentado na vida das massas.

Esse reexame é tão complexo que a "experiência pessoal" e a reflexão suscitada por ela, ainda que insubstituíveis, continuam a ser insuficientes. É indispensável uma ampla aplicação das ciências do homem à análise deste domínio. Os esboços de análises incluídos nos vários capítulos deste livro conduzem quase todos eles a uma única conclusão: o leitor será levado a reconhecer que as afirmações e conclusões não resultam da deformação de um "especialista". Foi na ação que o Autor deste livro descobriu a imprescindível valorização da pesquisa. Durante vinte anos, muito antes de se dedicar a trabalhos de natureza sociológica, o Autor tomou parte ativa no desenvolvimento da ação cultural, em escala nacional e internacional. Como "ex-Inspecteur Principal de la Jeunesse et des Sports", presidente--fundador de inúmeras organizações destinadas à educação de adultos, a principal delas denominada Peuple et Culture, membro da comissão cultural do Commissariat au Plan e do Conseil Supérieur de l'Éducation Populaire, o Autor sempre se impressionou com a complexidade dos problemas relacionados com o desenvolvimento cultural das massas e com o caráter temerário das soluções adotadas. Reconhecemos que importantes realizações constituem o ativo de inúmeras instituições culturais, associações de jovens, associações de educação popular e dos grandes meios de difusão, como a imprensa, o rádio, o cinema e a televisão. Escapam, porém, ao conhecimento intuitivo os meios que possam levar à descoberta das necessidades manifestas ou latentes das massas, no domínio cultural, à exploração das verdadeiras fronteiras daquilo que é realmente possível, à invenção de soluções coordenadas ao nível do conjunto de meios de que dispõe a era da técnica e ao conhecimento dos efeitos das soluções a curto e a longo prazo. O conhecimento intuitivo pede um grande incremento da pesquisa científica. Todos conhecem a desproporção existente entre o desenvolvimento das pesquisas no setor das ciências da matéria e no das ciências do homem. Ainda, a ação econômica vem sendo objeto de estudos empíricos, experimentais e de previsão não realizados no âmbito da ação cultural. A expansão de uma ação cultural ao nível do lazer das massas deveria ser tratada sob uma perspectiva evidentemente diversa, mas com o mesmo espírito que nestes últimos anos contribuiu para a notável expansão da ação econômica coordenada e planificada.

É verdade que os primeiros resultados desse movimento de pesquisas desencadeado nos Estados Unidos, a partir de 1920 e na Europa depois de 1945, nem sempre contribuíram para o progresso do pensamento e da ação cultural, como se esperava. Despendeu-se dinheiro demais para descobrir evidências. Com muita razão, criticou-se a fraqueza teórica de inúmeros estudos. Tudo isso talvez constituísse uma etapa necessária para possibilitar as ciências sociais a não permanecerem prisioneiras de especulações herdadas do século XIX. De qualquer modo, neste momento temos necessidade de recorrer à pesquisa empírica para estudar os verdadeiros problemas apresentados pela aproximação de uma civilização do lazer. As Ciências do Homem não devem se fechar no círculo das questiúnculas teóricas do século passado, por sermos obrigados a nos defrontar com problemas de hoje e de amanhã. Na área do lazer — fenômeno em expansão — muito mais do que em outras áreas, a pesquisa, juntando à prudência uma certa audácia, deverá orientar-se no sentido da previsão, com o intuito de estabelecer uma "prospectiva" que não deverá ser somente crítica mas também e sobretudo construtiva. Não serão estudados somente os problemas mas também as soluções, diferentes e *possíveis,* em escala local, regional, nacional ou internacional. Não basta promover encontros entre responsáveis pela ação local, nacional e internacional; precisam eles ser precedidos ou sucedidos por pesquisas comparativas, realizadas obedecendo a técnicas rigorosas, capazes de proporcionar a essas assembléias, sobretudo as de caráter internacional, aquilo que mais lhes faz falta — uma base de informações e interpretações, na medida do possível incontestáveis que a todos se imporia pela autoridade da ciência.

Finalmente, todas as vezes que a situação da ação e da pesquisa o permita, as Ciências do Homem deveriam sair da etapa da observação e alcançar a da experimentação. Na área do lazer das massas, todos os dispositivos da ação cultural (um programa de televisão, um programa que visa reunir amigos), dentro de certas condições, poderiam se transformar em dispositivos de observação experimental, cujos resultados fariam com que produtores, realizadores e dirigentes não incorressem em erros e tentativas ou tomassem medidas insuficientes do ponto de vista das necessidades culturais da sociedade, dos meios a que pertencem os indivíduos e destes em particular. Tais pesquisas não devem abranger unicamente o fato social ou cultural mas também a ação social ou cultural. Será uma pesquisa sobre a ação que igualmente deverá ser uma pesquisa para a ação e se possível pela ação. Trata-se de uma *pesquisa ativa* que, dentro de um clima de independência, levará a novas relações os que trabalham na ação e os que pesquisam. Desse modo, o campo da pesquisa aplicada ou fundamental, a curto e longo prazo, ficará estruturado do próprio ponto de vista dos reais e possíveis responsáveis pelas transformações que terá de sofrer. Não se trata certamente de imaginar utopias geniais, mas caricaturais, como as de Wells e de Huxley, e sim possíveis modelos para o desenvolvimento de uma cultura popular.

Essa pesquisa exige uma íntima cooperação entre criadores, acessores, animadores da ação cultural e sociólogos, antropólogos, economistas e psicólogos, preocupados com o desenvolvimento cultural. Essa colaboração tentada na Europa e nos Estados Unidos já se mostrou difícil. Ela exige que os responsáveis pela ação sejam pessoas abertas à atitude experimental e ainda que os responsáveis pela pesquisa adquiram um conhecimento vivencial da ação sem por sua vez perderem sua independência científica.

Numa civilização de mudanças rápidas e surpreendentes, quando os progressos da ação apresentam sempre um certo atraso com relação ao dos conhecimentos, as ideologias continuam a reinar, mesmo que seu apoio já tenha desaparecido e quando se tornou difícil a integração do pensamento na ação e da ação do pensamento chegaremos a alcançar em tempo a necessária mudança mental dos elementos responsáveis pelos setores adiante citados?

Temos de fazer essa tentativa. Na área do lazer, não conhecemos um melhor meio para evitar a resolução de problemas de 1962 ou de 1975, com soluções encontradas em 1945 ou em 1936.

I
LAZER E SOCIEDADE

A SITUAÇÃO AINDA NÃO ESTÁ CLARA...

Nos dias de hoje e nas sociedades evoluídas, o lazer constitui uma realidade banal. A idéia de lazer não está porém, ainda, integrada nos sistemas de pensamento que orientam a reflexão dos intelectuais e das pessoas que trabalham na área da ação, independentemente de sua posição política — de esquerda ou de direita, partidários ou adversários dos sistemas capitalistas ou socialistas. Muitos estudiosos pensam sobre a sociedade como se não existisse a noção de lazer e intelectuais audaciosos, ao buscar novos sistemas que desejariam mais próximos da atual realidade, deixam-na de lado.

Pretendemos demonstrar que essa subestima teórica, conferida ao lazer, poderá levar a engendrar sistemas que, desde seu início, estarão privados de uma parte da vida. Para chegar ao problema *geral*, apresentado pelo lazer na cultura contemporânea, não bastará pesquisar os problemas do homem através do cinema, do esporte, do teatro ou da televisão. O lazer já tendo sido reconhecido em sua amplitude e estrutura complexa e ainda nas suas relações com os demais aspectos de nossa civilização maquinista e democrática, não mais poder ser considerado como um problema menor, sem importância e características próprias, colocado no fim da lista dos problemas importantes e na dependência de existir, ainda, tempo e dinheiro para que seja levado em consideração... O lazer apresenta-se como um elemento central da cultura *vivida* por milhões de trabalhadores, possui relações sutis e profundas com todos os grandes problemas oriundos do trabalho, da família e da política que, sob sua influência, passam a ser tratados em novos termos. Gostaríamos de provar que, em pleno século XX, não é mais possível elaborar teorias sobre problemas fundamentais, sem antes refletir sobre as conseqüências neles determinadas pelo lazer. Chegou o momento de tratar seriamente dessa futilidade que alarmou Valéry...

Inversamente, quando o lazer se apresenta colocado no seu verdadeiro lugar e exercendo múltiplas influências em vários setores da civilização, talvez ele passe a nos ofuscar. Ensaístas e poetas poderão ser tentados a imaginá-lo mais independente e preponderante do que na verdade ele é na vida cotidiana. Denis de Rougemont descreve a "era dos lazeres" (1)[1] como uma nova idade do ouro na qual, como por encanto, desapareceriam todos os problemas sociais. Roger Caillois, no fim de um belo ensaio sobre *Les Jeux et les Hommes* (2), propõe não somente uma sociologia dos jogos, mas ainda uma sociologia fundamental das sociedades, tendo como ponto de partida, seus próprios jogos. E finalmente o "lazer das massas", introduzido por pensadores norte-americanos, poderá vir a constituir uma perspectiva positiva ou negativa para o futuro

---

(1) Os algarismos entre parêntesis referem-se às indicações bibliográficas por capítulo, apresentadas a partir da página ...

do homem. Os autores citados, cujas análises são freqüentemente profundas, apresentam o mérito de revelar a importância recente desta realidade contemporânea, mas, ao mesmo tempo, a deformam, simplificam e chegam até a desvirtuá-la. Freqüentemente não levam em consideração as modificações determinadas pelo trabalho e pelos diferentes contextos sociais, a heterogeneidade de sua estrutura e como o lazer se apresenta diferentemente nos campos e na cidade. Passam eles do mito "trabalhista" para o mito "lúdico".

O lazer é uma realidade fundamentalmente ambígua e apresenta aspectos múltiplos e contraditórios. Se não recorremos à língua de Esopo, talvez seja porque ela tenha sido demasiadamente utilizada para, ainda, expressar alguma coisa. Devemos, porém, desconfiar das definições *a priori,* das generalizações apressadas e das sínteses prematuras. Antes de filosofar, precisamos observar e situar. A sociologia dos vários lazeres está em processo de constituição há já trinta anos, mas a sociologia geral do lazer apresenta-se, ainda, na infância. Nos Estados Unidos, na Europa e particularmente na França, estão programados e projetados inúmeros inquéritos históricos globais e dialéticos mas enquanto esperamos seus resultados, precisamos ser prudentes. Devemos nos colocar aquém de nossos próprios conhecimentos e o rigor será nossa regra. Antes de tudo — isto é, antes de qualquer pesquisa, reflexão ou ação — teremos de estruturar o problema em termos incontestáveis relacionando-os com a evolução social e cultural denosso tempo. Contentar-nos-emos em salientar as profundas mudanças sofridas pelo lazer, desde quando foram elaboradas certas ideologias importantes que a nossa sociedade, apesar de algumas tentativas esparsas, não se preocupa em reconsiderar e examinar novamente. Isso porque *les jeux ne sont pas faits* *.

Quando Karl Marx englobava o repouso na "reprodução da força do trabalho", não existia ainda a lei que limitava em doze horas a duração da jornada do trabalho industrial. Segundo Villermé, membro da

---

(*) A expressão *Les jeux ne sont pas faits,* aqui empregada e também no título deste capítulo, é usada em sentido alusivo e por isso a traduzimos mais pelo sentido que assume no decorrer desta parte. *Les Jeux ne sont pas faits* — "A situação ainda não está clara".

Académie de Sciences Morales et Politiques desse tempo, a duração do trabalho industrial, durante os seis dias da semana, era em média de treze horas (3): o número de dias feriados apresentava-se quase o mesmo, sendo a diminuição das festas religiosas compensada pelo aumento das festas civis. Desse modo, a duração hebdomadária do trabalho situava-se em torno de setenta e cinco horas. Como se sabe, hoje essa duração é de quarenta e cinco horas, com um ganho de trinta horas. Se levarmos em consideração a supressão anual de três semanas de trabalho, resultante da instituição das férias regulamentares, poderemos concluir que em pouco mais de cem anos, o tempo livre do trabalhador industrial elevou-se aproximadamente a mil e quinhentas horas por ano. Atualmente esse tipo de trabalhador só trabalha cerca de duas mil e duzentas horas por ano.

Qual parte dessas horas recuperadas do trabalho veio a ser ocupada por atividades de lazer? É uma questão controvertida. Jean Stoetzel, baseando-se em sondagens feitas pelo Institut Français d'Opinion Publique, entre 1945 e 1948, avalia em cerca de duas horas a duração média do lazer noturno da família urbana (4). A esse número de horas, dever-se-ia acrescentar a parte do tempo que se segue à refeição do meio-dia e a que precede à da noite. Consideramos que ela pode ser estimada, com relação ao homem, em quase uma hora [2].

Jean Fourastié avalia em três horas a duração média do lazer cotidiano do "trabalhador adulto de 1950" (6). A enquete de Chombart de Lauwe, baseada numa amostra predeterminada, constituída de cento e vinte famílias operárias da região parisiense, parece contradizer esses dados. A duração média do lazer cotidiano situar-se-ia entre uma hora e meia e duas horas. O autor, porém, exclui o *"bricolage"**, esclarecendo que

(2) Cálculo realizado com base em documentos datilografados: enquete sobre quatrocentas utilizações do tempo hebdomadário na cidade de *A*; enquete sobre setenta e oito famílias operárias de Malakoff (em colaboração com Marie Doreau); enquete sobre cem lares operários da cidadezinha de Aumale e da aldeia de Saint-Jean-de-Neuville (em colaboração com Jean Ader) (5).

(*) *Bricolage* — Essa palavra não tem correspondente na língua portuguesa e por esse motivo será sempre usada em francês.
Bricolage: Prática de todos os ofícios e execução no lar de pequenos trabalhos ligados a esses ofícios. Conserto. Recuperação de instalações e objetos avariados, *sem fins lucrativos*. (N. da T.)

só essa atividade ocupa a média diária de hora e meia a duas horas, "podendo parte dessa atividade ser considerada como verdadeiro lazer" (7). Uma análise em cados do *bricolage*, leva-nos a afirmar que em relação à maioria dos trabalhos ligados a ele, mais da metade desses semilazeres constitui atividades de verdadeiro lazer, não impostas por necessidades econômicas ou obrigações domésticas. Na aglomeração de *A*, os resultados de nossa enquete mostra que 60% dos operários consideram o *bricolage* como verdadeiro lazer, 25%, como trabalho e 15%, como atividade mista. Podemos, pois, avaliar em *duas horas e meia* a duração média do lazer cotidiano do trabalhador industrial, tomando como base cinco dias de trabalho com jornadas de doze horas e meia. De acordo com os trabalhos já citados, pode-se afirmar ainda que dois terços dos dias de repouso, geralmente, são consagrados aos lazeres. Para mais de um terço dos operários de *A,* esse tempo é o sábado inteiro; para a quase totalidade é a tarde de sábado e o domingo. Enquanto aguardamos o término de alguns tratamentos estatísticos, podemos situar, de modo bastante largo, entre vinte e trinta horas a duração das atividades hebdomadárias de lazer da maioria dos operários urbanos. A esses dados, teremos de acrescentar perto de duzentos e vinte e cinco horas correspondentes às três semanas de férias regulamentares.

É verdade que a estafa dos quadros profissionais, sociais e culturais torna difícil um verdadeiro descanso e que a atual duração do lazer não corresponde às crescentes necessidades de evasão. O trabalho industrial, sendo de execução mais fragmentária e organizada e ainda mais rápido do que no século XIX, implica uma fadiga maior para os nervos e por isso impõe, com maior força, na consciência da maioria dos trabalhadores, a necessidade de repouso e evasão. Por outro lado, num exame que faremos mais adiante, apresentaremos aquelas situações nas quais o lazer é desnaturado e reduzido, na verdade suprimido pelas horas suplementares, falta de meios, distanciamento dos locais de trabalho e por outras circunstâncias. O estudo de situações diferenciais não deverá, porém, desviar a Sociologia das preocupações com o fenômeno geral, que condiciona as atitudes coletivas das classes, dos grupos contemporâneos.

O importante é que o trabalho não mais se identifica com a atividade e que o dia não é ocupado unicamente pelo trabalho, comportando duas ou três horas de lazer. A semana de trabalho apresenta tendência a reduzir-se a cinco dias, com "dois domingos", os anos de trabalho não mais se sucedem sem interrupção e separam-se por três semanas de férias. A vida de trabalho não termina mais, unicamente devido à doença ou à morte, mas tem um fim legal que assegura o direito ao repouso. Assim, para o trabalhador, a elevação do nível de vida apresentou-se acompanhada pela crescente elevação do número de horas livres. Ainda que sua situação de assalariado seja a mesma de há cem anos, no processo de produção, mudaram tanto seus recursos quanto as perspectivas diárias, hebdomadárias e anuais. Surgiu um tempo novo para seus atos e sonhos.

Esse tempo é ocupado por atividades reais ou possíveis, cada vez mais *atraentes*. É lugar-comum afirmar que as distrações são mais numerosas, freqüentes e complicadas do que há cem anos e até cinqüenta anos atrás. A indústria dos lazeres ultrapassa a imaginação e o público está sempre à espreita do próximo lançamento musical e do filme que surgirá. É importante salientar, porém, que o maquinismo aumentou o desequilíbrio entre o trabalho e o lazer. Na verdade, se ele contribui para aliviar as tarefas profissionais, isso se deu, freqüentemente em detrimento do interesse apresentado por elas e da liberdade que havia para realizá-las. Em compensação, o aumento do número de automóveis, a multiplicação das técnicas de comunicação de massa (imprensa, cinema, rádio, televisão) o desenvolvimento das associações e grupos, que procuram satisfazer mais as predileções, caprichos e paixões de cada um, contribuíram para o aumento do prazer com as atividades de lazer, em proporções incomparavelmente maiores do que aquele que a máquina, até agora, conseguiu diminuir no que conserne às penas do homem.

Em menos de cinqüenta anos, o lazer afirmou-se, não somente, com uma possibilidade atraente mas, também, como um *valor*. São conhecidos os estudos do protestante Max Weber sobre os tipos ideais que orientaram os fundadores do capitalismo: "O trabalho justifica o ganho e toda atividade inútil à sociedade é uma atividade menor". Essa sociologia idealista refletia em parte as teses de Ricardo, relativas à acumulação necessária do capital. Numa perspectiva oposta, Marx considerava do mesmo modo a importância fundamental do trabalho. ("O trabalho é a essência do homem".) O desenvolvimento do lazer ameaça tanto os valores de Marx quanto os de Ricardo... Quando, em 1883, o militante Paulo Lafargue escreveu seu famoso panfleto *Le Droit à la Paresse* (8), o lazer apresentava-se, ainda, de certo modo, assimilado à ociosidade. Nos dias de hoje, o lazer funda uma nova moral de felicidade. É um homem incompleto, atrasado e de certo modo alienado, aquele que não aproveita ou não sabe aproveitar seu tempo livre. Poder-se-ia quase afirmar, juntamente com a norte-americana Martha Wolfenstein, que assistimos ao nascimento de uma nova moral da distração (*fun morality*) (9).

Mesmo quando a prática do lazer é limitada pela falta de tempo, dinheiro ou recursos, sua *necessidade* está presente e cada vez torna-se mais premente. Em 1955, 15% dos assalariados urbanos preparavam-se para comprar, como prioridade, um equipamento de lazer: passagens de viagem, aluguel de casas de férias, um televisor, um automóvel de passeio. Essa porcentagem é tão alta [3] quanto a apresentada por aqueles que se preparavam para arrumar, equipar ou comprar um apartamento ou uma casa (10).

A necessidade de lazer cresce com a urbanização e a industrialização. As enquetes realizadas por Moscovici e sua equipe em três aldeias localizadas na Haute Vallée du Nourrain sobre as transformações do universo econômico e familiar dos trabalhadores, demonstraram que elas são estimuladas pela participação numa empre-

---

(3) Esta observação, que se relaciona com as possíveis despesas, de forma alguma pretende dizer que a necessidade de moradia não seja prioritária. Fazemos esta aproximação somente para salientar a importância da necessidade de equipamento para o lazer.

sa mais modernizada e pela elevação do nível sócio-econômico dos operários (11). Não causa admiração que esse traço da civilização moderna afirme-se principalmente entre as gerações mais jovens. De acordo com uma enquete nacional, a necessidade de lazer ocupa o primeiro lugar, na área etária de dezoito a trinta anos, casados ou solteiros (12). Ela pode, ainda, ser encontrada na origem das privações mais citadas: 42% desejavam ter mais férias, 39% queriam, como prioridade um meio de transporte individual que aproveitariam sobretudo aos domingos, nos feriados e nas férias; e, finalmente, 35% gostariam de ter mais distrações. Quando o orçamento não permite satisfazer tais necessidades, o gosto pelas viagens, televisão ou pelo automóvel, chega a determinar restrições voluntárias, nos setores da alimentação, vestuário e habitação. A partir de 1956, aproximadamente, essas atitudes vêm apresentando novos problemas aos assistentes sociais especializados na área de trabalho com a família. Quando crescem mais rapidamente as necessidades do que os meios de satisfazê-las, temos um sentimento de empobrecimento, ainda quando na realidade, estejamos nos enriquecendo (14). O mesmo acontece com relação à necessidade de lazer.

O crescimento do lazer está longe, no entanto, de ser igual em todas as camadas da sociedade. Na França, subsistem meios sociais cujos lazeres encontram-se em estado de "subdesenvolvimento". Os seguintes fatores impedem ou retardam o desenvolvimento quantitativo e qualitativo do lazer: insuficiência ou inexistência de um equipamento recreativo ou cultural coletivo, falta de recursos familiares e dificuldades ligadas ao exercício da profissão. Nesses meios sociais, a necessidade de lazer poderá determinar estados de insatisfação, particularmente agudos. Citaremos dois exemplos:

a) Os operários que moram em cidades isoladas ou nas periferias nonde persiste a segregação social e o equipamento das instalações coletivas (15); os operários que diariamente atravessam aglomerações gigantescas e levam duas ou três horas entre o local do trabalho e o de sua habitação (16); os operários braçais, aos quais se aplica a reflexão de Chombart de Lauwe: "as preocupações impostas pelas despesas de primeira necessidade impedem que tenham interesses livres" (7).

Enquanto os quadros superiores e as carreiras liberais dispensam em média 155.600 francos por ano com "férias, transporte, cultura e lazeres", os trabalhadores braçais gastam, em média, 17.400 francos (17).

b) No meio rural, podemos fazer observações do mesmo tipo com relação à maioria dos trabalhadores. Ainda que o número deles diminua por ano em cerca de oitenta mil, constituem, no entanto 25% da população ativa francesa (nos Estados Unidos, essa porcentagem é de 11). A esse número, devemos acrescentar cinco milhões de pequenos lavradores e trabalhadores agrícolas. Qual o significado que terá para eles, essencialmente, a noção de lazer? Henri Mendras, num curso anual de sociologia rural, nem tratou do problema do lazer, no campo. No *Guide d'Ethnographie Rurale*, de Marcel Maget, o lazer ocupa somente uma página, sobre um total de 260. Seria possível estabelecer uma distinção na atividade rural entre o trabalho e o lazer? Alguns estudiosos o negam. Em certas regiões, "o trabalho nunca se acaba". A necessidade de cuidar diariamente dos animais torna difíceis as viagens de todos os membros de uma família. A enquete realizada pelo Commissariat au Tourisme, em 1957, ·verificou que, enquanto nas grandes cidades 65% gozam férias, no campo, essa porcentagem é de 19 (18). Surgem, porém, novas tendências e os jovens agricultores valorizam, cada vez mais, os lazeres. Uma lei de 1948 limita em duas mil e quatrocentas horas a duração legal do trabalho dos operários agrícolas. Seria interessante que a sociologia rural promovesse pesquisas para verificar como essa lei está sendo realmente aplicada. Por outro lado, o equipamento sociocultural de trinta e seis mil comunas rurais está longe de satisfazer as necessidades de nove milhões de pessoas de todas as profissões que aí habitam, isoladamente.

A partir de 1937, começou a esboçar-se nos campos um interessante movimento de organização de lazeres; anos depois, em 1945, teve ele um surto de desenvolvimento mas atualmente existem só cerca de mil lares rurais e quase duzentas Maisons de Jeunesses Rurales e, talvez cinco a seis mil organizações ligadas ao ensino e de grupos de jovens, realmente ativos. Menos de uma comuna sobre quatro possui uma organização relacionada com esportes, jovens, instrução e cultura. Este é um dos aspectos do "deserto francês". E, finalmente, como veremos mais adiante [4], as horas de lazer, em todos os meios sociais, continuam a ser menos numerosas para a mulher do que para o homem e a estafa ameaça o descanso de numerosos dirigentes e animadores socioculturais, e de profissionais [5].

Que é o lazer?

Esse fenômeno já exerce conseqüências tão sérias sobre o trabalho, a família e a cultura que nos achamos, agora, obrigados a examinar seus componentes mais importantes. Nem Marx, nem Ricardo poderiam evidentemente, ter feito observações sobre a situação do lazer na vida operária de seu tempo. O desenvolvimento das grandes indústrias acabara com o antigo ritmo do trabalho, determinado pelas estações do ano e interrompidos pelos jogos e festas. Após longas horas de trabalho diário, ao qual já nos referimos, só restava o repouso, definido por Marx como a reprodução da força de trabalho. Nesse tempo, a ideologia refletia a realidade. Hoje, o repouso foi substituído por um conjunto integrado pelas mais diversas atividades, não ligadas a necessidades e obrigações, como, por exemplo, os deveres familiais e sociais. São *atividades terceiras* (*tierces activités*) diversas das atividades produtivas e das obrigações sociais que apresentam a estas novos problemas. Surgem como um elemento perturbador na cultura de nossa sociedade.

Os sociólogos do trabalho, como G. Friedmann, em particular, foram os primeiros a salientar a importância de certas atividades às quais denominaram de

(4) Ver p. 33
(5) Ver p. 116

"hobbies", dadas*, violons d'Ingres** e de outros modos (19). A palavra *"hobby"*, porém, diz tudo e não diz nada. Compreende atividades fúteis e outras atividades importantes, positivas ou negativas se relacionadas com a sociedade, a cultura e a personalidade. Colecionar anéis de charuto é um *hobby*, como também as pesquisas no setor da mecânica podem ainda ser *hobbies* jogar futebol, fazer cursos de educação física, ser fanático por história em quadrinhos ou por peças de Shakespeare. O norte-americano Larrabee (20) reagiu, recentemente, contra a confusão existente a respeito do conceito de *hobby*, salientando também que autores bastante credenciados incluem entre os *hobbies* o gosto de nada fazer... Parece que não será o conceito de *hobby* que poderá nos ajudar a desvendar essas atividades especiais, uma vez que ele é mais interessante do que claro.

Se avançarmos um pouco mais, seremos ameaçados por dois perigos e duas tentações que poderão aprisionar nossa nova e complexa realidade e dela oferecer representações demasiadamente esquemáticas.

Os grandes doutrinadores sociais do século XIX, com menor ou maior acuidade, pressentiram o aparecimento do lazer mas nenhum deles, porém, previu sua ambigüidade. Todos caíram na ilusão intelectualista. Para Marx, o lazer constitui "o espaço que possibilita o desenvolvimento humano"; para Proudhon é o tempo que permite as "composições livres"; para Augusto Comte é a possibilidade de desenvolver a "astronomia popular", etc. Engels, enfim, pedia a diminuição das horas de trabalho "a fim de que todos tivessem tempo suficiente para participar dos negócios gerais da sociedade". Essa identificação entre o lazer e a instrução popular parece ser ainda familiar à sociologia soviética contemporânea e, na França, ela reflete uma das tendências da "educação permanente".

Seguindo outra orientação, a maioria dos sociólogos norte-americanos analisou sobretudo as várias formas de recreação. Muitos deles tendem a reduzir o lazer

(*) *Hobby*: O próprio autor se encarrega de explicar adiante o significado desta palavra. "Passatempo." *Dada*: Idéia favorita, idéia predominante ou tema favorito de conversação. *Violon d'Ingres*: Talento que uma pessoa cultiva à margem de sua atividade principal, como tocar violino para o pintor Ingres (donde vem a expressão). (N. da T.)

a uma "atividade livre, não paga que oferece uma satisfação imediata". A. Ripert tentou uma crítica das várias definições apresentadas pela sociologia norte-americana, até 1958 (21). Mais recentemente, depois dos ensaios de D. Riesmann (22), alguns pesquisadores como Havighurst (23), Kaplan e Wilensky analisaram o lazer, levando em consideração toda a complexidade de sua estrutura e das relações com o conjunto dos determinantes da vida cotidiana. Na França, encontramos somente conceitos parciais, confusos e arbitrários, entre os quais um dos exemplos mais insignificantes é o famoso item "Diversos", dos orçamentos domésticos. Aqueles que consultarem o *Dictionnaire de la Langue Française* de Littré * encontrarão a seguinte explicação: lazer "é um tempo que fica disponível depois das ocupações". Hatzfel e Darmsteter, cinqüenta e sete anos depois, contentam-se em recopiar a definição de Littré. Somente em 1930, Augé, em seu *Dictionnaire***, acrescenta um novo significado: "Distrações, ocupações às quais podemos nos entregar de espontânea vontade, durante o tempo não ocupado pelo trabalho comum". O "tempo" de Littré transformou-se, segundo Augé, em "distrações", "ocupações". Augé não mais afirma que "o lazer vem depois das ocupações", mas depois do "trabalho comum".

Essas mudanças de palavras, apesar de fracas, já podem ser consideradas como sinais de evolução dos costumes. Sob nossos olhos, deu-se uma profunda transformação dos significados do lazer na vida popular. Uma enquete sistemática, realizada em 1953, na qual se procurou verificar o que representava o lazer para operários e empregados, permitiu-nos precisar os dados do dicionário. A maioria dos interrogados define, ainda, o lazer como "um tempo"; mais de um quarto, como uma "atividade" e nenhum, como um "estado" (primeira definição de Littré). A quase totalidade dos oitocentos e dezenove indivíduos, interrogados ao acaso nas cidades localizadas no Norte, Sul, Leste e Oeste da França e também em Paris, definiu o lazer *opondo-o* a

(*) LITTRÉ. Maximilien Paul Emile. *Dictionnaire de la Langue Française*. 4 volumes (1863-1869). (N. da T.)
(**) Claude Augé. Fundador e principal responsável pelos Dicionários e Enciclopédias Larousse. O Autor possivelmente refere-se ao *Dictionnaire Complet Illustré*, publicado em 1889. (N. da T.)

certas preocupações da vida cotidiana que se sobrepõem ao que Augé chama de "trabalho comum". Essas definições podem ser agrupadas em três categorias, segundo seu sentido: "as tarefas habituais, monótonas e repetidas"; as "preocupações"; as "necessidades e obrigações". A terceira categoria é quase tão importante quanto as duas outras reunidas.

Nesta terceira categoria, em 60% dos casos, aparecem as obrigações profissionais que, apesar de serem as principais, não são as únicas. O plano deste capítulo não nos permite fazer uma análise do grupo formado por outras obrigações familiares e sociais, citadas numa freqüência variável. Por enquanto apresentaremos um quadro das atividades em relação às quais não subsiste qualquer dúvida de serem classificadas como opostas ao lazer:

1. O trabalho profissional.
2. O trabalho suplementar ou trabalho de complementação.
3. Os trabalhos domésticos (arrumação da casa, a parte diretamente utilitária da criação de animais destinados à alimentação, do *bricolage* e da *jardinagem*).
4. Atividades de manutenção (as refeições, os cuidados higiênicos com o corpo, o sono).
5. As atividades rituais ou ligadas ao cerimonial, resultantes de uma obrigação familiar, social ou espiritual (visitas oficiais, aniversários, reuniões políticas, ofícios religiosos).
6. As atividades ligadas aos estudos interessados (círculos e cursos preparatórios de um exame escolar ou profissional).

Seria, pois, inexato e perigoso definir o lazer opondo-o apenas ao trabalho profissional, como o faz a maioria dos economistas e sociólogos que trataram dessa questão. Quase todos parecem vítimas de uma fórmula demasiadamente teórica: "os três oito" — oito horas de trabalho, oito horas de sono e oito horas de lazer. Em suma, o lazer é definido, nos dias de hoje sobretudo, por oposição ao conjunto das necessidades e obrigações da vida cotidiana. Dever-se-á, ainda, salientar que ele só é praticado e compreendido pelas pessoas que o praticam dentro de uma dialética da vida cotidiana, na qual todos os elementos se ligam entre si e reagem uns sobre os outros. O lazer não tem qualquer significado em si mesmo. Sobre o lazer poder-se-ia escrever quase o mesmo que Henri Wallon escreveu sobre o jogo que, de certo modo, faz parte do lazer: "O jogo é, sem dúvida, uma infração às disciplinas e tarefas impostas ao homem pelas necessidades práticas de sua existência, da preocupação com sua situação e sua pessoa, mas em lugar de negá-las, ele as reafirma".

As três funções do lazer

Na enquete citada linhas atrás, todas as respostas afirmam que o lazer, qualquer que seja sua função, é, inicialmente, liberação e prazer. Em seguida, as respostas diferenciam-se em três categorias que, a nosso ver, correspondem às três funções mais importantes do lazer: a) função de *descanso*; b) função de *divertimento, recreação* e *entretenimento;* c) função de *desenvolvimento*.

O *descanso* libera-se da fadiga. Neste sentido, o lazer é um reparador das deteriorações físicas e nervosas provocadas pelas tensões resultantes das obrigações cotidianas e, particularmente, do trabalho. Apesar de ter havido uma melhoria na execução das tarefas físicas, o ritmo da produtividade, a complexidade das relações industriais e, nas cidades grandes, a distância entre o local de trabalho e da habitação, determinam, certamente, um aumento na necessidade de repouso, silêncio, *farniente* e pequenas ocupações sem objetivo. Como o demonstrou o Dr. Bize, essa exigência apresenta-se ainda mais forte com relação aos dirigentes: 85% dos quadros superiores da indústria se declaram em estado de estafa (24). Para qualquer categoria de trabalhador, o estudo da função de recuperação pelo lazer deveria ampliar o campo das pesquisas sobre a fadiga e a fatigabilidade que, na França, restringem-se a observações nos locais de trabalho. Sob a orientação do Dr. Metz esboça-se nesse sentido uma nova tendência. Trabalhos médico-sociais vêm sendo realizados sobre as relações entre o ritmo de trabalho e o ritmo do lazer, recorrendo cada vez mais à colaboração da psicologia do trabalho e da psicossociologia do lazer.

A segunda função compreende *divertimento, recreação e entretenimento* *. A função procedente liga-se à fadiga e esta, diretamente, ao tédio. Georges Friedmann insistiu muito sobre o nefasto efeito da monotonia das tarefas parcelares sobre a personalidade do trabalhador (19). Henri Lefebvre esboçou uma análise das alienações do homem contemporâneo, que levam a um sentimento de privação e a necessidade de ruptura com o universo cotidiano (25). Essa ruptura poderá em inúmeros setores exteriorizar-se por infrações às regras jurídicas e morais, ficando então na área da patologia social. Dentro de outras circunstâncias, ela poderá ser um fator de equilíbrio, um meio de suportar as disciplinas e as coerções necessárias à vida social. Daí a busca de uma vida de complementação, de compensação e de fuga por meio de divertimento e evasão para um mundo diferente, e mesmo diverso, do enfrentado todos os dias. A ruptura poderá levar, ainda a atividades reais, baseadas em mudanças de lugar, ritmo e estilo (viagens, jogos, esportes), ou então a recorrer a atividades fictícias, com base na identificação e na projeção (cinema, teatro, romance...). Será um recurso à vida imaginária, à satisfação daquilo que, desde Hoffmann e Dostoiévski, é chamado de nosso duplo (26). Na enquete citada, a função de "divertimento", em seu sentido restrito, foi a mais assinalada.

Passamos agora à função de *desenvolvimento* da personalidade, que depende dos automatismos do pensamento e da ação cotidiana; permite uma participação social maior e mais livre, a prática de uma cultura desinteressada do corpo, da sensibilidade e da razão, além da formação prática e técnica; oferece novas possibilidades de integração voluntária à vida de agrupamentos recreativos, culturais e sociais; possibilita o desenvolvimento livre de atitudes adquiridas na escola, sem-

---

(*) Devido aos vários sentidos da palavra *divertissement*, que neste livro devem ser levados em consideração, não podemos nos restringir à simples tradução de "divertimento".

divertissement: divertimento, recreação, entretenimento. Aliás, o próprio Autor, ao explicar a função de *divertissement* do lazer, procura fazê-lo nos três sentidos citados. (N. da T.)

pre ultrapassadas pela contínua e complexa evolução da sociedade e incita a adotar atividades ativas na utilização de fontes diversas de informação, tradicionais ou modernas (imprensa, filme, rádio, televisão).

A função de desenvolvimento pode ainda criar novas formas de aprendizagem (*learning*) voluntária, a serem praticadas durante toda a vida e contribuir para o surgimento de condutas inovadoras e criadoras. Suscitará, assim, no indivíduo libertado de suas obrigações profissionais, comportamentos livremente escolhidos e que visem ao completo desenvolvimento da personalidade, dentro de um estilo de vida pessoal e social.

Esta função apresenta-se menos freqüentemente do que a precedente mas tem uma grande importância para o incremento da cultura popular.

As três funções são solidárias, estão sempre intimamente unidas umas às outras, mesmo quando parecem opor-se entre si. Na verdade, essas funções acham-se presentes, em graus variados, em todas as situações e em relação a todos os indivíduos; podem suceder-se ou coexistir; manifestar-se uma de cada vez ou simultaneamente na mesma situação de lazer. Às vezes estão de tal modo interpenetradas que se torna difícil distingui-las. Na realidade, cada uma delas não passa quase sempre de uma *dominante*.

O lazer é um conjunto de ocupações às quais o indivíduo pode entregar-se de livre vontade, seja para repousar, seja para divertir-se, recrear-se e entreter-se * *ou, ainda para desenvolver sua informação ou formação desinteressada, sua participação social voluntária ou sua livre capacidade criadora após livrar-se ou desembaraçar-se das obrigações profissionais, familiares e sociais.*

Cultura de vivência e vivida

As relações entre o lazer e as obrigações da vida cotidiana e as existentes entre as funções do lazer, umas com as outras, determinam de certo modo uma participação crescente e ativa na vida social e cultural. Essas

---

(*) Para clareza do texto, fomos obrigados a ampliar a definição de "lazer" dada pelo Autor, na parte que se refere a *divertissement*. Ver nossa nota à p.33

relações são de grande importância na cultura vivida de nossa sociedade. Talvez devamos desconfiar de todas as atuais teorias que de modo abstrato pretendem explicar as relações entre a sociedade e a cultura. Vieram todas elas de épocas em que os fenômenos aqui estudados não se apresentavam em toda sua amplitude. De outro lado, elas precisam ser repensadas em função de uma sociologia concreta do lazer real e possível, própria de uma civilização industrial e democrática. Referimo-nos a *todas* as teorias, não importa quais sejam seus postulados — democráticos ou aristocráticos, individualistas ou coletivistas — quer se trate de K. Mannheim ou Ortega y Gasset, de Toynbee ou Plekhanov. Para que uma teoria cultural possa ser considerada viva, precisa corresponder não só a um conjunto de valores como também ao modo como esses valores são vividos pelas várias classes ou categorias sociais. Nos dias de hoje, essa cultura depende, cada vez mais, dos ideais e das maneiras como o lazer é praticado.

Os criadores, educadores e ativistas, que se propõem orientar idéias e atos, conhecem muito bem as novas dificuldades que surgem quando se deseja que uma idéia penetre nas massas e passe a constituir uma força... As reuniões sociais, os fins de semana e as férias, possuem também um certo conteúdo de idéias-força. Não será somente a falta de entusiasmo e de competência dos animadores sociais e culturais que poderá explicar os graves fenômenos de indiferença cívica ou política, como seríamos levados a acreditar, caso nos baseássemos nas inúmeras confissões e autocríticas estereotipadas que semeiam o caminho de seus revezes. Não se pode afirmar que um novo regime resolveria todos esses problemas. Pelo menos achamos que poderíamos lançar uma hipótese, dizendo que estão sendo elaboradas transformações profundas e ambíguas no íntimo dos homens de todas as classes sociais, partindo de certas futilidades denominadas lazeres.

Um novo homo faber

Já salientamos que o tempo tomado do trabalho profissional, no decorrer de um século, não se transformou, inteiramente em lazer. G. Friedmann tem razão quando se refere, provisória e prudentemente, a um "não-trabalho". Por exemplo, 25% dos operários da cidade *A* exercem uma segunda profissão, após as horas suplementares, regulamentares ou pelo menos obrigatórias. Necessidades econômicas? Achamos que sim, mas tais necessidades dependem, muitas vezes, menos de uma necessidade real do que de um novo tipo de vida. Em países de nível superior ao da França, o tempo liberado pelo trabalho é ocupado sobretudo por outras formas de trabalho. Na cidadezinha de Akron, nos Estados Unidos, onde as empresas que exploram a borracha reduziram os horários a trinta e duas horas semanais, quase a metade dos assalariados (40%) executa trabalhos complementares e 17% exercem voluntariamente uma segunda profissão. "Menos trabalho, menos lazer" (27)... [6].

É provável que motivações de ordem psicológica estejam intimamente misturadas com necessidades econômicas. Em muitos lugares, independente do trabalho profissional complementar, verifica-se uma crescente expansão de atividades manuais em parte desinteressadas, em parte utilitárias, quer no local de trabalho, quer no jardim da família. Isso será lazer? Não será lazer? Vimos que em *A*, 60% dos operários consideram tais atividades como integrantes do lazer, contra 25% que as qualificam de trabalhos necessários e 15% que apresentam as duas respostas. Além disso, sabemos por uma sondagem oficial realizada pelo Institut Français d'Opinion Publique (I.F.O.P.) que, em certas regiões da França, pessoas pertencentes ao grupo dos dirigentes cuidam mais de seu próprio jardim do que os operários (44% contra 36%) (28). Trata-se de uma atividade que, em proporções variáveis, pode ser utilitária e desinteressada. Os dois aspectos interpenetram-se, um preso ao setor das obrigações e o outro ao dos lazeres. Denominaremos essas atividades de *semilazeres*[7]. Na cidade *A*, a parte desinteressada sobrepõe-se à interessada. É

(6) Esses dados não provêm de uma enquete sistemática, mas de uma estimativa feita no decorrer de uma reunião na qual o Autor, como ensaísta social, manteve com líderes sindicalistas de Akron.
(7) "Esse conjunto compósito, no qual dois elementos heterogêneos interpenetram-se sem se confundirem, duplicam-se sem se identificarem, corresponde ao tipo de relações apresentado pela ciência moderna sob o nome de implicação dialética mútua". (G.G.)

possível que a proporção seja inversa em países economicamente menos desenvolvidos, como a Iugoslávia e a Polônia. Na França, essas atividades ocupam quase a metade do total do tempo reservado ao lazer e é conhecida a moda de "faça você mesmo" (*do it yourself*), predominante em países ainda mais industrializados. Assim, em plena civilização dominada pela divisão do trabalho e pelas relações que dela resultam, o lazer desenvolve nos trabalhadores e, em especial, nos operários, situações e atitudes próprias ao artesão e ao camponês que, cada vez mais, o situam num trabalho considerado não-profissional. Elas suscitam um *homo faber* de um tipo novo, se relacionado com o processo coletivo de produção, e muito mais independente do que o outro; o trabalho fica cada vez mais reduzido a um meio de ganhar a vida, a um ganha-pão e já, em certos aspectos, a um *ganha-lazer*. Desse modo, valoriza-se na cultura vivencial um novo trabalho manual individual e desinteressado. Devido a seu valor criador, poderá equilibrar as tarefas parcelares e monótonas da vida industrial ou administrativa e constituir a base de uma reflexão que coloca em trabalho manual em seu justo lugar na "civilização do trabalho". Os locais onde se pratica o *bricolage* e onde os pequenos inventores desenvolvem seus trabalhos são exemplos da possível função que o trabalho manual poderá vir a ter na cultura popular. Encontra-se aí a semente de renovação para toda e qualquer cultura.

Freqüentemente, porém, esses novos artesãos de domingo, restringem-se à jardinagem e ao *bricolage*. Alguns operários parisienses, estudados por Chombart de Lawe, afirmaram dedicar até cinco horas por dia a essa atividade...! São pessoas indiferentes aos problemas que ultrapassam sua vida particular; poderão ser bons pais e bons maridos (apesar de, segundo uma canção da cantora francesa Patachou, nem sempre ser "uma felicidade ter um marido *bricoleur*"*; são cidadãos inferiorizados, que não se preocupam com problemas políticos, sociais ou culturais; os meios de informação das massas abundam em torno deles, mas não os utilizam; são indivíduos isolados, comportam-se como arte-

(*) *bricoleur* — Aquele que pratica o *bricolage*. (N. da T.)

sãos voltados sobre si mesmos, quase como nos tempos em que não havia imprensa, cinema, divisão do trabalho ou luta de classes. Esses fatos assaz importantes são subestimados pelos sociológos da recreação e daqueles que se preocupam em como utilizar o tempo de lazer.

Um novo homo ludens

Por volta de 1850, a cultura dos operários apresentava-se ainda profundamente influenciada pelas festas e jogos tradicionais, corporativos e religiosos. Agricol Perdiguier escreveu reportagens pitorescas sobre esses costumes, às vezes fantasistas e outras brutais. Em nosso contexto social e nos dias de hoje, os jogos saíram de seus quadros rituais, multiplicaram-se, diversificaram-se e complicaram-se de um modo que nenhum dos filósofos do século XIX seria capaz de prever. Hoje é permanente a incitação aos jogos e concursos, que não mais se apresenta relacionada com acontecimentos rituais e com cerimônias coletivas. A incitação é, diariamente encorajada pelo rádio, pelo jornal, pelas revistas e, ainda, pela publicidade das grandes lojas. Até o rádio e o jornal, na União Soviética, apesar das reticências doutrinárias de alguns dirigentes, orientam-se, progressivamente, nesse sentido. Seria temerário ligar os jogos de azar unicamente aos imperativos da pobreza. Ainda que a predileção pelo jogo sempre tenha sido do gosto tanto das classes abastadas quanto das populares, poder-se-á levantar a hipótese de que, atualmente, certos jogos são considerados um luxo conquistado pelas massas, como aconteceu com o turismo e o esporte. Após a instituição do Pari-Mutuel Urbain*, apostar nas corridas de cavalo deixou de ser um privilégio dos ociosos ricos, freqüentadores do Hipódromo de Longchamp. O Pari-Mutuel Urbain registrou, em 1949, mais de vinte e oito bilhões de apostas, isto é, quatro vezes mais do que nesse mesmo ano dispunha a Direction Générale de la Jeunesse et des Sports para custear todo o seu programa. Por volta de 1880, democratizaram-se outros jogos que outrora, eram reservados à juventude burgue-

(*) Espécie de loteria esportiva com base nas corridas de cavalos. (N. da T.)

sa, aqueles jogos de ação que compreendem "virtudes educativas", como os esportes. Huxley chega a ver no esporte a nota dominante de nossos tempos. Porém, ao lado dos amadores ativos, há um grande número de espectadores que grita, conduz mascotes e bandeiras, mas nada praticam. Enquetes demonstraram que tais espectadores, recrutados entre operários, empregados e elementos pertencentes aos quadros podem constituir até um terço ou a metade de uma cidade, como Viena. Em 1947, o I.F.O.P. informava-nos que 40% dos franceses interessavam-se sempre pelos esportes e que 35% tinham "um leve interesse" pelo Tour de France**.

Podemos ir mais longe ainda: esse gosto moderno e popular pela vida "jogada" poderá assumir aspectos mais graves, no sentido amplo em que é empregado por R. Caillois (2). Essa vida "jogada", se relacionada com a vida "séria", constitui uma espécie de "realidade secundária" de graves conseqüências na vida cotidiana. É uma vida liberta de qualquer obrigação, inscreve-se em limites de espaço e de tempo de antemão circunscritos, é regulamentada e fictícia, "apresentando-se acompanhada de uma consciência específica da realidade secundária ou de uma franca irrealidade com relação à vida comum". Talvez se devesse colocar nessa categoria a vida das férias na qual, durante um certo tempo, tenta-se viver como rico ou selvagem e que tende a ser, inteiramente, diversa da vida cotidiana. Seria possível apresentar outros exemplos do mesmo gênero, recorrendo a atividades que nestes últimos cem anos foram surgindo.

Que resulta de tudo isso para a cultura vivida? Em seu clássico ensaio sobre o *homo ludens,* Huizinga* (29) salienta ter o jogo um lugar menos importante na nossa cultura formal, provinda de uma tradição hebraico-grega e latina, de certo modo enfraquecida pela Universidade e pela Escola, em geral. Os jogos esportivos, por exemplo, não mais ocupam em nossa formação o lugar que tinham nos tempos de Píndaro. No entanto, certos jogos, sérios ou fúteis, ocupam um lugar preponderante

(**) Competição ciclística organizada anualmente, cujo trajeto inclui quase todos os "departamentos" da França. (N. da T.)
(*) Ver *Homo Ludens*, tradução de João Paulo Monteiro, Coleção 'Estudos", Editora Perspectiva, 1971.

na cultura vivida de milhões de trabalhadores. O jogo não é somente, como dizia Freud, uma reminiscência do universo infantil, mas se tornou uma exigência da cultura popular, nascida do lazer. O jogo poderá determinar mudanças profundas tanto na cultura tradicional quanto nas de vanguarda e conferir uma poesia paralela à vida de todo o dia e um pouco de humor no compromisso social.

O jogo poderá também levar a que desprezemos a humilde vida cotidiana como o teme H. Lefebvre ou, ainda fazer que dela nos evadamos para nos divertirmos (no sentido estrito), como compensação pelo esforço cultural e como um tipo de indiferença por qualquer responsabilidade social. Desenvolve-se, então, uma vida "jogada" em detrimento a qualquer tipo de vida de compromisso.

Um novo homem imaginário

Pouco tempo depois da publicação do *Manifesto Comunista* de Karl Marx, foi realizada uma grande enquete sobre sobre "livros populares e livros vendidos por ambulantes". Dirigiu esse trabalho o jovem Nisard (30); talvez se possa duvidar de seu depoimento, mas a documentação apresentada é preciosa. Em dois grandes volumes, faz ele uma análise objetiva do conteúdo dos livrinhos mais lidos no meio popular das cidades e da zona rural. Passamos a saber, então, ser diminuto o número de obras que "moralizam e edificam", sem uma relação razoável com o número de livros que tratam das ciências ocultas, de pilhérias ("com duzentas anedotas sobre bêbados de fazer perder o fôlego"), de paródias dos discursos, de biografias romanceadas, de almanaques de sonhos "especialmente destinados às nossas leitoras" e sobretudo, romances da Sra. Cottin Amélie de Mansfield, que eram romances de "amor em delírio nos quais a exaltação dos sentidos junta-se à dos sentimentos", bem como "as aventuras de uma grande dama" (1849) que é de uma "ignorância do coração humano que qualificaria de primária e que esquece totalmente qualquer senso moral, deixando para trás todos os romances licenciosos". Acrescente-se, ainda, *Le Secrétaire des*

Amants e *Choix de Lettres d'Amour*. Nisard afirma que "os conselhos são ignóbeis e que ele não teria dúvidas de classificá-los como infames... Esse livreco audacioso e sujo alcançou, certamente, mais edições do que o melhor dos livros".

Deve-se salientar, ainda, que Nisard se recusa a analisar os romances que eram vendidos por quase nada, parte essencial do antigo estoque dos vendedores ambulantes. Quem lia esses livros? "Tais folhetins, livrecos e dramas, ao alcance do mais modesto comprador, estão nas mãos dos jovens operários. Tudo aquilo que no século anterior foi introduzido pela depravação, em matéria de tola obscenidade e corrupção, foi largamente ultrapassado pelos nossos romancistas modernos", afirma a redação do jornal *L'Atelier*. Estendemo-nos sobre essa enquete de Nisard porque ela demonstra até que ponto as obras fáceis de ficção são adoradas e muito apreciadas pela metade dos franceses alfabetizados, pertencentes aos meios populares... Não nasceu pois com o cinema o gosto popular pelas obras de ficção e seria mais justo afirmar que a orientação apresentada pelo cinema, no sentido de passar para a tela tais romances, corresponde a esse desejo profundamente popular. Nunca será demais insistir que a cultura operária, por volta de 1848, tão admirada por Dolléans e Duveau, constituía provavelmente a cultura de uma pequena minoria de militantes, autodidatas.

Com o desenvolvimento do lazer, surgiu uma procura crescente de obras de ficção que pôde ser satisfeita, de modo sem precedentes, depois da descoberta da imprensa, dos sons e das imagens com movimento. Nessa procura, a infância de Méliès não tardou a se sobrepor à de Lumière. O cinema constitui um meio sem precedentes de "visualizar os sonhos". Essas obras de ficção conseguiram impor-se até sobre a televisão, instrumento adaptado às reportagens diretas sobre grandes acontecimentos. Elas constituem o essencial de quinze milhões de exemplares de revistas femininas hebdomadárias [8]. Os romances representam quase a metade da produção de livros e quase 80% dos empréstimos das bibliotecas populares [9]. Porém, não são os mesmos

---

(8) *Echo de la Presse et de la Publicité*, tiragens 1958.
(9) Ver mais adiante, no capítulo "O lazer e o livro", p. 203

romances lidos no tempo de Marx e de Nisard. Contrariando a opinião comum, poderíamos dizer que o gosto do público popular vem progredindo, apesar da mediocridade das produções artísticas (o público mais esclarecido acha que 90% da atual produção são formadas por "abacaxis literários ou cinematográficos"). Aqui, também, verifica-se uma certa ambigüidade na qualidade das obras de ficção que alimentam o lazer das massas.

Nesta cultura vivida ocupam um lugar muito mais importante do que na cultura escolar e universitária as satisfações provindas da imaginação. A cultura sistemática adquirida na escola e na universidade tem que se reformar, caso pretenda refletir, mais diretamente as necessidades de nosso tempo. Do mesmo modo, como afirma E. Morin, a maioria das ideologias dominantes são demasiadamente racionalistas e não dão a devida importância ao homem imaginário... "Impõe-se reintegrar o imaginário na realidade do homem" (26). Porém, os mecanismos de projeção e de identificação, suscitados pela ficção, poderão abafar o espírito seletivo e crítico e a imaginação, se muito exercitada, passará a contribuir para o estabelecimento de confusões entre o mundo real e o fictício. Então, a personalidade aliena-se e passa-se a viver a vida das celebridades de cinema e a vida por procuração substitui a vida real. Em lugar de constituir um sonho agradável, o prazer da ficção desvia qualquer ação pessoal e ainda favorece a realização de ações inadaptadas. Tanto os jogos fictícios quanto os reais contribuem para tirar o indivíduo do mundo vivido e levá-lo para um mundo mítico, no qual ele não passará de um refugiado ou exilado, indiferente a qualquer participação ativa na vida de seu tempo.

Um novo homo sapiens

O lazer não é somente o tempo da distração, recreação e entretenimento mas, também, aquele no qual se obtém uma informação desinteressada. Há um século atrás, o jornal não entrava nos lares operários. Por volta de 1846, *L'Atelier,* o famoso jornal escrito por operários e para operários, contava, no máximo, com mil assinantes e era uma jornal mensal! Os operários compravam pouco jornal por considerá-lo muito caro. Hoje, o jornal diário é comprado e lido pela grande maioria dos lares; sua leitura é uma atividade de descanso, cuja duração varia de meia hora a uma hora por dia (32). A quase totalidade do público das cidades lê, por semana, um hebdomadário, e mais da metade lê, pelo menos, dois deles (cidade *A*). Pode-se acrescentar que, no fim da semana, quase a metade do público popular das cidades assiste, na televisão ao jornal cinematográfico e 93% dos ouvintes de rádio declararam que ligam seus aparelhos para ouvir os jornais falados. De acordo com uma sondagem do I.N.S.E.E., realizada em 1953, 77% do conjunto da população radiofônica "desejam que sejam apresentadas mais reportagens do que informações ou, então, que haja igualdade entre os dois tipos de programas". Em outros tempos, a população operária ficava isolada nos bairros em que morava e o trabalho predominava sobre a cultura, vivendo ela voltada sobre si própria. Atualmente, o lazer despertou a necessidade de alargar as fontes de informação, sem qualquer ligação com o meio de trabalho. Essa necessidade vem sendo satisfeita e desenvolvida devido à descoberta da rotativa, ao abaixamento do preço dos jornais e às profundas mudanças das técnicas visuais de apresentação. Os "digestos" de vários níveis tiveram um sucesso crescente. Finalmente, em todos os meios sociais, houve uma grande difusão dos livros documentários, principalmente os tipos biografia, narrativas históricas e relatos de viagem. Neste ponto, concordam os dados referentes à produção com os das bibliotecas departamentais circulantes (32).

Os jornais diários, sobretudo no interior, constituem, para a maior parte das pessoas, verdadeiros "livros", com seus editoriais, reportagens, crônicas, páginas especiais e jogos. De acordo com o I.F.O.P., 50% dos leitores dos diários lêem, regularmente, as secções de política exterior e interior e quase 37% tomam conhecimento das reportagens e enquetes (31). Uma fração do público reserva parte de seus lazeres não só para informar-se como também para documentar-se de modo sistemático e espontâneo, sobre assuntos de sua escolha. Inclui-se aí, a metade dos chefes de família da cidade de *A* e 40% deles aceitariam, de boa vontade, gozar férias pagas de doze dias, dedicadas ao estudo, que seriam aproveitadas para aprofundar um certo número de conhecimentos e aptidões. Pela ordem de preferência, são os seguintes os centros de interesse escolhidos: problemas do trabalho, cultura geral, problemas científicos e técnicos, questões sócio-econômicas e políticas, preparo para o exercício de uma função responsável numa dada organização. Pode-se estimar em cerca de 10% da população do meio popular urbano (operários e empregados) os autodidatas que aproveitam grande parte do lazer para desenvolver seus conhecimentos. Em Paris, esses autodidatas podem procurar melhorar seus conhecimentos recorrendo a 25 escolas de formação geral acelerada e, ainda, aos estágios de educação popular, formação industrial e educação sindical. O lazer aproveitado para estudar constitui a base imprescindível da chamada "cultura permanente" (33), cada vez mais necessária para que se possa acompanhar a rápida e complexa evolução de nossa sociedade. Finalmente, essa busca de informações, sérias pelo conteúdo e agradáveis pela apresentação, poderão no futuro determinar mudanças profundas na difusão através do rádio e da televisão, jornais e associações que promovam a aquisição de conhecimentos necessários após a Escola. O lazer dedicado ao estudo oferece novas possibilidades para reorganizações mentais, em cada novo período da vida do indivíduo e da civilização.

Ao contrário, a procura de informação poderá apresentar um outro aspecto: limitar-se a assuntos agradáveis, mas perigosamente fáceis. A fotografia da Princesa Margaret, na capa de uma revista como *Point de Vue — Images du Monde*, poderá ser responsável por um grande aumento de tiragem. A sondagem feita pelo I.F.O.P., sobre a leitura de jornais, mostra que são mais lidas as notícias locais, nascimentos, falecimentos, relatos de festas e banquetes, apresentando um índice de 86% de leitura regular. O conjunto desse rico noticiário sobre a vida local poderá vir a constituir a base de uma cultura econômica, social, política ou artística. Porém, a maioria das redações dos jornais diários despreza essa possibilidade. Depois das notícias locais a escolha do público recai sobre as histórias em quadrinhos (65% de casos), notícias diversas (57%). Esse tipo de leitura poderá produzir um descanso sadio, com a condição de que seja complementada. Em si mesma, essa leitura não favorece, de modo algum o alargamento e aprofundamento dos conhecimentos necessários a um cidadão moderno, interessado em colocar-se a par com seu tempo. Por outro lado, o leitor sente-se submerso e incapaz de compreender e assimilar tudo aquilo que lê, devido ao grande número, sempre crescente de informações nacionais e internacionais, econômicas, políticas, sociais e literárias. Volta-se, então, para aquilo que Lazarsfeld chama de "guias de opinião", pessoas que lêem e ouvem para ele e lhe fazem um resumo essencial das mensagens. Quando o leitor faz um esforço para ler por si mesmo os assuntos sérios, a abundância de idéias gerais e de dados numéricos deixam no seu espírito somente vestígios superficiais e então ele se volta para as "notícias diversas", mais acessíveis. Apesar dos progressos que os jornais têm feito na apresentação de assuntos difíceis, a capacidade de compreensão e assimilação do público não se desenvolveu em função das necessidades de uma verdadeira democracia. Como salienta Varagnac, o público tem tempo para "pôr-se a par dos acontecimentos", mas faltam-lhe meios para formar-se e adquirir um conhecimento vivido, à maneira da cultura tradicional (34). Cabe, ainda, indagar se a pletora de informações, seguida de discussões, não dará lugar a um *ersats* de ação em todos os campos de conhecimento. O desenvolvimento do prazer de conversar durante o tempo livre, em lugar de preparar ou completar, substituiria qualquer participação ativa na vida social. A inflação das informações recebidas, fornecidas e trocadas, poderá dar, então, a ilusão de que muito se fez pela sociedade, quando o que aconteceu foi uma longa conversa a respeito dela.

Um novo homo socius

O lazer despertou, também, novas formas de sociabilidade e de agrupamento, desconhecidas no século passado. Villermé, no decorrer de suas enquetes realizadas em Reims, Lille e Mulhouse, não encontrou associações recreativas ou culturais mas, somente, sociedades mutualistas de caráter mais ou menos político. Em compensação, o que mais o impressionou foi a importância dos *cabarets* *, na vida operária. Lendo-se os relatos preciosos e comoventes de Villermé, pode-se compreender a severidade das campanhas do grupo de *L'Atelier* ou de A. Perdiguier, contra o alcoolismo operário, existente nessa época. "É muito comum ver-se operários de Manufacture de Lille, afirma Villermé, trabalharem somente três dias por semana e passar bebendo os outros quatro e, como esclarece esse Autor, tal situação já existia antes que as manufaturas entrassem em fase de expansão". Em Reims, num bairro que compreende uma terça parte da cidade, a maioria dos que ganham melhor trabalham somente durante a última metade da semana, passando a primeira parte em orgias. Dois terços dos homens e um quarto das mulheres que residem em certas ruas vivem freqüentemente embriagados. Villermé apresenta a seguinte conclusão: "Para o operário tudo é, por assim dizer, uma boa oportunidade para ir ao *cabaret*... ele aí vai quando está feliz para rejubilar-se e quando tem preocupações domésticas para esquecê-las. Numa palavra, é no *cabaret* que ele contrai dívidas, que as paga quando pode, que acerta suas compras, faz amizades e onde até combina o casamento da filha (3)".

Atualmente, são os cafés que constituem um local importante para o lazer de todos e, particularmente, dos operários. Porém, ao contrário do que pensa a maioria dos franceses, o alcoolismo agudo provavelmente está em regressão, se comparado com a bebedeira generalizada, existente no século passado [10]. Certamente essa calamidade continua a existir, mas cada vez é mais insuportável. Aumentou, sobretudo a vergonha provocada pelo alcoolismo e nunca serão suficientes as medidas tomadas para coibi-lo. É absurdo que os excessos

---

(*) Tendo a palavra *"cabaret"* passado para a língua portuguesa como *cabaré*, com o significado de "lugar público onde se bebe e dança", preferimos conservá-la no original francês que possivelmente foi empregado pelo Autor como "local onde se vende bebidas a varejo". (N. da T.)

(10) VILLERMÉ, *op. cit.*; DUVEAU, G. *Villes et Campagnes*. A. Colin, 1954.

alcoólicos sejam, ainda, responsáveis por 40% dos acidentes rodoviários (estatística oficial de 1958) e que as mortes, determinadas por *delirium* e cirrose do fígado, ultrapassem nos dias de hoje o número de 10 000 casos por ano. Pode-se acrescentar que as despesas anuais na França com bebidas alcoólicas são mais altas do que as destinadas ao ensino e à habitação, tomadas em conjunto (35). O alcoolismo, porém, não goza do mesmo prestígio entre os jovens de hoje como outrora (36). De acordo com G. Duveau, em cem anos, o número dos estabelecimentos de vendas a varejo de bebidas para serem tomadas no próprio local, se relacionadas com o total da população, diminuiu e, possivelmente, também, o número de seus freqüentadores [11]. Segundo uma enquete do I.N.E.D., em 1960, 16% dos franceses vão ao café uma ou mais vezes por semana. As mudanças notadas são, porém, mais qualitativas e as instalações dos cafés tendem a se modernizar, multiplicaram-se os jogos de todos os tipos e diminuiu o número dos *cabarets mal afamados*. A polícia sabe que malfeitores e jovens desajustados preparam seus planos nesses locais, mas nem todos os cafés são covis de bandidos.

A maior parte dos cafés são locais onde se processam trocas de mais variados tipos, que evoluíram juntamente com as funções do lazer. De acordo com nossa sondagem na cidade *A*, os seguintes motivos foram invocados, por ordem de precedência: encontro com amigos, relações sociais com colegas e clientes, oportunidade de sair com a família, necessidade de discutir após o trabalho, necessidade de discutir após uma reunião, espetáculo ou certame esportivo. O total compreende 80% das respostas [12].

No entanto, são as organizações recreativas e educativas a forma mais original de sociabilidade desenvolvida pelo lazer. Essas organizações, regulamentadas

(11) DUVEAU, G. *La Vie Ouvrière sous le second Empire*. Paris, 1946. LEDERMANN, S. *Alcool, Alcoolisme, Alcoolisation*. I.N.E.D., Caderno 29, 1956: na sua estatística referente à venda a varejo de bebidas, Ledermann inclui a venda a varejo de vinhos para serem consumidos fora. Seus números diferem, por isso, dos apresentados por G. Duveau. De 1954 a 1960, diminuíram de 20% as vendas no varejo de bebidas (de 206000 para 160000) I.N.S.E.E., 1960.
(12) Cf. J. DUMAZEIDER e A. SUFFERT: *Les fonctions sociales et culturelles des cafés dans la vie urbaine*. Relatório do Alto Comitê de Estudos sobre o alcoolismo, 68 pp., 1961.

na França pela lei de 1901 (que de modo algum foi feita para esse fim), proliferaram em razão direta da expansão da industrialização e da urbanização. Não se apresentam ligadas quer a necessidades de trabalho, como o são os sindicatos ou as associações profissionais, quer aos imperativos duma prática política e religiosa, como é o caso dos partidos e das organizações confessionais. As organizações recreativas e educativas correspondem, sobretudo, a objetivos e atividades próprias do lazer. A maioria delas são em princípio abertas a todos, sem distinção quanto à procedência, classe ou nível de instrução. Por volta de 1930, em Yankee City, cidade norte-americana de quinze mil habitantes, Warner conseguiu arrolar cerca de quatrocentas sociedades em atividade e, atualmente, calcula-se que um pouco mais de 35% dos norte-americanos são membros de uma associação (37). Na França, não contamos com dados referentes ao conjunto do país, mas em 1957, na cidade *A*, registramos duzentas sociedades em atividade e a participação de mais do que um chefe de família sobre dois em uma ou em muitas delas. Enquanto a adesão aos sindicatos, partidos e organizações de tipo confessional corresponde somente a 25% do conjunto dos membros das associações de *A*, os outros 75% aderem a organizações de lazer, em particular, por ordem de freqüência, às que praticam a pesca, esportes, atividades ao ar livre, jogos de bola, música e várias atividades culturais. O meio operário é menos organizado do que os demais, porém possui seus grupos próprios de pesca, jogos de bola e de música. Cerca de um terço dos operários participam de sociedades freqüentadas por pessoas de outras classes e categorias sociais (Cidade *A*).

Mas há ambigüidade, tanto nesse caso como na experiência dos grupos de lazer, uma vez que essas associações constituem, freqüentemente, aqueles "fermentos socioculturais" do meio local, estudados e preconizados por K. Lewin (38). Nesse ambiente, os líderes sociais esforçam-se por informar e educar os menos prudentes, sem propaganda, recorrendo à livre discussão. Associações desse tipo são intermediários eficientes entre as fontes longínquas de informação e o público local e contribuem para a elevação dos níveis culturais devido à prática da informação igualitária e à educação mútua. Porém, nem sempre as cousas se passam assim. Freqüentemente, essas associações, destinadas à distração, constituem meios voltados sobre si próprios, fechados às correntes externas e indiferentes ao desenvolvimento da participação ativa dos membros na vida cultural de seu tempo. Poder-se-ia pensar, como lembra G. Magnane, num certo tipo de sociedade esportiva formando "crianças retardadas que brincam sob vigilância".

O conjunto dessas associações de todos os tipos formam, em princípio, um quadro de trocas frutíferas entre pessoas de situações socais e de nível de instrução diferentes. Não há dúvida de que a tendência geral das organizações de lazer tende a uma unificação dos gêneros de vida. Na realidade, porém, as organizações mais culturais são dominadas pelos intelectuais, dirigentes, professores e representantes da classe média. Os operários aparecem em menor número e nelas não se sentem à vontade. O estratificação social resiste fortemente à pressão das organizações, não se tratando, porém, de uma oposição ativa, mas antes de uma resistência passiva.

Pensamos ter chegado o momento de tratar da influência dessas associações de lazer (esportivas, turísticas, musicais e intelectuais) sobre a participação na vida da empresa, dos sindicatos e das organizações cívicas e políticas. Elas oferecem quadros de referência, formas de atividade que tendem a mudar o tipo de vida dessas instituições (aumento das festas, passeios ao ar livre, jogos, reuniões, etc.). Dentro do atual contexto de nossas sociedades liberais, pode-se temer que este novo *homo socius* passe a considerar como participação essencial, e mesmo exclusiva, na vida social, sua participação nos grupos de lazer. Tudo se passa como se essas associações tendessem criar sociedades marginais, fechadas sobre si próprias, um tipo de novas sociedades utópicas, não mais fundamentadas no trabalho, como no século XIX, mas no lazer. Não se formam devido à divisão das classes sociais, mas apesar delas; não se relacionam com o futuro, mas com o presente; tendem a desviar uma parte do potencial social do campo da produção e também das tensões suscitadas pelas relações sociais, orientando-as na direção de um universo semi-real, semi-imaginário, "onde o homem poderá subtrair-se de suas relações com a humanidade e docemente entregar-se a si próprio [13].

Será o lazer o novo ópio do povo? O movimento que levaria o trabalhador da "alienação para a fruição" seria, então, contrariado pela corrente inversa que se dirigiria do gozo do lazer para um fortalecimento da alienação pelo trabalho. O operário contentar-se-ia em vender sua força-trabalho como se fosse uma mercadoria a fim de poder usufruir o produto dessa venda no tempo fora do trabalho. Ele não pediria mais do que isso, deixando a outros ou a seus advogados a preocupação de obter para o seu trabalho o máximo de pagamento. Apesar de ser um produto da História o lazer tem se apresentado exterior a ela. O "Homem do lazer" tende a ser ingrato com relação ao passado e indiferente para com o futuro. Talvez não seja uma atitude ativa do cidadão, mas tende a desenvolver-se. Essa situação da cultura vivida pelas massas induz a situar o lazer na sua perspectiva histórica e no seu contexto técnico, econômico e social, a fim de melhor conhecer as forças que agem ou podem vir a agir sobre ele ou por ele próprio.

---

(13) Cf., no mesmo sentido, uma observação de J.-P. Sartre sobre a ambigüidade do papel mediador das associações, baseada nos primeiros resultados de nossa enquete na cidade *A*, em *Critique de la raison dialectique*, N.R.F., 1960, p. 50.

DONDE VEM E PARA ONDE VAI O LAZER?

Progresso técnico

É opinião geral a situação complexa e ambígua na qual o lazer se encontra atualmente sofrerá logo transformações profundas devido à descoberta de novas fontes de energia e à expansão da automação. Desse modo, diminuiria rapidamente para todos os indivíduos a duração do trabalho, contribuindo para o desaparecimento de antigos problemas sociais. Os poetas levarão a palma sobre os sociólogos — deixaremos a era do trabalho para entrar na "era dos lazeres".

Essa profecia apresenta o problema das reais relações entre o desenvolvimento do lazer e o progresso técnico. De início, consideraremos como ponto pacífico ser o lazer parte integrante da civilização técnica. Não somente todas as modificações inerentes a essa civilização influem sobre o lazer como também ele próprio é uma criação da civilização industrial. Com efeito, os "dias sem trabalho", (*jours chômés*) do período tradicional, não podem ser comparados com os dias de lazer. Vauban, o ancestral dos sociólogos do trabalho, estudando a vida do artesão, por volta de 1700, referia-se aos "dias sem trabalho", que não possuíam o caráter de liberação que o lazer ganhou, inserido no trabalho moderno (1). Tais dias sem trabalho ofereciam certamente possibilidades de repouso, mas seu significado não correspondia às necessidades que tem o trabalhador de hoje. Numa época em que a renda média do trabalhador era *inferior ao mínimo fisiológico* (2), que significado poderia ter a aspiração por uma redução do trabalho, senão a um pouco mais de miséria? Segundo Vauban, havia somente duas categorias de dias sem trabalho:

a) Os feriados previstos, muitas vezes impostos pela Igreja contra o desejo dos camponeses e dos artesãos, a fim de favorecer a prática de obrigações espirituais (o pobre coitado das Fábulas de La Fontaine lastima-se que "o Senhor Cura sempre consegue pôr um santo novo no seu sermão"). O total anual desses dias era de oitenta e quatro.

b) Os dias nos quais era impossível trabalhar, devido a "doenças, temperaturas demasiadamente baixas e negócios", cujo total era quase o mesmo da outra categoria, ultrapassando a cento e sessenta o total anual.

Quanto ao repouso cotidiano, incluía-se ele no ritmo contínuo, mas variável da jornada de trabalho, constituindo um dos aspectos do "tempo flutuante" do trabalho tradicional, que começava e findava com a luz do dia. Certamente, os camponeses tinham suas festas locais, porém os tempos de repouso comparavam-se mais a "intervalos" do que a tempos de lazer.

A mecanização, a divisão e a crescente organização das tarefas de produção determinaram o aparecimento de um tempo cronométrico de trabalho, cada vez mais caracterizado e depois oposto ao tempo no qual não se trabalha que, pouco a pouco, contribuiu para a formação de um conjunto de novas atividades de repouso, divertimento, recreação e entretenimento, e ainda de desenvolvimento. Ao tornar maior sua capacidade produtora a civilização técnica primeiro diminuiu e, depois, aos poucos, aumentou a duração do tempo livre, enquanto que, *concomitantemente,* aumentava o tempo de trabalho. É bem provável, pois, que a descoberta de novas fontes de energia, o progresso da organização industrial e a expansão da automação provoquem um aumento do tempo de lazer (3). Neste sentido, pode-se afirmar ser o lazer um produto constante do progresso técnico.

A produção do lazer não é, porém, automática. O aumento do tempo livre e a diminuição do tempo de trabalho são componentes de vantagens sociais que resultam de uma incessante luta entre interesses opostos. Pierre Naville observa que se o progresso técnico fosse em si mesmo suficiente para aumentar o lazer do trabalhador, o desenvolvimento das máquinas no início do século XIX deveria ter determinado uma certa diminuição das horas de trabalho, apesar do atraso existente entre a técnica e a produção francesa, se comparadas com a produção inglesa. Mas devido às necessidades da sociedade e às conveniências das forças sociais da época, deu-se o contrário (4). Em compensação, por volta de 1936, novas tendências dessas mesmas forças, temerosas de desemprego, impuseram, bruscamente, doze dias de férias regulamentares pagas e a semana de quarenta horas. A França, porém, mais tarde, viu-se obrigada a renunciar a esta última conquista devido, sobretudo a circunstâncias oriundas da Segunda Grande Guerra, mas também porque, como afirma Sauvy, nessa época a capacidade de produção das empresas encontrava-se num ponto que a diminuição das forças produtoras só poderia levar a uma estagnação do nível de vida do país. O aumento do lazer depende, pois, também, da influência das forças sociais do momento.

Progresso social

Houve um tempo no qual a ociosidade era mãe de todas as virtudes do homem. Depois essa ociosidade caiu em desgraça, com a ascensão da burguesia do trabalho que edificou o comércio e a indústria contemporâneos. No século XIX, esse descrédito foi acentuado pela ascensão do proletariado e L. Febvre escreveu: "Um homem de minha idade viu, com seus próprios olhos, entre 1880 e 1940, concretizar-se a decadência do homem que nada faz, do homem que não trabalha e do ocioso que vive de rendas". Ter-se-ia de acrescentar que, aproximadamente na mesma época, coexistiam dois movimentos aparentemente contrários: enquanto a ociosidade declinava, a recém-aparecida noção de lazer iniciava sua ascensão na vida do trabalhador. Não podendo recorrer a trabalhos históricos sérios realizados especialmente sobre esse assunto, limitar-nos-emos a fixar, de modo aproximado, as principais etapas dessa mudança.

É conhecida a fórmula que resume as reivindicações e esperanças sindicais: "Bem-estar e Liberdade". O lazer constitui uma parte desse bem-estar e dessa liberdade, não sendo, pois, difícil supor que sua história se confunda com a do bem-estar e a da liberdade dos trabalhadores. Contudo, só muito mais tarde, o lazer passa a fazer parte das reivindicações dos operários do século XIX. Outras necessidades vitais precisam ser satisfeitas. Por exemplo, em 1833, os tipógrafos de Nantes, cansados de suportar, isoladamente a miséria, fundaram uma associação de auxílio mútuo e modestamente declararam: "Dizemos aos senhores proprietários das tipografias: Não cobiçamos nem vossas fortunas, nem vossos *prazeres* [1], mas um salário que nos dê possibilidades de ter um modesto leito, uma morada ao abrigo das vicissitudes do tempo e pão para os dias de velhice".

Enquanto a jornada de trabalho fosse muito longa, o lazer não poderia desenvolver-se. Assim, a primeira reivindicação teria que se relacionar com a redução das horas de trabalho. Como já vimos, no tempo da Monarquia de Julho, era comum a jornada de treze horas. A revolução de 1848, impôs a jornada de dez horas, mas depois do revés de junho, a lei de setembro volta a estabelecer em doze horas a duração legal do trabalho cotidiano. Esses fatos fizeram com que Barrau, sem

(1) Grifo do Autor.

ironia, escrevesse numa obra brilhante, premiada em 1851 pela Académie Française: "Quantos homens oprimidos com o fardo de sua ociosidade ou entediados com a fácil sucessão de prazeres fúteis com nada se distraem, cansam-se com tudo, e penosamente lutam com o tédio das horas, cuja duração lhes parece eterna. Isso não acontece com o operário que nunca se atrapalha com seus raros e curtos lazeres" (5).

Não obstante, G. Duveau escreveu: "Como conseqüência da concentração industrial, em meados do século XIX, surge na França um novo problema, o da orientação dos lazeres, mas os homens só tomam conhecimento dele de um modo tanto vago. Quando A. Cochin ou A. Audiganne pedem que a utilização do domingo seja regulamentada, suas palavras não encontram repercussão" (6). Só depois de dez anos de luta, em 1850, é restabelecido realmente o repouso hebdomadário.

Ter-se-á de esperar até 1864, para encontrar num texto reivindicatório da classe operária a idéia da diminuição das horas de trabalho, relacionada com o emprego cultural dessas horas recuperadas. Cento e oitenta e três delegados parisienses, ao voltarem de uma viagem à Grã-Bretanha e de estudos que realizaram nos *trade--unions* ingleses, declaram: "Devido à duração de nossas jornadas de trabalho, não podemos aproveitar a escola noturna". Por sua vez, o operário Varlin afirma, cinco anos antes da Comuna de Paris: "Para o repouso do corpo, impõe-se uma redução do trabalho, mas o espírito e o coração necessitam dela muito mais; devido à utilização de nossa jornada de trabalho, tornou-se impossível para nós a instrução; a família poderia, também, ter seus encantos e exercer seu poder moralizador; para nós, são impossíveis e desconhecidas as alegrias do pai de família e as da vida na intimidade. A oficina absorve todas as nossas forças e nossas horas".

A idéia de uma escola para todos, já decididamente implantada pela lei Guizot de 1833, relativa à educação, amplia-se ao mesmo tempo que o direito ao lazer é reivindicado de modo cada vez mais insistente. Em 1886, sob o impulso de J. Macé, formou-se a Ligue Française de l'Eenseignement, importante foco de educação familiar, "destinado a preparar e assegurar a educação republicana do país". A IIIª República traz consigo um novo espírito. Depois da proclamação das leis de 16 de junho de 1881 e de 28 de março de 1882, nas quais são criadas a escola gratuita, leiga e obrigatória para todas as crianças, no Congrès de Nantes, por volta de março de 1894, a Liga retoma, com vigor, sua campanha em prol da educação de adultos. "A Liga não esquecerá seus deveres para com os adultos uma vez que procurará proporcionar-lhes uma nova organização: cursos complementares, cursos profissionais e conferências populares. Um de seus objetivos será fundar associações de educação popular, nos locais onde não existam instituições destinadas a esse fim" (7). A partir desse momento, desenvolveram-se intensivamente as associações pós-escolares, os cursos para adultos e as bibliotecas municipais.

Durante esse período, tanto a aristocracia quanto a burguesia, abaladas pela crise de 1870, procuram os caminhos de uma recuperação. "Pensei que somente com uma educação modificada, transformada, capaz de proporcionar a calma coletiva, a sabedoria e a força pensada, poder-se-ia encontrar um remédio eficaz", escreve Pierre de Coubertin (8). Sob a influência inglesa, instalam-se em Paris os primeiros clubes de atletismo, destinados a estudantes: Le Stade Français e o Racing Club de France e depois começaram a desenvolver-se as sociedades destinadas à prática da ginástica. Em 1894, Pierre de Coubertin organiza o Premier Congrés pour le Developpment des Sports, no Grande Anfiteatro da Sorbonne, no qual se trata do desenvolvimento dos esportes, do estabelecimento de uma pedagogia esportiva e da renovação dos jogos olímpicos. Ao mesmo tempo, nascem no meio da burguesia os movimentos de Juventude. Na França, pode-se citar a Association Capholique et de la Jeunesse Française, dirigida pelo sacerdote Albert de Mun e, na Inglaterra, o escotismo com o General Baden-Powell. A partir de 1911, implanta-se, na França, o movimento dos Éclaireurs.

Voltemos a 1898: grave crise social estaria na base de uma nova forma de educação popular, feita através do lazer. Dreyfus é condenado pelo Conselho de Guerra. Quando o "caso" se desenvolve, intensifica-se a ação da esquerda. Os intelectuais "procuram o povo" e, depois de lutarem ao lado dele, tentam elevá-lo ao seu nível de cultura. Em 1898, fundam-se as primeiras universidades populares. O futuro Professor André Siegfried fraterniza-se com o ex-cozinheiro Pierre Hamp. Destinados aos operários, são organizados círculos de estudo, grupos de teatro amador, concertos, conferências, muitas conferências... Quatro anos depois, os operários abandonam as Universidades Populares e somente uma delas sobreviverá até a guerra de 1914, a de Saint-Denis. Mais tarde, o movimento será prosseguido com menos entusiasmo e a lembrança dessas universidades constituirá, por muito tempo, um exemplo vivo para a futura organização dos lazeres culturais populares.

A diminuição da duração do trabalho iria desenvolver, aos poucos, na classe operária, uma aspiração pelo lazer, mais ampla e também mais profunda. Em 1891, as reivindicações operárias conseguiram a votação de uma lei limitando em onze horas a duração cotidiana do trabalho de mulheres e crianças. Funda-se em 1895, a Conféderation Générale du Travail e no dia 1º de maio do mesmo ano, o jovem Pelloutier, fundador das bolsas de trabalho, insiste na idéia de "um movimento de educação moral, administrativa e técnica, necessária para que possa vir a existir uma sociedade de homens orgulhosos e livres". Em 1906, pela primeira vez, numa parada realizada no dia 1º de maio, a palavra de ordem é: "jornada de trabalho de oito horas".

Em 1907, organizam-se os dois primeiros clubes trabalhistas de esporte: Prolétarienne de Romilly e o Club du Pré Saint-Gervais. Jaurès percebe o significado do movimento: "Todos sabem que nos países civilizados, os operários lutam pela redução da jornada de trabalho; conseguiram resultados parciais, afirmando sempre que desejam uma jornada menor para organizar suas forças vitais e também conviver mais tempo com a família, lerem, instruírem-se e tornarem-se verdadeiramente homens".

Em 1919, volta-se a lei de oito horas. A Lei Astier institui cursos profissionais para todos os trabalhadores de menos de 18 anos. Um ano depois, pela primeira vez, num texto reivindicatório do mínimo vital, os sindicatos operários incluem um item orçamentário denominado "férias e espetáculos" (9). Sob o impulso de R. Garric nascem as equipes sociais que também lançam a idéia de reunir, durante os lazeres e nos mesmos círculos, intelectuais e operários, como outrora acontecera nas trincheiras. Ao mesmo tempo, na Bélgica, o movimento operário determina o aparecimento de uma nova divisão da Action Catholique, a Jeunesse Ouvrière Chrétienne. As idéias de Pelloutier continuam a influenciar por muito tempo após sua morte e, a partir de 1933, nascem e se desenvolvem cerca de uma centena de corporações trabalhistas.

Chegamos a 1936 (10): os grandes movimentos populares impõem a lei de quarenta horas, os contratos coletivos, as férias pagas e as passagens coletivas de viagem. Desenvolvendo-se a prática do *week-end,* nasce "a semana dos dois domingos". Uma grande esperança anima o povo. Organiza-se um Ministère des Loisirs, dirigido por Léo Lagrange (11), que muito contribuirá para a organização dos lazeres esportivos, turísticos e culturais. Os Auberges de la Jeusesse, criados, em 1930, na França, aumentam rapidamente de número e despertam outras iniciativas. Desenvolvem-se as colonias de férias e inúmeras organizações do tipo Centre d'entraînement aux Méthodes d'Éducation Active. Fundam-se as Universités Ouvrières e as Maisons de la Culture, sob o impulso de escritores ligados à vanguarda dos sindicatos operários. Com algumas tentativas de organização de Foyers Paysans, tenta-se uma renovação da vida no campo. Vendel lança a primeira biblioteca circulante, em Soissons. O Théâtre du Peuple reúne, em torno de R. Rolland e A. Honneger, escritores e artistas e participa da organização dos lazeres populares.

Não é somente uma nova organização que nasce, mas um novo estilo de lazer. "Desejamos, afirma Léo Lagrange, que o operário, o camponês e o desempregado encontrem, no lazer a alegria de viver e o sentido de sua *dignidade*[2]". A própria palavra "lazer", até agora usada somente pela burguesia, toma uma resso-

(2) Grifo do Autor.

nância popular e tende a substituir o modesto termo "repouso". Muitas das atividades até então praticadas somente pelas classes abstradas são conquistadas e transformadas pelos operários das cidades e também do campo. Na história dos lazeres populares, essa é uma data muito importante.

A "renovação nacional" de 1940, ainda que temerosa de se opor todos os planos ao espírito de 1936, continua no entanto a organizar o lazer. Progridem novamente a educação física e os esportes, fortalecem-se os movimentos dos jovens escoteiros e católicos e ainda criam-se muitos outros. Fundam-se instituições do tipo Maison des Jeunes, mas com a chegada dos corais e dos tanques nazistas desapareceu a confiança nessas atividades. É o tempo da luta clandestina e da Libertação.

Em 1944, J. Guéhenno foi chamado para criar a Direction Générale de l'Éducation Populaire et des Sports. Sob o impulso de A. Parodi, Ministro do Trabalho, constituem-se, nas fábricas, comitês de empresa, integrados por mais de cinqüenta operários. O Decreto de 2 de novembro de 1945 determina ser da competência desses *comitês* as seguintes atividades (Artigo 3): "as obras sociais que tiverem por objetivo a utilização do lazer e a organização esportiva"; (Artigo 4): "as instituições de ordem profissional e educativa, ligadas à ou dependentes da Empresa, como centros de aprendizagem e de formação profissional, bibliotecas, círculos de estudo, cursos de cultura geral e de educação doméstica".

Multiplicam-se, nas empresas, as associações de lazer e há uma eclosão sem precedentes de sociedades nacionais de lazer e de cultura popular, como Fédération Nationale des Foyers Ruraux, Fédération Française des Ciné-Clubs, Tourisme et Travail Peuple et Culture, Jeunesses Musicales de France, etc.

Depois a situação geral dificulta a expansão dessas associações. Porém, a idéia prossegue seu caminho. Em 1950, a Commission Supérieure des Conventions Collectives inseriu pela primeira vez no seu projeto de orçamento mínimo um item denominado "Lazeres e Cultura" e o relatório geral apresenta o seguinte comentário: "As organizações operárias desejariam salientar que esse item, referente aos lazeres, apresenta no seu âmago o caráter de uma *necessidade absoluta da pessoa humana* e que era procedente sua inclusão num orçamento sem possibilidades de redução. Assim, em menos de cem anos, o lazer transformou-se profundamente. De um lado, conseguiu ele estabelecer-se com um caráter mais ativo, no seio da burguesia, conseguindo reservar uma parte maior às atividades físicas e sociais. Num outro setor, o lazer reservado anteriormente aos privilegiados passou a ser para todos os trabalhadores: primeiro, uma possibilidade; depois, uma reinvindicação, e finalmente "uma necessidade real". A História, porém, não se detém na soleira do presente. Ainda hoje, as organizações sindicais e culturais continuam a tomar providências para que essa necessidade de lazer seja atendida cada vez mais.

O futuro

Que podemos prever? Uma ciência social de previsão não faz profecias, mas analisa as possíveis alternativas da evolução social. Do ponto de vista da sociologia do lazer, quais são no momento presente essas alternativas?

a) Desde 1950, a França iniciou uma fase de expansão econômica que parece não ter sido interrompida pela recessão de 1959. De acordo com G. Rottier, o consumo médio de cada indivíduo aumentou em seis anos 36%, levando-se em consideração as variações do poder aquisitivo do franco de 1950 a 1956 (12). No entanto, em 1956, em pleno período de expansão, respondendo à pergunta: "A partir do ano passado, seu nível de vida subiu?", as respostas, tomadas no seu conjunto, foram as seguintes: 8%, "Sim, subiu"; 29%, "Não desceu"; 63%, "Não subiu e nem desceu". A situação assim se apresenta porque na França é tão grande a distância entre o salário recebido e o desejado, entre o crescimento das necessidades e aquilo que se recebe, que é cada vez mais vivo o sentimento de empobrecimento. Provavelmente, na maior parte das categorias sociais, o desejo de um ganho melhor seja mais forte do que o de conseguir mais tempo livre. Em 1956, numa enquete indagou-se ao conjunto dos trabalhadores suecos se desejavam ter menos horas de trabalho, ainda que essa diminuição determinasse uma queda correspondente de salário. A maioria dos trabalhadores optou pela redução da duração legal do trabalho que era de quarenta e oito horas [3]. A partir de que nível de vida, essa resposta seria dada pelos franceses? São as necessidades de um país que sobretudo, determinam a soma de trabalho necessitada por ele: elevação do nível de vida das várias categorias sociais, auxílio aos países subdesenvolvidos, política de defesa, de prestígio, etc. Porém, os desejos dos trabalhadores não podem ser ignorados. Um sociólogo do lazer deveria contribuir para o estabelecimento, em cada etapa do desenvolvimento econômico, da relação ótima entre a necessidade de lazer e a necessidade de dinheiro. Esses são os tempos da primeira alternativa.

b) Em caso de redução do tempo de trabalho, três fenômenos apresentam-se diretamente entrelaçados e o desenvolvimento de um se faz sempre em detrimento dos outros dois. Com efeito, a diminuição do número total de horas de trabalho, num dado país, pode determinar um aumento no tempo destinado ao lazer dos trabalhadores em atividade, um rebaixamento no limite de aposentadoria dos trabalhadores idosos e ainda um aumento no número de anos da escolaridade oferecida às crianças, futuros trabalhadores. Quais as necessidades atuais?

Segundo os resultados de uma enquete dirigida por J.-R. Tréanton, que procurou estudar a situação dos aposentados da região parisiense, contando de sessenta a setenta anos e que já se encontravam nessa situação há mais de um ano, a maioria deles continua a trabalhar normalmente, porém, mais da metade requereu sua aposentadoria antes dos sessenta e cinco anos. Em cem motivos alegados para o cessamento das atividades, a fadiga ocupa quase 50% (14). Como propõe J. Daric, não seria melhor tornar flexível a idade da aposentadoria, permitindo a uns continuarem o trabalho e a outros entrar, antes dos sessenta e cinco anos, no período de lazer, que a aposentadoria constitui?

Finalmente, o ensino passou a ser considerado como um lazer social, cuja situação seria aproveitada

(3) S.O.U., 1956, n° 21. Enquetes oficiais do governo.

pelos jovens. Sabe-se que existe uma tendência geral para prolongar a duração da escolaridade. Nos Estados Unidos, a maioria dos jovens freqüenta a escola até dezoito anos. A França, nesse setor, apresenta um certo atraso mas o projeto de reforma de ensino prevê a prolongação da escolaridade obrigatória até essa idade. Ora, Jean Fourastié salienta que a concessão de mais um ano para todos os jovens franceses corresponde, para a economia, a uma perda igual a duas horas de lazer por semana que seriam usufruídas por cerca de vinte milhões de trabalhadores... A França poderia ao mesmo tempo retardar a idade de início dos jovens no trabalho e aumentar as horas de lazer para os trabalhadores? Deve-se levar ainda em consideração que a semana de quarenta horas? continua a ser a "semana de trabalho ideal" para a maior parte dos operários, empregados e dirigentes (54% para os operários, 50% para os empregados e 54% para os dirigentes, segundo dados apresentados em 1955 (13). Tem-se como certo que o progresso verificado na organização científica do trabalho determina sempre um aumento na fadiga e que a semana de quarenta horas tornou-se um ponto sempre presente, nas reivindicações sindicais. No fim de 1959, Pierre Naville considerava a conjuntura assaz favorável e que os sindicatos poderiam lançar uma ofensiva para obter "a jornada de sete horas e a semana de cinco dias" (15). Se, na França, os trabalhadores continuam resistindo à jornada de trabalho contínua, apesar de oferecer ela a vantagem do lazer, no fim da tarde, em compensação ganha, cada vez mais adeptos, "a semana de dois domingos". Este último tipo parece ser o preferido, sempre que a empresa o permite, ainda que o dia de trabalho deva durar nove ou dez horas.

Desejamos, ainda assinalar que os franceses apresentam uma predileção cada vez maior pelo lazer anual. Desde agosto de 1956, é de três semanas a duração legal das férias regulamentares pagas. Enquetes recentes, porém, revelaram que o desejo de ter um mês de férias já é apresentado por 49% de operários, 62% de empregados e 56% de dirigentes (13). Em 1957, foi votada uma lei referente às férias pagas para fins culturais, introduzindo um novo tipo de licença de doze dias não pagos para todos os trabalhadores que desejarem fazer um estágio de formação sindical. Um grande conjunto de forças sindicais e culturais, ligadas ao projeto ministerial de Educação popular, exerce pressão sobre o governo, o Parlamento e a opinião, a fim de que essa lei seja estendida aos centros de formação e aperfeiçoamento dos animadores das organizações culturais. Que resultará dessas várias aspirações [4]?

O crescimento do lazer depende assim, tanto de fatores técnicos quanto sociais. Num futuro próximo, o lazer sofrerá a influência dessas alternativas podendo o interesse econômico da França entrar em conflito com as aspirações sociais e culturais das várias classes e categorias da população ativa. Aqui, também, *les jeux ne sont pas faits**. O Commissariat au Plan, no seu Quarto Plano de Modernização (16), colocando-se do ponto de vista econômico, não prevê até 1965 nenhuma diminuição na duração real do trabalho.

---

(4) No momento em que corrigíamos as provas deste livro, essa lei acabava de ser estendida à formação dos animadores das organizações de educação popular e dos movimentos de juventude.
(*) Ver nota da p. 21 (N. da T.)

DETERMINISMOS SOCIAIS E LAZER

É ainda mais difícil prever o conteúdo do lazer do que sua duração na civilização de amanhã. Inúmeros filósofos e poetas após Huxley no livro *Admirável Mundo Novo* e de Maiakóvski em *O Percevejo,* imaginam em certas megalópoles um lazer mecanizado, racionalizado que ultrapassará qualquer fantasia natural... Esse tipo de previsão lembra a de Renan, quando dizia que "chegará o dia no qual o artista pertencerá a um passado... Ao contrário, o sábio terá cada vez mais valor. Os progressos da ciência exterminarão a poesia..." Esse dia no entanto parece bem distante... Para o sociólogo, evidentemente, a realidade é muito menos simples. Entre os determinantes sociais que exercem influência sobre o lazer, três parecem-nos fundamentais: a evolução técnica, as persistências tradicionais e a organização sócio-econômica. Para comodidade de análise, estudaremos cada um desses fatores isoladamente, sem ignorar, porém, sua interação.

Os determinantes técnicos, surgidos bruscamente, no fim do século XIX, passaram logo a ter um caráter explosivo e conseqüentemente foram atingidas todas as formas de lazer.

Em 1883, Dedion construiu o primeiro veículo automóvel; três anos depois, a descoberta da corrente deu um especial realce ao velocípede; quatro anos após, Ader conseguiu pela primeira vez voar. Há profecias sobre um mundo novo, cujas primeiras características já podem ser assinaladas: "Num futuro próximo, todo o mundo viverá no campo, bem longe das cidades", afirma Jules Bois ao mesmo tempo arqueólogo e sociólogo do progresso, "e as distâncias serão vencidas por ônibus elétricos ou então por ônibus aéreos. O automóvel passará da moda, a bicicleta terá sempre seu lugar, mas como uma máquina volante que permitirá ao ciclista passear no ar, sem ser esmagado..."

Concomitantemente ao nascimento da mecanização dos meios de transporte, tornam-se mecânicos os meios de comunicação. E. Branly consegue estabelecer a telegrafia sem fio (1888) e L. Lumière a cinematografia (1894). A utilização maciça dos aparelhos de rádio inicia-se por volta de 1921. A partir de 1919, completam-se as técnicas de cinema e são inventados o filme de longa metragem e o mito das estrelas de cinema. O cinema falado surgindo em 1927, restringe, a uma certa parte adiantada da Terra, a rede de salas onibi dornos de cinema.

Em 1946, a televisão parece iniciar uma nova etapa. Inúmeros intelectuais franceses não conseguem, ainda compreender sua importância. Esse fenômeno determinará mudanças mais profundas em todos os tipos de lazer do homem moderno do que todos os demais da etapa precedente.

Os grandes meios mecânicos de transporte e de difusão possuem um poder de sedução muito vivo. Referindo-se a eles, alguns chegam até a falar em poder "mágico". Enquanto a mecanização do trabalho provoca freqüentemente desconfiança e hostilidade entre os trabalhadores, a mecanização do lazer suscita adesão e entusiasmo da parte deles e de seus filhos. No mundo mecânico, há qualquer cousa de maravilhoso que desperta no indivíduo, desde a mais tenra idade uma paixão erudita pelo automóvel ou uma infinda utilização da televisão. Devemos, no entanto, analisar a influência exercida por eles.

A mecanização dos meios de transporte e os lazeres

Desde 1924, H. e R. Lynd, no seu estudo sobre uma cidade norte-americana média, afirmavam: "O automóvel talvez revolucione mais os lazeres do que o cinema" (1). Na França de hoje, conhece-se a fascinação exercida pelo automóvel sobre pessoas provindas de todos os meios. Em 1938, havia na França 2 250 000 automóveis e, em 1950, há 6 700 000. É ainda mais impressionante o número de veículos mecânicos de dois lugares, sendo superior a 10% o ritmo de crescimento anual, com relação aos dados, do ano anterior, dos veículos a motor de todos os gêneros, em certas camadas sociais.

Os rápidos progressos da motorização tendem a fazer com que o corpo humano se torne passivo. O motor mecânico substitui o motor humano e o homem não sabe mais andar, correr e saltar. Isso constitui um perigo muito sério. Freqüentemente limitamo-nos a salientar os aspectos negativos e seria conveniente estudar também o saldo positivo. Acompanham a mecanização o desenvolvimento de atividades desconhecidas na época pré-maquinista. Entre elas, pode-se citar em primeiro lugar, os esportes. Parece que Lynd, no seu estudo sobre Middletown confundiu o número de indivíduos ficenciados para praticar esportes com o daqueles que realmente o praticam. Na França, onde há somente quinhentos mil licenciados [1], uma sondagem feita através de uma amostra representativa, verificou que cerca de 49% dos franceses exerciam uma atividade por eles qualificada como "esportiva" (2). Tem-se que salientar o contínuo desenvolvimento da cultura física, praticada de manhã, com o auxílio do rádio, e a exercida à noite, em locais especiais.

Nestes vinte anos, nossas praias transformaram-se em locais de jogos esportivos (sobretudo volibol e de aulas de educação física (de correção ou distração). Professores e monitores de educação física (seis mil em 1959) estão sobrecarregados com esse gênero de trabalho. O hábito de usufruir do lazer ao ar livre e à noite expandiu-se muito, devido à motorização. Nos arredores de Paris, deixam de lado, cada vez mais o modesto verde de Nogent e a poeira das saídas da cidade e preferem as florestas da Ile-de-France. Multipli-

(1) Estatísticas esportivas: número de licenciados por Federação:

	1944	1953	1958
Futebol	177000	439479	380352
Bocha	150700	180462	177506
Basquete	53333	117137	84371
Esqui	9579	78330	113960
Tênis	20445	57858	76662
Ciclismo	10971	51940	37645
Rugby	46627	34500	34328
Atletismo	60597	33138	39187
Natação	43679	30874	27732
Esportes eqüestres	1576	28400	20418
Volibol	1860	23513	22710
Tênis de mesa	2271	21599	24156
Judô		20100	30070
Tiro		16256	16211
Rugby a 13		34500	
Boxe	3598	13800	4541
Cultura física e Halteres		9912	6200
Golfe	1943	7118	9538
Remo	7434	7932	8955
Esgrima	4162	6134	7278
Ginástica		44218	49736

A comercialização direta ou indireta de certas Federações relegou, muitas vezes, para o plano secundário os objetivos originais do esporte. Dessa situação resultou a organização de federações que reúnem todos os esportes, as chamadas Federações de todos os esportes ou de esportes afins, de caráter puramente social e educativo. São elas que possibilitam a penetração dos esportes nos meios operários (Fédération Sportive et Gymnique du Travail e Union Sportive du Travail), escolares e pós-escolares (Union Française des Oeuvres Laïques d'Education Physique), confessionais (Fédération Sportive Française), universitárias (Office du Sport Scolaire et Universitaire). Elas possuem cerca de 700000 licenciados. O conjunto das Federações totalizou, em 1958, 2589492 licenciados em esporte, havendo cerca de 3000000 de praticantes regulares. Concluindo, em 1959, obtiveram sua "licença esportiva popular", perto de 860000 crianças.

cam-se também as reuniões ao ar livre e os trabalhos de jardinagem, juntamente com a preferência em morar na periferia distante. Devido ao uso do automóvel, os subúrbios de cidades como Los Angeles estendem-se sobre quilômetros cobertos de bosques e praias. O problema é pois bastante complexo e já suscita também observações pessimistas.

A mecanização dos meios de informação e os lazeres

Na França, os grandes jornais diários ou hebdomadários possuem tiragens que ultrapassam ou às vezes se aproximam de um milhão de exemplares. Em 1951, 88% de franceses liam por dia um jornal. As pessoas ocupam-se com essa leitura cerca de meia a uma hora. Como a Sra. Letellier verificou, até do orçamento de um desempregado, fazem parte a compra de um jornal e de um maço de cigarros.

No entanto, o rádio parece ser ainda mais importante, na ocupação do tempo livre. Em 1941, Lazarsfeld perguntava aos norte-americanos: "Qual seria sua escolha, caso tivesse de escolher entre ouvir rádio e ler jornal?"[2]. O enorme número de respostas em favor do rádio confirmou o poder desse meio de comunicação. Não exigindo o rádio o uso da vista como a imprensa, o cinema e a televisão, tende a constituir o cenário sonoro da vida cotidiana. O rádio é ouvido não somente dentro de casa, como no automóvel, no café, nas lojas, escritórios e empresas. Ele possibilita que se ouça música e canções, em todos os lugares. Uma sondagem recente feita pelo I.N.S.E.E., mostrou que 60% do público desejam ouvir mais canções (4). O rádio, como o cinema, tem seus astros e estrelas: Bourvil, Edith Piaf, Robert Lamoureux. Na França, comenta R. Veille, há dez vezes mais pessoas ouvindo rádio do que espectadores nos cinemas. Num único programa de rádio, um artista pode ser ouvido por mais pessoas

(2) 62% dentre eles declararam tstar mais ligados ao rádio, contra 20% aos jornais e 8% de indecisos (3). Uma outra enquete feita entre clientes de perto de 3000 comerciantes norte-americanos, influenciados pela força sugestiva das várias formas de publicidade, mostrou que cerca de 65% pendiam sobretudo para o rádio, contra 25% para a imprensa.

do que em dez anos de exibições em *music-hall*. O sucesso teatral por ocasião da centésima representação, já tendo passado pelo teatro cerca de cem mil espectadores, pode dar a idéia do que seja um fiasco radiofônico (5). Em 1960, possuíam um receptor de rádio mais de 75% dos lares franceses.

O cinema não é tão difundido quanto o rádio. As pessoas idosas deixam de ir ao cinema e os que residem na zona rural têm pouca oportunidade de freqüentá-lo. Há porém um público de cinema assíduo em todas as camadas sociais da população cotidiana [3].

O cinema impôs heróis, temas e modas que determinaram profundas transformações no comportamento e nas atitudes com relação aos lazeres diários e da vida cotidiana da juventude do mundo inteiro. As grandes obras cinematográficas deram nascimento a um novo estilo que por sua vez, exerceu influência sobre outros tipos de arte.

O desenvolvimento do cinema entrou numa nova fase. "O período atual, escreve Edgar Morin, caracteriza-se por uma certa estagnação e talvez um pouco de retraimento da parte do público, nos assim chamados países "ocidentais" e um grande impulso nos países considerados como "novos", econômica e politicamente, localizados na América do Sul, Ásia e democracias populares. Nos Estados Unidos, cerraram as portas, entre 1950 e 1953, 5 038 salas de exibição e quase 5 347 delas, compreendendo quase um terço das que persistem, estão com as finanças arruinadas. Na França, observa-se tendência idêntica, ainda que menos acentuada. Essa diminuição do papel desempenhado pelo cinema como lazer não corresponde a uma baixa geral do poder aquisitivo mas sim diretamente à concorrência de outros tipos de lazer.

Achamos pouco provável que essa forma de lazer volte a ocupar a antiga posição que tinha até 1945, como resultado dos esforços despendidos pelo cinema norte-americano com as tentativas de cinema em relevo e as novas técnicas que exigem enormes telas de projeção, especialmente o *cinemascope*.

(3) Segundo J. Durand (1958), a grande burguesia representa 9%, a média burguesia 31%, a classe operária 48% e os economicamente fracos 12%, do público cinematográfico urbano, na França (6).

Temos de reconhecer que o cinema encontra pela frente a poderosa concorrência da *televisão*, cuja influência determinará modificações sem precedentes nos lazeres. É ainda dos Estados Unidos que chegam as primeiras observações sôbre essa situação uma vez que pela primeira vez, a extensão do fenômenos pôde ser observada em escala nacional. Especialistas verificaram que um aumento de 2% na utilização de receptores de televisão determinava uma diminuição na receita das salas exibidoras de cinema de 1 a 10%. O ritmo de aumento na compra de televisores por famílias apresentou uma curva pouco comum na economia doméstica: 1945, perto de 10 000 televisores; 1948,....... 1 550 000; 1950, 10 000 000; 1954, 30 000 000; 1959, 51 050 000.

Essa situação não se apresenta somente nos Estados Unidos. Na Inglaterra, pouco antes da Coroação da Rainha Elizabeth II, havia dois milhões de televisores e alguns meses depois o número passava de três milhões. Atualmente, na Inglaterra há dez milhões e na União Soviética, o número já ultrapassou quatro milhões (1960).

Na França, em 1954, o número de televisores podia ser estimado em cerca de 150 000, com grande surpresa dos fabricantes que haviam calculado sua produção em meio milhão. Talvez sejam responsáveis pela lentidão desse ritmo de crescimento, cuja média era de cinco mil aparelhos por mês, as dificuldades econômicas, a atitude da imprensa e os preconceitos intelectuais. Seria porém um erro pensar que a televisão é um lazer só de ricos. Já em 1953, uma sondagem parcial revelou que mais da metade dos proprietários de receptores de televisão eram operários qualificados, artesãos, empregados e que os possuidores da outra metade pertenciam a coletividades urbanas e rurais, estabelecimentos escolares, associações, clubes de televisão, etc. Atualmente a rede de televisão cobre a metade do território francês; há cinqüenta e oito torres de transmissão, sendo dezesseis de alta potência, assegurando assim a possibilidade de que recebam os programas de televisão mais de 70% da população. Em dezembro de 1959, havia 1 400 000 televisores, com um crescimento mensal médio de dez a quinze mil. A partir de janeiro de 1962, foi ultrapassado o número de três milhões.

Que efeitos terão os grandes meios mecânicos de comunicação sobre o modo de empregar o tempo dedicado ao lazer [4]? Há certamente grande diferença entre as maneiras de utilizar esses meios e as opiniões que suscitam. Porém, a sedução exercida por uns e outros sobre as atividades de lazer, ainda que de intensidade desigual é de idêntica natureza. Lazarsfeld demonstrou a grande correlação existente entre as atitudes com relação à imprensa ilustrada, ao cinema, ao rádio e à televisão. Daqui em diante, poder-se-á falar num condicionamento técnico das atitudes de lazer.

Esse condicionamento técnico determinará a passividade do espectador ou do ouvinte? Poder-se-á com razão temer que o grande poder de sugestão próprio desses *"mass-media"*, ligado à padronização de seus conteúdos, venha a ter efeitos embrutecedores. Cohen Seat realizou observações importantes relacionadas com os efeitos imediatos da "fascinação fílmica" sobre o sistema nervoso (7). Porém, a variedade das motivações e dos modelos ideais expressos pelos espectadores, a propósito da ficção e do documentário cinematográfico [5], sugere-nos que tais efeitos fisiológicos, bastante reais, podem ser disfarçados, completados e transformados e até contrariados por efeitos mais complexos de origem afetiva e intelectual, imediatos e diferenciados. Esses mesmos efeitos variam de acordo com os tipos de indivíduos e os gêneros de filmes. Há filmes que de imediato seduzem a imaginação sem no entanto amortecerem a reflexão.

A linguagem cinematográfica expressará a mais poética das ficções quanto a mais material das realidades um teorema ou uma dança, uma canção ou uma lição. Ela pode tudo expressar, é polivalente. Ainda, essa linguagem, que à primeira vista parece simples, exige uma iniciação [6]. A experiência dos cineclubes, apesar de limitada, sugere que as atitudes diante de um

---

(4) Cf. E. SULLEROT, Télévision aux Etats-Unis et en Grande--Bretagne, *Communications*, nº 1, 1962.
(5) Cf., mais adiante, quando tratamos das funções do lazer e da participação do cinema.
(6) Cf. M. EGLY, etc., *Regard neufs sur le cinéma*, coleção "Peuple et Culture", Editions du Seuil.

filme podem variar tanto em função da apresentação, quanto da discussão ou simplesmente de seu renome. Finalmente, o cinema não deve ser julgado com base em alguns filmes e também não pode ser considerado somente em seu gênero dominante — a ficção. "É uma questão de quilômetros de película, diz A. Bazin; para um metro de filme técnico, faz-se cem metros de filme de ficção. Seria a mesma cousa se a linguagem fosse utilizada nove vezes sobre dez para escrever romances e peças de teatro". Por fim, o cinema, como todas as técnicas visuais de representação e expressão, terá efeitos variáveis de acordo com seu conteúdo e a maneira pela qual o espectador estiver preparado para recebê-lo.

Está longe de ser estabelecido o quadro geral dos determinantes técnicos do lazer do homem. O fenômeno encontra-se em plena evolução e há um número muito grande de observações limitadas que levam à formulação de generalizações abusivas ou demasiadamente teóricas. Afirmações apaixonadas desprestigiam a pesquisa científica. Tais fenômenos são provavelmente de uma tal plasticidade que só poderão ser bem conhecidas caso consigamos provocar a variação experimental das condições que os produzem.

Resistências e persistências tradicionais

Seria errado estudar os efeitos da evolução técnica sobre os lazeres como se ela fosse linear no tempo e geral no espaço. Efetivamente, segundo Bougle, "cada sociedade possui sua estrutura, suas tradições e necessidades que impõem limites às inovações". Daí resulta ser indicado o estudo das determinantes tradicionais do lazer em cada país, não somente no campo como também nas cidades. Ainda quando desaparecerem as estruturas, subsiste freqüentemente uma mentalidade que sobrevive nas novas estruturas. Esse anacronismo poderá reter uma evolução perigosa ou, ao contrário, impedir um progresso necessário. Estamos diante de um fato social e é nosso propósito analisá-lo.

A obra de A. Varagnac poderia levar-nos a estudar a civilização tradicional como se faz a prospecção de um mundo desaparecido. Esse Autor chega até a referir-se a uma civilização arcaica, quando se reporta a modos de vida anteriores à revolução industrial. Ele desperta a atenção da sociologia do lazer quanto ao "movimento de regressão das cerimônias tradicionais que, seguramente mais antigas na cidade, parece ter-se expandido nos campos, após a guerra de 1870-71". Talvez fosse interessante descrever as cerimônias tradicionais, como são as festas dos archotes e dos ramos de maio, as lendas e danças folclóricas. Poderíamos também mostrar como a construção de estradas de rodagem, a expansão de uma economia aberta, a circulação das idéias, etc., contribuíram para o desaparecimento dos costumes típicos de uma sociedade tradicional. Porém esse ponto de vista parece-nos demasiadamente estático se relacionado com a evolução das atividades de lazer e muito abstrato com relação as outras circunstâncias que influenciam sobre elas.

Nosso ponto de vista é mais próximo da opinião de Herskovits que considera a tradição como um fator de resistência à mudança (9). Tentaremos precisar como essa idéia pode ser entendida. A tradição poderá ser: causa de rejeição do lazer moderno, causa de uma desadaptação ou de uma adaptação insuficiente, apresentar um quadro ritual para a integração das atividades modernas, conferindo-lhes um novo significado e ainda ser um fator de equilíbrio no desenvolvimento de novas tendências. Essas são hipóteses que uma pesquisa poderia tentar verificar.

1. A tradição pode opor uma recusa à modernização do lazer. Por exemplo, em inúmeros meios rurais é quase nula a freqüência ao cinema [7]. Além disso, uma enquete realizada pela Rádio-Televisão Francesa (19) verificou que de um modo geral inúmeras pessoas idosas ignoram o rádio: "No meu tempo, não havia rádio e podemos muito bem continuar sem ele". Encontramos ainda intelectuais formados ou deformados por estudos humanísticos mal orientados que se opõem resolutamente ao progresso técnico (televisão...).

(7) Entre os 46% de franceses que nunca vão ao cinema, 61% moram em comunas de menos de dois mil habitantes e assim estariam prejudicados pela distância ou pela carência de equipamentos cinematográficos; porém, 30% moram em cidades de mais de cem mil habitantes (6) e freqüentemente são originários da zona rural.

2. A tradição poderá estar na origem não de uma recusa mas de uma inadaptação às novas formas do lazer. Um sem-número de sobrevivências de mentalidade dificultam a nova prática e lembram os primeiros automóveis, cuja construção baseou-se em carros puxados a cavalo. Acontece freqüentemente que, no campo, o automóvel, que poderia possibilitar uma participação maior nos lazeres da cidade ou favorecer o turismo em regiões próximas ou mais distantes, seja pouco utilizado para viagens de recreio. Outro exemplo: freqüentemente, a conversa não é "dirigida", mas sim o produto de uma troca espontânea; surge naturalmente junto ao fogo, durante as refeições. Parece que muitas vezes conservou-se o hábito de ouvir rádio como outrora se ouvia a voz incansável da vizinha. Em outros tempos consultava-se uma cartomante para saber do futuro; hoje, os jornais escrevem todos os dias sobre esse futuro em colunas reservadas aos horóscopos. Antigamente o confessionário era, para todos ou quase todos, um livro de respostas aos problemas de consciência e hoje alguns se confessam aos jornalistas e lê-se o correio sentimental.

3. Como poderá a tradição oferecer um quadro e um modo para a integração das inovações? Esse problema, desprezado pela maioria dos especialistas em folclore, é capital para uma psicossociologia do lazer. A inovação cultural determina um novo equilíbrio na vida diária, variável segundo o período e a sociedade. O modo de utilização dos lazeres mecânicos é orientado por costumes tradicionais que muitas vezes assumem um novo significado, ao mesmo tempo que desempenham funções novas.

Sobre isso parece-nos interessante estudar o exemplo das festas tradicionais. Elas fixam um quadro ritual aos lazeres modernos, mas ao mesmo tempo estes conferem a elas sentido e papel novos. Por exemplo: o Carnaval era uma oportunidade de usar máscaras de pessoas mortas que, segundo se pensava, voltavam para distribuir benefícios aos vivos (8). Atualmente essas festas proporcionam oportunidade para reuniões, mas não apresentam mais esse significado mágico-religioso.

Não são mais cerimônias sacras, mas acontecimentos profanos, divertimentos coletivos.

No passado, a festa cerimonial colocava-se como uma completa ruptura da vida comum, monótona e miserável. "Num mundo mais coeso do que o nosso, essas cerimônias propiciavam uma fúria coletiva total, corpo e alma, acompanhados pela liberação explosiva do ser humano", observa L. Bergé. Até o fim do século XVI, os próprios prelados toleravam que as orgias anuais da Festa dos Loucos, entre o Natal e o Dia de Reis, acontessem no interior das igrejas. Nesse dia, João-ninguém comia "por quatro", enquanto nos outros dias da semana, a fome, sem rebuços, dizimava as aldeias. Nos dias de festa os fiéis entregavam-se a todas as espécies de atos considerados como pecados mortais, na vida comum. Ora, hoje, até nas classes menos favorecidas em princípio as atividades de lazer são praticadas todas as noites, num estádio, num cinema ou ouvindo rádio. A festa dilui-se na vida cotidiana e por isso perdeu seu caráter explosivo e mesmo catártico. Algumas festas desapareceram como a Festa dos Loucos e o Dia dos Inocentes e muitas delas passaram a ser festas de crianças, como a Festa de São João e a Mi-Carême *.

Porém, o lazer moderno não aboliu todas as festas tradicionais, concretizou-se em algumas delas, modificando freqüentemente seu significado. Surgiram também outras festas profanas que substituíram as cerimônias tradicionais desaparecidas. Na civilização contemporânea a festa continua a ser em geral um fenômeno de autoridade e de coesão total", segundo a interpretação de Mauss, a propósito das cerimônias arcaicas. A festa constitui a oportunidade de afirmar a vitalidade e a unidade de um grupo. Ao mesmo tempo, é o momento para distrações, cuja relação com o rito e a cerimônia cada vez mais se enfraquece. A festa é vivida simultaneamente como cerimônia e como lazer. Talvez seja sob esse aspecto que o teatro popular francês assu-

(*) Festa carnavalesca celebrada na terceira quinta-feira da Quaresma. (N. da T.)

me seu mais alto significado. Na França, entre 1947 e 1951, os espetáculos de teatro, balé, concertos e conferências, receberam cem milhões de espectadores, enquanto, no mesmo período, o cinema perdia sessenta milhões. O teatro profissional conta, porém, com somente cinqüenta famílias e no teatro amador há dez mil grupos relativamente estáveis que dão, pelo menos, dois espetáculos por ano (dados fornecidos pela Société des Auteurs). Segundo A. Villiers, é formidável o sucesso desses grupos: em 1946, deram vinte e oito mil e oitocentas representaões e, em 1949, quarenta mil e quatrocentas. O movimento continua. O teatro amador, de qualidade ainda duvidosa, vem apresentando um certo progresso; constitui não somente um fenômeno estético e psicológico, mas essencialmente social. Nele podemos encontrar uma forma especial da festa de uma coletividade, seja pública escola, aldeia ou bairro. Durante a representação, o grupo não se abre mais para o exterior, pouco importando a comunicação radiofônica ou cinematográfica. Durante um certo tempo o grupo reforma-se como se fosse uma sociedade fechada, representa a súmula do passado e prepara a do dia de amanhã. Ele se compraz em sentir sua vitalidade, unidade e fraternidade; orgulha-se de seus membros que irão mostrar seu *savoir-faire*. A fim de vê-lo, pais, amigos, amigos destes, acorrem para aclamá-los, participar do mesmo fervor. Dever-se-ia aprofundar a análise desse fenômeno que parece desenvolver-se como reação contra a tendência atual que leva o grupo a se abrir para um mundo ilimitado. A. Varagnac salientou que são sempre os jovens da cidadezinha os incumbidos de organizar as festas novas. "Ainda há poucos anos eram eles os animadores de jogos, concursos e divertimentos de todos os tipos, parte principal das festividades. Esse papel estende-se hoje através do teatro rural e da organização de bailes e circuitos ciclísticos".

Porém, que sucedeu na França com as festas marcadas no calendário? As que subsistem são uma mistura entre o antigo e o moderno. Limitar-nos-emos a estabelecer algumas premissas preliminares, reservando-nos para em outro ponto desta obra analisar os complexos significados desses simbolismos móveis, nos quais a participação cerimonial, já em declínio, liga-se com o desmembramento de novas relações que freqüentemente transformam a festa num semilazer .

Talvez seja o Natal a festa que mais mudanças determina na vida diária das sociedades modernas. É ela que desperta um maior número de participantes, cerca de 63%. Não constitui mais uma festa religiosa da qual todos participavam mas, sobretudo, uma festa de crianças. Continua essencialmente familiar, mas tende a tornar-se coletiva. Encontramos árvores de Natal em todos os lugares, nas empresas, nos comitês, nas escolas e nas sedes das prefeituras. Seu significado apresenta-se, com freqüência, ligado à política social das coletividades.

Na França, no mês de janeiro, continua-se em torno da rosca de Reis para ver quem é sorteado com o Rei. Esta festa celebrada sempre em família, com os vizinhos ou os companheiros de trabalho, é essencialmente familiar.

Em fevereiro, a Candelária não é mais a festa da purificação da Virgem, mas a dona-de-casa continua a festejar esse dia com deliciosos *crêpes*, dizendo "Isto dá sorte". Festejado sempre no mês de fevereiro, o Carnaval está em declínio, apesar dos esforços dos sindicatos promocionais de Nice, Châlons e de Sarreguemines.

(8) Intensidade de participação nas festas (10):

	Participação na festa			Distrações sem participação na festa (%)	Nem participação na festa, nem distração (%)	TOTAL
	ativa (%)	fraca (%)	total (%)			
Festas de origem religiosa:						
Natal	24	39	63	17	20	100
Páscoa	9	35	44	52	4	---
15 de outubro	4	22	26	67	7	—
Festas de origem cívica:						
14 de julho	43	---	43	40	17	—
11 de novembro	28	8	36	47	17	—
1º de janeiro	11	25	36	30	34	—
1º de maio	12	0	12	67	21	—

O Carnaval é sempre uma fonte de experiências pitorescas para os turistas; os bailes carnavalescos, nos quais as pessoas apresentam-se com máscaras, tendem a desaparecer, continuando somente as crianças a usá-las *.

O primeiro de abril, dia em que se prega peças, parece ser uma festa permanente. As brincadeiras, que habitualmente não se fazem, tornam-se possíveis e até esperadas, sem perigo de sanções; por exemplo, pode-se pregar uma peça num maçante ou num superior. No caso de uma coletividade fechada, esse dia constitui uma oportunidade de manifestação de sua hostilidade contra os que a ameaçam por excesso de originalidade ou de autoridade. Será que esse dia não passará a desempenhar o papel que outrora tinha o Carnaval?

O primeiro de maio passou a ser um dia no qual não se trabalha, dominado essencialmente por distrações ao ar livre. Parece que a primavera começa com o primeiro de maio. É a primeira oportunidade em que se pode sair das cidades para colher o junquilho *muguet*. A motorização contribuiu muito para aumentar mais ainda essa corrida à procura de ar livre. É uma festa trabalhista, oriunda das lutas operárias, mas seu significado divide-se hoje entre a alegria pela entrada da primavera (67%) e de "dias melhores amanhã" (12%). As canções sociais apresentam sempre analogias entre a chegada da primavera e a de um mundo melhor.

O Pentecostes parece apresentar uma crescente importância para os operários que são por ele beneficiados com dois ou três dias de férias. A motorização e a prática do campismo contribuíram para que essa data fosse cada vez mais apreciada. É ela muito importante para a mocidade, sedenta de ar livre, é quando freqüentemente o jovem pela primeira vez dorme numa barraca, alegria que poderá ser perturbada pelos caprichos da geada ou, ainda, por um pouco de chuva...

Seria interessante analisar ainda o significado social de duas outras festas, marcadas no calendário, que continuam a ser comemoradas: 15 de agosto e 1 de novembro, Dia de Todos os Santos.

(*) O Carnaval é festejado na Europa com um sentido diverso daquele que assume no Brasil e nos países sul-americanos. (N. da T.)

Finalmente, entre as festas cívicas, novas ou antigas, comemoradas na França, ressaltamos, em primeiro lugar, a vitalidade das comemorações do 14 de julho. É a festa cívica de maior participação (43%). A recordação da Tomada da Bastilha, comemorada nesse dia, está sempre presente nas paradas organizadas pelos sindicatos e partidos, mas essa festa é também, para todos, a primeira festa do verão. Parece que em grande parte ela assume uma das funções do Dia de São João, a grande festa tradicional comemorativa da chegada dos dias de tempo bom. É a última festa do ano, quanto ao período de trabalho, as crianças não vão mais à escola e já parece um dia de férias.

As outras festas cívicas não são comemoradas com tanta intensidade e espontaneidade. O dia da Vitória (8 de maio) ressente-se com a divisão dos antigos Aliados de 1944 e o Dia do Armistício (11 de novembro) perdeu seu significado devido à catastrófica última guerra.

Daremos uma atenção toda especial a uma festa que, apesar de ter sido criada artificialmente (1941), tende no entanto a enraizar-se e desenvolver-se — é o Dia das Mães, comemorado em 30 de maio. A intensificação das comemorações do Dia das Mães se justifica, caso nos lembremos de que o Dia dos Pais, instituído por uma louvável preocupação de equilíbrio, tende a cair no rídiculo e na indiferença. Não seria isso um sinal do reconhecimento e da consagração do papel central desempenhado pela mãe, no seio da família moderna?

Este esboço, certamente incompleto, revela no entanto como na festa tradicional destinada à distração, a interpenetração entre o antigo e o novo contém em si mesma outros significados e como inúmeras festas evoluem para formas de semilazer, nas quais o divertimento e a recreação tendem a colocar-se acima da participação cívica ou espiritual.

4. Temos ainda de examinar como a tradição constitui um fator de equilíbrio, se relaciona com os lazeres mecanizados do mundo atual. G. Friedmann escreve: "Os norte-americanos, sendo um povo jovem, não têm tradições. Mas tanto a eles como a nós faz

falta a arte de viver num meio técnico. Se algumas vezes comportamo-nos melhor, nós o fazemos, evidentemente, recorrendo às mais antigas tradições de nossas sociedades ocidentais pré-maquinistas. Com efeito, algumas atividades tradicionais desempenhadas pelo camponês e pelo artesão tornam-se cada vez mais ocupações de lazer que equilibram o trabalho mecanizado e racionalizam a civilização moderna.

Citaremos três exemplos relacionados com a França: 1) a prática da jardinagem é um dos característicos do modo de vida urbano: ao invés de diminuir, não cessa de crescer. O desenvolvimento das organizações coletivas de jardins operários constitui uma das iniciativas mais importantes dos "comitês de empresa", sobretudo nas pequenas cidades. Praticam jardinagem 90% dos operários da grande empresa metalúrgica de Pont-à-Mousson (vinte mil habitantes). A razão principal dessa predileção não parece ser a falta de recursos ou o incentivo da fábrica; ainda a brusca elevação do nível de vida provocada pela promoção profissional não exclui essa prática. Já salientamos que a jardinagem é praticada por elementos pertencentes aos "quadros" industriais quase na mesma intensidade do que entre os operários [9].

Será que isto acontece porque persistem resquícios do antigo camponês e porque numerosos citadinos deixaram há pouco de serem homens do campo?

É ainda mais significativo o caso da caça, nas povoações e aldeias e da pesca nas cidades. Na França, em 1958, elevava-se a 1 640 000 as licenças fornecidas para a prática legal da caça e o número de pescadores de vara, atingiu 3 500 000 (11). Com dias bonitos, o rádio e o cinema não conseguem segurar os amantes da caça e da pesca. O dia destinado à abertura da pesca pode ser considerado como um acontecimento vivido cada vez mais como um novo rito. "Convide um pescador de qualquer categoria para uma festa, um casamento, no dia da abertura e ele responderá, sem hesitação: impossível, esse é o dia da abertura", escreve Montmousseau em *La Musette du Père Brécot*.

(9) Ver página 37

Finalmente, a expansão do "campismo" poderá também ilustrar nosso pensamento. O preço elevado das entradas em hóteis é responsável por essa expansão mas há um número cada vez maior de campistas, sobretudo aqueles que possuem automóvel e "voltam à natureza" só por prazer. Os franceses requereram em 1959, cerca de quatrocentas e cinqüenta mil licenças de campismo, podendo-se calcular em mais de dois milhões o número de campistas. O humorista Daninos conclui no seu estilo: "Tenho a mais profunda admiração por aquelas pessoas que, revivendo por prazer a Idade do Mamute na Era da Televisão, tentam em plena floresta fazer fogo, esfregando duas pedras".

Insistiremos porém, juntamente com Van Gennep, sobre a mudança total do significado dessas atividades que passaram do campo do trabalho para o do lazer. Sem usar argumentos do tipo "antigamente vivia-se melhor", recorramos aos etnólogos que estudaram com seriedade a vida rural. "Nesse particular estamos bem longe, não somente do folclore em si mesmo, escreve Van Gennep, como das condições reais da vida dos pastores e pastoras que, até os meados do século XIX, viviam uma vida trabalhosa, sob a chuva, a bruma e o vento, expondo-se a passar horas, umas após outras, monotonamente, e apavorados ainda com os lobos. Os citadinos podem achar agradável de vez em quando comer sobre a grama, e a esse acontecimento casual deram o nome de convescote. Agora, transformaram essa vida vivida no campo e nos bosques, no esporte denominado 'campismo'. É encantador, mas a nosso ver não terá duração" (12).

Com efeito, a oposição entre o meio técnico e o natural processa-se através de uma evolução e obedecendo a um ritmo dialético, no qual é bastante complexa a interpenetração entre a tradição e o progresso ao nível dos comportamentos cotidianos. Esse assunto precisa ser estudado tanto por etnólogos quanto por folcloristas, recorrendo a técnicas mais dinâmicas e procurando encontrar meios de adaptá-lo à vida moderna. Para progredir, a Sociologia necessita de trabalhos desse tipo.

Influências sócio-econômicas

Já salientamos a ambigüidade do condicionamento técnico do lazer nas suas relações com o condicionamento tradicional. Haverá escritores que atribuam ao meio técnico uma ação cuja origem seja econômica e social? Essa idéia nos vem quando lemos ensaios inspirados no progresso. O equívoco criado por essa confusão pode ser encontrado em inúmeras acusações de ordem geral à "máquina", em nome do "homem", nas quais a verdadeira culpada, isto é, a organização sócio--econômica da máquina, não é lembrada. Um estudo objetivo dos fatores que condicionam o lazer deverá tentar destacar a influência dos determinantes sócio--econômicos.

No balanço financeiro da França, correspondente ao ano de 1950, J. Benard, ao fazer uma análise da hierarquia das despesas de consumo, introduz o item "Bens de luxo e lazeres". Não é das mais felizes essa associação de palavras, porém oferece uma oportunidade para salientar que:

1. As atividades de lazer custam dinheiro.

2. Numa dada hierarquia, o dinheiro destinado às despesas com o lazer, coloca-se entre os "bens de luxo", que surgem depois das despesas de primeira necessidade com a alimentação, cuidados médicos, vestimentos e habitação. Disso resulta que também as atividades de lazer são determinadas por possibilidades e hábitos de consumo. Aí está o primeiro determinante sócio-econômico. Inúmeros educadores preocupados com o lazer cultural e muitos sociólogos atentos às grandes correntes do progresso técnico se esquecem do aspecto financeiro do lazer.

A baixa de preços determinada pela produção em massa contribuiu para o aumento do número de consumidores. Um exemplo: até meados do século XIX, na França, o jornal custava cinco *sous* *, enquanto o pagamento por uma jornada de trabalho era de cerca de trinta *sous*. Outro exemplo: por volta de 1882, havia poucos operários entre os doze mil assinantes do

(*) Moeda corrente na França, no século XIX, correspondente à vigésima parte da antiga libra francesa. (N. da T.)

Constitutionnel. Hoje, ler jornais e ir ao cinema está ao alcance de todas as bolsas. Os aparelhos de rádio são também acessíveis aos orçamentos modestos. Vemos assim que o progresso técnico contribuiu para destruir em parte as desigualdades determinadas pela renda. Os capítulos precedentes procuraram esclarecer esse poder de unificação dos hábitos de lazer, à custa do desenvolvimento da mecanização. Salientamos então somente um dos aspectos do problema, havendo um outro, inteiramente diverso mas também de real importância. Como esse aspecto freqüentemente é descuidado, vamos nos deter no seu estudo.

H. Lefebvre, na sua crítica da vida cotidiana, salienta que "apesar de não serem muito rigorosos os limites entre as classes, nem por isso deixam de existir; isso acontece em todos os aspectos da vida cotidiana como a habitação, alimentação, vestuário e modos de praticar o lazer..." e sobretudo que "... a classe não implica, unicamente, uma diferença quantitativa no valor dos salários e rendas mas também uma diferença qualitativa quanto ao modo pelo qual se faz o uso e se procede à distribuição das rendas" (13).

O fraco poder aquisitivo de uma parte da classe operária determina normas de consumo que, por sua vez, podem orientar as despesas; assim, atividades de lazer que ultrapassem tais normas de consumo dificilmente serão praticadas, ainda que menos custosas do que outras atividades nelas incluídas. Vejamos um exemplo: numa cidade de interior, uma exibição de esporte, na qual o lugar menos claro custe seiscentos francos, poderá ser considerada como popular enquanto uma entrada de teatro, cujo preço seja de duzentos francos, será classificada como "muito cara". Uma atividade de lazer gratuita, mas não incluída nas normas de consumo, encontrará muita dificuldade para se implantar. A debilidade das rendas leva a um modo de vida comum entre pessoas da mesma condição, de tal modo que lazeres, mesmo gratuitos, que não despertem interesse, deixam de ter sucesso, especialmente entre operários. Importantes fábricas parisienses ofereceram a seus assalariados o uso gratuito de quadras de tênis. Os empregados passaram a freqüentá-las, mas os poucos operários que apareceram logo deixaram de fazê-lo por não se sentirem à vontade.

Por fim, os aparelhos, as instalações e os serviços coletivos e individuais necessários à prática dos lazeres modernos são evidentemente vendidos de acordo com as leis do sistema. O vendedor se vê tentado a entregar-se passivamente à possibilidade de obter um lucro máximo, tanto mais que freqüentemente a concorrência o obriga a fazê-lo.

Não somos partidários da indiferença e do desprezo que alguns educadores idealistas conferem ao comércio do lazer. Dizer que "isto é comercial por isso não me interessa" é fugir à tomada de uma posição numa situação na qual todos os educadores deveriam desencadear uma luta contra o mau produto, visando à vitória do bom. Nem todos os editores e livreiros e também exibidores e produtores de cinema juntaram-se para urdir uma perversa conjuração contra a cultura e a educação... Entre eles há muitos que realmente se esforçam para elevar o nível cultural dos lazeres populares. Mais adiante, ofereceremos muitos exemplos que ilustram essa afirmação. Não ajudá-los porque praticam o comércio, revelaria um idealismo sem fundamento, uma vez que estaríamos nos privando dos mais eficientes meios para atingir o objetivo desejado.

No entanto, somos obrigados a reconhecer que no atual sistema a maioria dos vendedores de vinho ou de espetáculos cinematográficos, de jornais vespertinos e revistas femininas não têm por objetivo satisfazer e, ainda menos, desenvolver ao máximo as necessidades culturais das massas, durante o tempo reservado ao lazer. Lynd, já em 1924, afirmava, referindo-se às estações de rádio comerciais e particulares de Middletown: "Enquanto a comunidade tenta resguardar as escolas dos propósitos comerciais de particulares, esse novo e poderoso instrumento de educação, que inopinadamente se apossou de Middletown, está nas mãos de um grupo de homens formado por um ex-vendedor de amendoim, um ex-corredor de ciclismo, um ex-organizador de corridas e outros que tais, sendo objetivo principal de todos ganhar dinheiro (1). Não estamos criticando a profissão exercida por esses elementos [10] mas a incompetência cultural de certos produtores e empresários. Entre eles existe certamente pessoas de outro tipo e até alguns muito cultos, porém um grande número parece procurar unicamente obter o maior lucro possível. Como afirma René Clair, "estão em luta a arte e o dinheiro, a inteligência criadora e as regras financeiras".

Não duvidamos que a publicidade possa prestar bons serviços. A publicidade que chamou a atenção para a compra de dentifrícios e de xampus conseguiu desenvolver, sem dúvida, bons hábitos de higiene. Ela poderá também contribuir para o desenvolvimento da arte: inúmeros artistas (como Cassandre, Colin e Savignac) expuseram obras-primas nos muros das cidades e sabe-se de uma grande empresa internacional de produtos fotográficos que tem organizado exposições de arte. A partir de 1949, pessoas que trabalham como "relações públicas", visando a obter a simpatia do cliente não para um determinado produto mas, num sentimento mais largo, para uma empresa ou uma coletividade, têm recorrido à publicidade para desenvolver a educação do público. Não podemos esquecer também que devemos o grande filme *Nanouk* de Flaherty a uma encomenda de serviços publicitários para uma casa de peles!

A publicidade pode, porém, desempenhar uma ação tremendamente destruidora; exercerá mais intensamente sua influência exatamente quando o produtor for mais destituído de valor real e suas virtudes mais ilusórias. Exemplificam essa afirmação as celebridades pré-fabricadas do rádio e da canção, filmes de estereótipos monótonos que representam 90% da produção, *best-sellers* escritos valendo-se de receitas primárias. É tão evidente esse fato que as testemunhas mais diferentes juntam se para denunciar os nefandos resultados desses empreendimentos. "A maior parte das pessoas, escreve Roger Caillois, habitua-se facilmente com a mistura cotidiana composta de relatos mecânicos e imagens grosseiras, acompanhadas de legendas fabricadas especialmente para elas, ao menor preço líquido, em enormes "cozinhas", nas quais não existe certamente nenhuma

---

(10) Cf. por exemplo as jornadas de estudo sobre o fotojornalismo e as responsabilidades do repórter de revistas, organizadas por especialistas em imagem. Bouloris, 1960.

preocupação com o incentivo de pesquisas gastronômicas o ua educação do paladar dos clientes". Um certo sistema de produção capitalista, em lugar de procurar satisfazer as mais nobres necessidades, utiliza-se, ao contrário, de objetos mais fáceis de serem fabricados ou mais lucrativos e esforça-se, recorrendo principalmente à publicidade, para criar sua necessidade.

Na França, ainda está muito no início o estudo científico desse condicionamento social dos lazeres, realizado por uma publicidade diversificada que mobiliza mais de seis mil especialistas [11]. Podemos porém, recorrendo à observação, sugerir algumas hipóteses:

1. A função de desenvolvimento do lazer é freqüentemente entravada em proveito da função de divertimento, recreação e entretenimento. Toda uma ambiência, toda uma rede completa de sugestões, incitações e pressões, valorizam atitudes de evasão em detrimento das ligadas à reflexão. As mais saudáveis reações contra as imposições da vida cotidiana são exageradas, desviadas e deturpadas. Certamente esse sistema tem a vantagem de oferecer uma forte ofensiva contra as pedagogias maçantes e as propagandas fatigantes, mas seu maior inconveniente é patronizar, num nível primário, as escolhas da maioria.

Coubertin, recorrendo ao esporte, desejou levar a França para "a calma, a filosofia, a saúde e a beleza" (14). Um certo tipo de imprensa esportiva, frases especiais cada vez mais contundentes, excitam os freqüentadores dos campos de esporte, orientando sua atenção para certos profissionais, transformados em semideuses e seus admiradores, por sua vez, formam a enorme clientela que mantém os negócios. Num período de cinqüenta anos, quase todas as idéias de Coubertin foram traídas: o esporte das massas não é o essencial, passou a ser acessório e os campeões não são elementos de incitação, mas somente celebridades forjadas. Ninguém os inicia num papel social. Fora de certos círculos educacionais não se vê um verdadeiro movimento para extrair do esporte um estilo de vida ou uma cultura estética, dramática, social ou humana. Mas como poderia a massa de esportistas ver no esporte um meio

(11) PLAS, B. de, & VERDIER, H. *La Publicité*. P.U.F., 1951.

de cultura? Até as Olimpíadas idealizadas como "uma manifestação educacional que, como outrora, deveria centralizar na juventude, o pensamento coletivo dos povos", para a maioria dos dirigentes das federações esportivas e também para a imprensa especializada, não passam de campeonatos mundiais, sem grande alcance educativo. Restam só alguns obstinados que num ambiente tão ingrato esforçam-se por salientar o significado original dessa competição.

Outro exemplo: a televisão devido à sua estrutura pode nos oferecer oportunidades de descobrir todos os países que não temos possibilidade de visitar, passar a conhecer museus, fazer com que tomemos conhecimento das obras-primas do cinema e do teatro, promover nossa iniciação nas grandes descobertas da técnica e da ciência e ainda fazer transmissões diretas de festas e acontecimentos realizados em locais distantes. Tende ela ao universal dentro do momentâneo. A televisão francesa freqüentemente consegue valorizar essas possibilidades, mas são elas quase inteiramente desperdiçadas pelos canais comerciais. Como Dallas Smythe e R. Merton verificaram, os canais norte-americanos reservam, para divertimentos pagos pela publicidade, quase 75% de sua programação. E de acordo com os mesmos autores, na mesma proporção, o pior domina o melhor! Depois de retirar-se dos negócios, R. Rubicam, um dos fundadores da grande agência de publicidade denominada *Young and Rubicam* escreveu: "Oponho-me obstinadamente ao monopólio exercido pelos anunciantes sobre o rádio e a televisão que, na prática, se estabeleceu. Cada vez torna-se mais teórica do que real a liberdade de escolher seu próprio programa e esses dois meios de informação levam muito menos em consideração, do que poderiam fazê-lo, o interesse do público " (15).

Na França, as revistas femininas, utilizando suas fotografias, seus jogos e relatos, poderiam ser tanto um instrumento de formação quanto de divertimento. Algumas delas conseguiram um certo progresso nesse sentido. Porém, em quinze milhões de exemplares [12] que cada semana se esparramam nos lares franceses, onde

(12) Cf. p. 41

são lidos em média por duas ou três pessoas, existe somente 10% de páginas que demonstram alguma preocupação em desenvolver a cultura geral do público (16).

2. Nesse sistema tudo acontece como se as atividades de lazer fossem tão só um meio de fazer com que o homem voltasse à idade infantil. Nem mesmo recorrem ao refrescante retorno às recordações da infância ou procuram revivificar o coração do adulto com aquelas sensações e sentimentos puros, fonte de toda a poesia. Vemos no entanto, muitas vezes entrarem em ação, consciente ou inconscientemente, forças que visam abafar a reflexão e a modificar a visão da realidade recorrendo a uma mitologia simplista. Nos Estados Unidos, 95% dos pais afirmam que o uso abusivo de "histórias em quadrinhos", de nível baixo, impede as crianças de praticarem esporte, instruírem-se, iniciarem-se na música. Porém somente 50% dos pais opõem-se a essa leitura, que tende ainda a se tornar a única fonte de leitura até de adultos (17).

Observações da mesma ordem poderiam ser feitas sobre revistas de outros países que procuram apresentar um mundo maravilhoso, no qual existem príncipes e princesas, celebridades de cinema e rádio. Esse mundo é mantido e apresentado anos sem fim, durante horas e horas de programação de rádio e televisão, projeção de filmes e leituras, sob a alegação de que "o jornal precisa ser vendido".

3. Talvez o mal seja ainda mais grave: a fim de que a mercadoria se venda com certeza, o conteúdo dos *"mass-media"* deve não só convencer como impressionar, não só informar como subjugar. Tudo acontece como se a maioria pensasse que o homem deveria ser reduzido a seus instintos e ao dinheiro que possui no bolso. Resulta um sistema verdadeiramente simples: basta estimular os primeiros para esvaziar o segundo. Daí muitos programas comerciais de rádio e televisão serem dirigidos preferencialmente para estimular o desejo de dinheiro, o desejo de agressão e o desejo erótico.

A sorte é não somente o único sustentáculo dos antigos jogos de azar, como o Pari-Mutuel Urbain, as loterias das feiras, aos quais se juntaram a Loterie Nationale, os "papa-níqueis", os grandes concursos publicitários, as eleições de *miss* de qualquer cousa, mas também o *leitmotiv* de inúmeros relatos, folhetins, romances, nos quais o príncipe encantado traz a riqueza, o conde oferece seu castelo e o bondoso chefe de empresa faz para sempre a felicidade de sua dátilógrafa, num mundo onde tudo se arranja como por encanto, nada precisa ser modificado e onde se pode esperar tudo de seu próprio êxito, destino e boa estrela (16).

Quanto às tendências agressivas, elas não se manifestam únicamente entre os indivíduos insatisfeitos ou frustados na vida cotidiana mas são diariamente estimuladas num número sempre crescente de pessoas que lêem o jornal ou assistem a um filme. O estilo "sangue na primeira página" é peculiar de jornais de alta tiragem. Um filme "comercial" apresenta pelo menos uma cena de tumulto. Não pretendemos condenar os filmes policiais e os de *gangster* por representarem eles uma forma nova de um gênero muito antigo. Esses filmes proporcionam momentos agradáveis, alguns podem ser considerados como verdadeiras obras-primas e ainda de acordo com a teoria catártica permitem que vivamos dramas fictícios, que contribuem talvez para que na vida real sejamos "bonzinhos". Qual será, porém, o efeito de tais programas sobre certas crianças [13]?

Por fim, tanto na tela quanto nos folhetins, aparece sempre a mulher. Não vamos lutar contra o escândalo uma vez que esse é o papel das ligas moralistas de todas as latitudes e tendências. O divertimento freqüentemente pode ser comparado ao sonho em vigília. Os moços sempre sonham com as moças e estas com eles e têm sonhos sentimentais e eróticos. É sem dúvida grave que na França a censura seja obrigada a classificar muitos filmes como "impróprios para menores de dezesseis anos". Ainda é mais grave quando num livro ou numa película é apresentada uma imagem limitada ou desvirtuada do "eterno feminino". Ao lado de grandes obras que evocam a mulher como ela é, em sua integridade, em seus próprios instintos e ideais, em seus vários modos de vida e em suas tarefas no escritório, na

(13) Sete cadeias de televisão de New York foram estudadas, durante uma semana, por uma equipe de sociólogos. Em 1952, assinalou 2970 atos ou ameaças de violências. Em 1953, 3539, das quais 742 nas emissões especialmente concebidas para crianças, ou seja, seis violências por hora.

fábrica, no bairro ou na cidade, quantas outras existem que a exaltam tão-só como um ídolo, reduzindo-a ao simples papel de fêmea (18). Nesta situação ela não é a colega, amiga, esposa, mãe ou cidadã, mas exclusivamente uma amorosa, um ser feito só para o amor. Se do rol dos filmes exibidos na França, separarmos aqueles em cujos títulos constem as palavras *femmes, filles* e *amours*, veremos que eles batem todos os recordes de bilheteria; é verdade que nem todos reduzem as relações entre os sexos a seus aspectos mais instintivos e idílicos. Porém, os títulos mais freqüentes são: *A mulher nua, A mulher fatal, A mulher ideal, A mulher de todos, A mulher da esquina, A mulher perdida, A mulher rebelde, As mulheres desse tipo*, etc.

Concluindo, será impossível julgar os resultados benéficos e maléficos do lazer e prever seu conteúdo, se abstrairmos a influência sobre ele exercida de certos determinantes técnicos, tradicionais e sócio-econômicos. A exploração comercial dos grandes meios de divertimento e informação, procura sempre no homem um cliente fácil e ao oferecer-lhe a fruição de um mundo limitado, desvirtuado e falso, tornar-se-á não só um empecilho para o desenvolvimento humano como também contribuirá para sua estagnação e regressão. Devemos no entanto temer os preconceitos e estereótipos inspiradores das decisões tomadas pela maioria dos responsáveis pelo setor da censura e da educação, quanto ao "efeito" de um certo filme, livro ou brinquedo. Eles nada sabem sobre esse "efeito" relacionado com o conjunto dos casos possíveis; baseiam-se somente em alguns exemplos favoráveis à sua tese.

Uma das tarefas mais prementes das ciências sociais será contribuir para o progresso do conhecimento exato da ação do *conjunto* de condicionamentos sociais sobre o lazer, relacionando-os com os efeitos deste último sobre os vários públicos componentes da "massa".

RELAÇÕES ENTRE
O TRABALHO E O LAZER

Ação do trabalho sobre o lazer[1]

Colocadas nesse contexto geral, as relações entre o trabalho e o lazer evoluíram e evoluem rapidamente numa direção e sob um ritmo ainda não muito definidos. Alguns estudiosos visando a caracterizar o modo de vida da sociedade em que vivemos, referem-se ainda a uma civilização do trabalho e outros já falam numa civilização do lazer. Para uns, o lazer reduz-se a um fenômeno complementar ou compensatório do trabalho de-

[1] Este capítulo baseia-se em parte no artigo "Travail et Loisir", publicado no *Traité de Sociologie du Travail*, sob a direção de G. Friedmann e Pierre Naville, A. Colin, 1961.

sumano; para outros, o lazer é determinador e age sobre o próprio trabalho. Como se apresenta essa situação, no momento presente, na França? De início deve-se estabelecer distinções elementares que freqüentemente são esquecidas pelos ensaístas. Georges Friedmann foi o primeiro sociólogo francês a salientar o importante papel desempenhado pelo lazer na humanização da civilização técnica. Na empresa industrial, concebida como um *sistema técnico,* Friedmann salienta os nefandos efeitos da divisão e da mecanização do trabalho. O estraçalhamento dos ofícios e profissões, o esmigalhamento das tarefas produzem muitas vezes no executante um sentimento de inacabado e de insatisfação. Surgiria daí uma necessidade de compensação e a procura da realização de uma obra acabada ou de livre criação. Aparece então a importância dos *"dadas",* dos *"violons d'Ingres"* e dos "lazeres ativos". Friedmann opôs essa necessidade de compensação à simples necessidade de "distração" que acompanha a prática de um trabalho interessante que conta com a participação da personalidade (1).

Essa idéia tornou-se familiar não só aos pesquisadores mas também aos trabalhadores sociais, dirigentes de indústria e educadores. Porém, ao vulgarizar-se, de certo modo simplificou-se. É certamente desejável a compensação de um trabalho empobrecedor por um lazer rico; mas indagamos, será ela sempre desejável? Friedmann já esboçara a esse respeito observações não muito definidas que mais tarde foram precisadas por pesquisas empíricas[2]. Assim, dificilmente poderá ser considerado como monótono o caráter dominante de certas tarefas parcelares, executadas por inúmeros operários especializados, sobretudo do sexo feminino, que trabalham em pequenas empresas. Como observa Jacqueline Gauthier (2), na França, 34% dos assalariados trabalham em empresas de menos de dez empregados, nas quais, apesar das aparências, é tal a diversidade das tarefas especializadas que seria difícil conferir-lhes um caráter geral, independente dessa mesma diversidade. E é ainda pela diversidade que podem ser caracterizadas as habilidades e especialidades dos operários que executam essas tare-

(2) LOUCHET, P. & GAUTHIER, J. *La colombophilie chez les mineurs du Nord.* Prefácio ie G. Friedmann, C.N.R.S., 1961.

fas. A mesma Autora observa que algumas dessas operárias especializadas têm consciência de estarem executando um trabalho difícil: é provável que elas não achem que seu trabalho seja empobrecedor e que necessite de compensação. De acordo com nossas observações sistemáticas nas empresas da cidade A, Valence e Lens, sobre as atitudes de lazer relacionadas com o grau de qualificação, somos levados a supor que o lazer está longe de constituir um fator de equilíbrio, se relacionado com tarefas parcelares e repetidas[3]. Seria ilusório recorrer unicamente a atividades espontâneas para compensar a pobreza das tarefas de execução. É preciso que se viva um novo estilo de vida, a presença de uma certa formação de ordem geral, para que na maior parte das vezes, ao trabalho empobrecedor não corresponda um lazer da mesma natureza.

A empresa não pode ser considerada, unicamente, como um sistema técnico, tem de ser também uma *organização social*. Ao analisar o meio técnico, Georges Friedmann mostrou que o trabalho operário não se reduz a um conjunto de tarefas parcelares. É ele submetido a um determinado modo de organização e racionalização ao qual os operários ressentir-se-iam mais do que com o esmigalhamento das tarefas. Um exemplo: a resistência à organização cronométrica é uma constante maior sempre presente nas atitudes dos operários. Pode-se até indagar se a produção industrial contemporânea, ao procurar os tempos mortos e os ritmos espontâneos, não tenha determinado no lazer a valorização das atividades de ritmo natural, nas quais o tempo flutuante de tipo tradicional retoma inteiramente seu lugar. Talvez pudéssemos encontrar aí uma explicação para o impressionante desenvolvimento de atividades como a jardinagem e sobretudo a pesca de vara. Há na França, cerca de 3 500 00 pescadores, sendo particularmente alta sua

(3) Segundo as observações de Nicole Leplatre, sobre as atividades de trezentos operários adolescentes de grandes empresas da região parisiense (3), os operários mais qualificados são os que têm os lazeres mais "ativos". Na enquete da cidade A, enquanto 20% dos operários qualificados que participam da vida de uma associação e aí assumindo uma responsabilidade, apenas 10% dos operários especializados fazem o mesmo. Michel Crozier (4), baseado numa pequena amostragem de empregados, estabeleceu que os responsáveis, que desempenham uma tarefa difícil e apaixonante, têm apenas uma "atividade média" no tempo livre; o efeito das tarefas parcelares ou subalternas é incerto: ora correspondem a uma atividade superior, ora a uma atividade inferior no lazer.

densidade no meio operário. É bem provável que tais lazeres menores tenham um real valor no equilíbrio da vida dos operários. Eles são tanto mais difundidos quanto menos custosos e poderão desempenhar um papel regulador na organização do trabalho moderno, fazendo sobreviver ou reviver certas características do trabalho tradicional que ao mesmo tempo ganham um novo significado. As teses de André Varagnac sobre as sobrevivências da "arqueocivilização" encontrariam aí bases procedentes. "Poderiam ser evitadas também muitas das contradições sobre o significado do lazer, caso se reconhecesse localizar-se aí não a passagem para atividades estranhas ao trabalho, mas a volta a atividades anteriores a nossas formas modernas de trabalho" (5).

A empresa moderna compreende uma organização do tempo e também das relações sociais. Apesar das tentativas de reforma, as relações hierárquicas freqüentemente pesam muito sobre o pessoal. No seio de uma sociedade em vias de democratização, a empresa conservou uma maneira de organização autocrática que se reflete sobre todos os membros de alto a baixo, na escala social. Daí a necessidade de relações de trabalho mais humanas, a participação em sociedades mais fraternas, nas quais o valor maior não será o rendimento material medido, mas a troca espontânea. Ainda, essa necessidade explicaria a atração pelas relações encetadas nos bares. Sabe-se que os motivos mais citados para sua freqüentação prendem-se à necessidade de sociabilidade. Em A (6), 11% dos operários especializados nunca freqüentam o bar, em contraposição com 16%, relativamente à média da população.

Por fim, a empresa é um sistema econômico. Na França, o sistema baseia-se em geral na divisão entre o salário e o lucro. O assalariado trabalha para outro — o "patrão" — ainda que se trate de uma sociedade anônima. Ele tem freqüentemente o sentimento de não receber a retribuição que lhe é devida, sonha em trabalhar por sua própria conta, desejando vir a ser um patrão. Essa é uma tendência geral (até nos Estados Unidos), mas é na França que se encontra a maior proporção de pequenos patrões da Europa. Nesse país, levando-se em consideração a cidade e o campo, somam eles nove milhões, numa população ativa de dezenove milhões (1954). O assalariado usa um outro meio para escapar a essa condição, passando a participar da ação sindical. Na França contemporânea (1960), de acordo com dados fornecidos pelas próprias centrais dos sindicatos, essa participação não atinge, provavelmente, nem 20% dos assalariados, sendo de três milhões o número de sindicatos (7). Tomando em consideração o que foi exposto, somos levados a indagar do possível significado da paixão demonstrada pelos assalariados com relação aos trabalhos manuais, executados a domicílio, por sua própria conta. Esse artesanato semi-utilitário, semidependente, no qual os operários são senhores de seu trabalho e cujos lucros voltam inteiramente para eles, no qual têm a ilusão de serem "patrões", não poderia ser considerado, pelo menos em parte, como uma reação à situação dependente assumida pelos assalariados na grande empresa?

O *bricolage,* se relacionado com o estatuto econômico do assalariado, deixaria de constituir um passatempo menor e passaria a ser considerado como uma reação comparável no seu significado ao desejo de fundar uma empresa ou à vontade de participar da defesa coletiva dos assalariados, feita pelos sindicatos.

Devemos repetir no entanto que no atual estado das pesquisas, não passam de hipóteses as idéias referentes às relações entre o trabalho e o lazer — falta uma rigorosa verificação de todas elas. Seria possível ainda levantar outras hipóteses; não o fizemos porque nosso objetivo consistia somente em salientar que o estudo das relações entre o trabalho e o lazer não se limita ao exame do lazer como um fenômeno compensatório de um dos aspectos do trabalho moderno — a divisão e o esmigalhamento.

Ação do lazer sobre o trabalho

Preferimos analisar mais pormenorizadamente a ação do lazer sobre o trabalho, uma vez que foi ela menos estudada pela sociologia industrial do que a outra análise apresentada nas páginas anteriores. Essa lacuna, tanto no plano teórico quanto no prático, dificulta o conhecimento do problema *geral,* advindo da integração do lazer na civilização industrial e impede ainda o estudo científico da situação presente e futura da consciência social do trabalho, modificada pelo lazer através da expansão de seus aspectos práticos e das necessidades que determina. Ela poderá também fazer da sociologia do trabalho uma prisioneira de todos os tipos de ideologias "trabalhistas", oriundas de uma época na qual o trabalho era quase a única atividade do operário. São esses argumentos que nos levam a concluir, em 1960, que será de grande importância para o próprio futuro da sociologia industrial o estabelecimento de uma problemática dos efeitos do lazer sobre o trabalho.

Já vimos que o lazer, devido ao seu crescente prestígio, fornece modelos de conduta e pode imprimir um certo estilo à vida cotidiana. Nota-se sua importância no momento da escolha de uma profissão. Pierre Naville salienta que nessa escolha o maior problema é o da transformação da ilusão profissional numa consciência objetiva da profissão e de suas possibilidades de execução (8). É provável que sejam motivos determinantes da escolha a aspiração a condições mais interessantes e mais lucrativas de trabalho. Porém, a procura de possibilidades de lazer numa profissão, em muitos jovens, não leva à escolha da profissão e entre eles essa possibilidade não constitui fonte de ilusões profissionais. Já estudamos também o lugar preponderante reservado pelos jovens às atividades de lazer. Poderiam também ser úteis pesquisas orientadas nesse sentido, uma vez que nos ajudariam a conhecer, em particular na França, as causas reais da rápida saturação das profissões no setor terciário, quando comparadas com as do setor secundário. Na cidade *A,* sobre 650 locais, onde se venda qualquer cousa, cerca de 350 relacionam-se diretamente com os bens e serviços ligados ao lazer ou seja quase 50%, como bares, lojas de artigos de pesca, esporte e atividades ao ar livre, música, cinema, jornais, artigos fotográficos, livrarias, lojas de brinquedos, etc. Ao entrevistar um grande número de dirigentes desses estabelecimentos, verificamos existir uma ligação direta entre as predileções por certas atividades de lazer na juventude e a posterior escolha da profissão.

Outro exemplo: sabe-se do esforço sistemático desenvolvido na França em prol da descentralização industrial. Poder-se-ia pensar que razões econômicas ligadas à localização do terreno e às fontes de energia fossem os determinantes da escolha do lugar de implantação de uma indústria. Há vinte anos atrás esses eram na verdade os únicos fatores, mas hoje eles ocupam um lugar menos importante do que os fatores psicossociológicos, presos às maiores ou menores possibilidades de conforto material, de lazeres recreativos e culturais que o local possa oferecer aos dirigentes, aos técnicos e às suas famílias. Esse é um aspecto que escapa aos estudos de ordem puramente econômica. Ora, esses fatores exercem um papel preponderante num número crescente de decisões patronais relacionadas com a descentralização da mão-de-obra[4]. Reciprocamente, recorrendo a dados da mesma fonte, podem ser consideradas como uma das principais causas de fracasso da descentralização, a recusa apresentada pelos dirigentes e suas esposas em aceitarem um local onde a vida vivida fora do trabalho seja do tipo subdesenvolvido. Os lazeres recreativos e culturais exigem um mínimo de instalação e sua prática implica um mínimo vital sociocultural abaixo do qual o local será considerado inaceitável pelos operários, habituados à vida das grandes cidades. Assim, podemos concluir que a descentralização industrial só terá êxito se acompanhada por uma descentralização cultural.

Até o próprio ambiente das empresas apresenta tendências a modificar-se sob a pressão dessas mesmas necessidades. Como exemplo, citamos a procura de novas decorações plásticas e a instalação de música de fundo, nas fábricas recentemente construídas e reformadas. Há muita controvérsia sobre a chamada "música funcional" ou música para o trabalho. Não seria acertado proceder a seu estudo relacionando-a somente com o rendimento da empresa ou com o fortalecimento do interesse pelo trabalho, uma vez que ela atende também a necessidades vindas de fora do próprio trabalho que hoje se impõe sobre o próprio trabalho. Uma enquete feita com duzentos operários de uma fábrica comunitária (Valence) mostrou que a maioria dos trabalhadores considera a música ouvida na fábrica como

(4) Relações administrativas do Commissariat au Plan.

um prolongamento das horas em que ligam o aparelho de rádio. Atualmente, está muito expandida a necessidade de ouvir música ligeira ou séria, moderna ou clássica.

Do mesmo modo, o esporte impôs aos poucos seus modelos às atividades da vida moderna. Assim, as empresas organizam-se recorrendo aos métodos da emulação, cooperação e competição, próprios do esporte. Sabe-se do sucesso crescente das partidas esportivas interfábricas ou interempresas, sobretudo as de futebol. Na maior empresa metalúrgica da cidade A, sobre dois mil assalariados, mais de seiscentos participam dessas atividades, num ambiente excelente. Esses tipos de encontro e seu modo de preparo determinam freqüentemente um certo estilo no trabalho de produção e na formação dos operários. Inúmeros métodos de aperfeiçoamento profissional inspiram-se em técnicas da pedagogia esportiva, como por exemplo o Training Withing Industry (T.W.I.), o treinamento mental e cerca de quinze técnicas derivadas. Essas técnicas são já ensinadas por um grande número de engenheiros dos centros de organização científica do trabalho de Paris e por um número ainda maior de especialistas em organização de empresas.

Podemos avançar ainda mais: a pesquisa da eficiência do gesto esportivo antecedeu a da produtividade do movimento profissional e determinou, nos Estados Unidos, inúmeros estudos e congressos, muito antes de que Taylor iniciasse seus trabalhos sobre os tempos elementares na indústria. Com efeito, de acordo com Pierre de Coubertin, a partir de 1860 houve um grande incremento no movimento esportivo. O próprio Taylor empenhou-se nele e venceu o campeonato norte-americano de tênis em 1881, dois anos antes de receber o diploma de engenheiro no Institut Stevens. Ele interessou-se muito pelo aperfeiçoamento das execuções esportivas e inventou um novo modelo de raquete e uma nova disposição das quadras de tênis. H. Dubreuil, um de seus mais recentes biógrafos, no livro *Des robots ou des hommes*, editado em 1958, expõe a obra e a influência do engenheiro Taylor.

Não será pois motivo de espanto o fato de Taylor em 1911 no seu célebre texto dedicado à organização do trabalho, ter estabelecido uma íntima comparação entre a organização do trabalho e a do esporte e que em 1912, perante a Câmara dos Representantes, tenha desenvolvido a mesma comparação. Insistimos muito nesse ponto, mas não com o intuito de atribuir de modo simplista a influência do esporte no desenvolvimento da organização científica do trabalho. Muitos outros fatores mais importantes influíram, porém quisemos sugerir a existência possível, mesmo em Taylor, de uma relação, que foi raramente assinalada pelos sociólogos e psicólogos do trabalho, entre uma atividade de lazer e uma atividade de trabalho.

O grupo de trabalho — empresa ou comitê de empresa — cada vez mais toma para si a responsabilidade da organização do lazer. Quando isso acontece, a função social da empresa passa a ser sociocultural. De acordo com a lei francesa de 1945, deveria independer da direção das empresas e dos sindicatos a organização dessas atividades recreativas e culturais. Na verdade, é pequeno o número de comitês de empresa realmente independentes, pois alguns têm um caráter mais sindical e, os mais numerosos, patronal. Independente da orientação de seus comitês, a organização dos lazeres constitui uma nova preocupação das empresas modernas. Isso pode ser observado tanto nos Estados Unidos como na União Soviética e na França e há tendência para se instalar em outros países, apesar das oposições de princípio que possa suscitar e das situações diferentes que poderão se apresentar. Na França já é grande o número de comitês de empresa responsáveis pela organização dos lazeres (9). Por ordem decrescente de despesas podem assim ser citados esses lazeres: 1. colônias de férias; 2. festas da empresa, como Natal, Dias das Mães, etc.; 3. esportes ao ar livre; 4. bibliotecas. As oficinas educativas e os espetáculos teatrais desenvolvem-se num ritmo menos rápido, mas de há dez anos para cá apresentam um certo progresso. Sobre vinte mil empresas nas quais trabalham mais de cinqüenta assalariados, devidamente registrados, pelo menos dez mil delas constituíram um comitê (1954). Quase três mil desses comitês de empresa (sob direção patronal, operária ou realmente mista) organizam atividades de lazer. Desse modo, cerca de 25% do conjunto da população ativa não-agrícola beneficiam-se com obras financiadas por 2% dos salários. Em 1954, essas despesas socioculturais elevavam-se a nove bilhões de francos, importância inteiramente insuficiente, se levarmos em consideração o número de assalariados que deveriam se beneficiar com essa lei. Porém, ela já se igualava ao conjunto do orçamento nacional da Direction Générale de la Jeunesse et des Sports, do Ministère de l'Éducation Nationale, destinado a manter todas as associações nacionais, regionais e locais de lazer recreativo e cultural e ainda financiar a instalação, a formação dos quadros dirigentes e sua correspondente administração. Esse pequeno número de fatos já tem algum significado...

Por conseguinte, colocam novos problemas a tendência a instalar tipos de recreação no próprio local de trabalho e a penetração dos modelos de atividade de lazer nas atividades essencialmente profissionais. Num país como a França, o lazer não mais se satisfaz em coexistir com o trabalho; de agora em diante ele irá condicionar o exercício do trabalho em si mesmo. Se o próprio lazer passa a constituir um dos fatores de adaptação do trabalho ao homem, teremos mais uma vez de pensar sobre a direção que tomará o trabalho humano.

Riesman (10) observa entre os operários norte-americanos uma "ofensiva contra o lugar preponderante reservado ao trabalho" (1956). E. Fromm na obra *The Sane Society,* prevê "radicais modificações no processo de trabalho a fim de que as novas gerações possam suportá-lo" (11). Finalmente, de acordo com uma pesquisa levada a efeito recentemente pela *Harvard Business Review* (1959), envolvendo cinco mil dirigentes de indústria, observa-se uma tendência crescente na posição reservada ao lazer, se relacionada com a que lhe conferia a geração precedente, estudada por Burnham[5].

(5) Nas empresas sob a responsabilidade dos dirigentes estudados, a duração média do trabalho hebdomadário é um pouco inferior a 43 horas, às quais somam-se 7 horas de trabalho profissional, executado em casa, perfazendo um total de 50 horas. Os semilazeres profissionais (divertimentos, atividades sociais exigidas pelo trabalho) ocupam perto de 4,30 horas por semana O tempo reservado ao lazer (*"dadas", "violons d'Ingres",* esportes, leitura, estudos desinteressados, atividades cívicas voluntárias, televisão) eleva-se a 30 horas por semana. A maioria desses dirigentes consideram insuficiente esse tempo livre (12).

Certamente a era dos organizadores não está no fim e os homens de negócios norte-americanos não estão no ponto de se transformarem em paxás orientais, mas as idéias evoluem. Até para os *managers,* o lazer não é mais uma atividade fútil, inconfessável; ao contrário, passaram a considerá-lo como um valor. Esse é um fato geral. Na França, não poderiam as mesmas observações ser feitas em todas as categorias de trabalhadores? Quais seriam as conseqüências da nova conceituação do lazer sobre o trabalho e as atitudes operárias no que concerne aos problemas do trabalho?

Martha Wolfenstein verificou, com muita procedência, a instalação de uma *"fun morality",* ou melhor, da existência de uma obrigação moral em oferecer divertimento. Seria interessante analisar essa afirmação. Qual o "divertimento" a que se refere a Autora? Quais as categorias profissionais atingidas e ainda os contextos sociais e culturais que se relacionariam com essas atitudes? Acreditamos ser necessário estabelecer uma vez ainda a distinção entre as diferentes funções do lazer e salientar as alternativas de atitudes provocadas por elas ou que poderão provocar no trabalho, levando em consideração os diferentes contextos sociais e culturais.

Já salientamos que nas atividades do operário francês o semilazer, especialmente o *bricolage,* ocupa um lugar preponderante.

Como observou Havighurst, os operários norte-americanos apresentam cada vez mais tendência a se centralizarem, não em torno da empresa em que trabalham, mas de seu próprio lar, no qual ocupa um lugar preponderante a oficina familiar (13).

Esse trabalho artesanal doméstico poderá desempenhar um papel de equilíbrio no trabalho profissional coletivo. Mas também, ao contrário, contribuirá para alimentar e desenvolver uma certa inadaptação aos gestos racionais e à organização científica. Será uma oportunidade para estabelecer um possível equilíbrio entre as relações profissionais e as famílias ou então para um afastamento das relações sociais da empresa e do sindicato. O trabalho artesanal faz com que o trabalho se feche sobre si próprio, se esvazie de qualquer preocupação econômica, política e cultural que ultrapasse a história cotidiana e sem importância de sua oficina familiar. Que significado passam a ter nesse tipo de trabalho os valores de produtividade e de solidariedade? Seria procedente verificar se o sentido desses trabalhos manuais muda em relação ao trabalho industrial, quando grandes empresas como as Charbonnages de France, a S.N.C.F. ou os Établissements Kodak ins-. talam oficinas de *bricolage* nos próprios locais de trabalho e as colocam à disposição de seu pessoal.

Como se apresenta a influência do lazer sobre o trabalho, quando se trata do problema da *recuperação* de forças musculares e nervosas? Já tratamos da importância da fadiga sobre a civilização industrial urbana contemporânea. Na França, as pesquisas médico-sociais procuraram sobretudo salientar o maléfico papel exercido sobre o organismo por certos horários de trabalho (trabalho à noite, do tipo "três oito"*), por certos ciclos de gestos profissionais e por algumas cadências. Um dos exemplos mais interessantes desse tipo de estudo continua a ser o do Dr. Le Guillant sobre a neurose das telefonistas (14). Até agora surgiram somente afirmações estereotipadas e apaixonadas sobre os efeitos da fadiga profissional na participação dos indivíduos na vida cultural e social. Seria útil que as pesquisas procurassem separar o verdadeiro do falso, sempre que se atribui aos efeitos da fadiga profissional a indiferença cultural das massas.

O Dr. Veil afirma que o estabelecimento do equilíbrio entre as atividades de lazer e as de trabalho deveria constituir objeto não só de estudo mas também de uma "educação controlada" (15), uma vez que se torna difícil lutar contra as inúmeras e fatigantes solicitações de lazer próprias da civilização industrial e urbana.

Quais seriam então os efeitos dos vários tipos de repouso sobre o trabalho? A própria necessidade de repouso físico ou nervoso tem um aspecto ambíguo. De um lado, ela pode conseguir uma sadia "restauração das forças de trabalho", como afirma Marx, ou, ao contrário, desenvolver o gosto pela ociosidade e inação. É necessário o repouso para que se desenvolva integral-

(*) "Três oito" = 8 h de trabalho, 8 h de sono e 8 h de lazer. (N. da T.)

mente o espírito de iniciativa e de invenção. Em situações ainda pouco estudadas pelos sociólogos, o repouso físico pode ser um *alibi* para a apatia e o retraimento social e cultural. O repouso fará certamente do tempo em si mesmo um valor e estimulará o gosto pela contemplação que equilibra os valores dominantes num século dominado pela ação. Pieper sustenta essa teoria do lazer (16). O repouso poderá ao contrário valorizar a negação do trabalho e ir de encontro aos valores dominantes dos sistemas capitalistas e socialistas interessados na produção dos bens de consumo. Como em certas sociedades orientais, a valorização do *dolce farniente* poderá transformar-se numa desvalorização do trabalho. Na França ainda não chegamos a esse ponto, uma vez que são muito numerosas as necessidades materiais a serem atendidas, mas no entanto, desde 1883, foi reivindicado "o direito à preguiça". Não se tem certeza que a elevação do nível de vida implique num crescimento ilimitado das necessidades materiais.

Em 1958, no livro *The Age of Automation,* Soule apresentou observações interessantes sobre a evolução das necessidades em certas camadas sociais norte-americanas (17). A procura de repouso poderá ser um fator de equilíbrio numa civilização dominada pelo espírito de empresa e de produção. Sob condições tão complexas "onde começa e acaba a preguiça e especialmente a preguiça censurável?" (18).

Já se sabe existir uma relação estreita entre a necessidade de divertimento e as características do trabalho industrial. "A insatisfação no trabalho, afirma Georges Friedmann, seja ela consciente ou inconsciente, exerce uma ação permanente e múltipla na vida fora do trabalho, transformando-se em fenômenos de evasão à procura de atividades laterais". Concordamos inteiramente com essa afirmação. Pesquisas realizadas pelas senhoras Benassy-Chauffard e Pelnard sobre um certo número de adolescentes-operários da região parisiense (19) mostraram claramente que as atividades de lazer mais ou menos conformistas são mais praticadas pelos jovens que demonstram maior insatisfação no trabalho. As atividades de lazer no entanto exercem sua sedução sobre todos os trabalhadores, que estejam ou não satisfeitos. David Riesman talvez tenha razão de ressaltar que o tédio tende a tornar-se um fenômeno geral da civilização industrial (20). Sobre essa afirmação seria interessante procurar observações de caráter científico realizadas não só nos Estados Unidos como na Polônia, na União Soviética e na Iugoslávia, países que apresentam diferentes contextos econômicos e culturais. Sabemos ser sempre crescente a necessidade de distração na França, sobretudo entre as gerações novas. Que conseqüências terá essa necessidade sobre as atitudes de trabalho?

As atividades profissionais podem ser completadas pelas atividades de jogo e pelas atividades de participação e de projeção ligadas a uma determinada forma de vida marginal parcialmente imaginária, regulamentada por regras e valores diversos daqueles que dominam a vida real. Essas atividades laterais talvez venham a inspirar transformações positivas nas atividades profissionais e aumentar a satisfação com as condições de trabalho e até proporcionar condições para a presença de uma certa poesia na vida. As relações entre a empresa e o sindicato são fortalecidas pelos laços provindos da participação em atividades e associações recreativas. Lipset observou esse fato ao estudar um sindicato de gráficos norte-americanos (Union Democracy) (21). Finalmente, essas atividades de distração poderão juntar aos valores de produtividade e de solidariedade o espírito de jogo e o espírito de esporte.

A ânsia por distrações freqüentemente leva, num sentido contrário, a um injusto descrédito da vida cotidiana. Segue-se uma inadaptação à inevitável monotonia do trabalho. As relações de jogo podem levar a um esquecimento das relações de trabalho. A prática de atividades recreativas muitas vezes termina numa negação a qualquer tipo de compromisso profissional ou sindical. Nessa situação o adulto se compraz num universo infantil, no qual se dissolve o sentido de suas responsabilidades profissionais e sociais. Talvez uma parte dos norte-americanos já esteja nessa situação perigosa. Caso se acredite no que afirma Dwight Mac Donald, o símbolo dos Estados Unidos é mais Peter Pan do que Tio Sam (22). O problema porém não é especificamente norte-americano; de um modo ou de outro é ele apresentado por todos os sociólogos da vida política, quer baseiem suas afirmações num contexto capitalista ou socialista (Polônia, Iugoslávia)[6].

As dificuldades cada vez maiores que os chefes de empresa e os líderes sindicais vêm encontrando para interessar a massa dos trabalhadores nos problemas da empresa ou do sindicato parecem provocar, em graus variados, um problema geral para a nossa sociedade industrial.

Finalmente, sabemos que o lazer pode oferecer aos membros da sociedade industrial possibilidade de informação, formação desinteressada e participação social de boa vontade. Que resulta e que poderá resultar dessas possibilidades nas atividades, nas relações e nos valores do trabalho? Em primeiro lugar, esta função do lazer é muito menos produtiva do que a citada anteriormente. A expressão oral, de tipo tradicional, limita-se a comentários dos fatos corriqueiros acontecidos no lar, na oficina e entre os vizinhos.

Mais da metade dos operários da cidade *A* nunca procurou documentar-se em qualquer assunto; não reconhecem utilidade nas férias anuais do tipo cultural mesmo que sejam pagas e que visem a seu aperfeiçoamento; não participam da vida das associações. Numa proporção ainda maior, 80% deles declaram-se indiferentes com relação aos problemas da empresa e do sindicato; só importam o salário e a vida extraprofissional[7].

O lazer poderá ser um fator de real desenvolvimento individual e social do trabalhador, mas também constituir uma fonte de adaptações ou de inadaptações à vida da empresa e do sindicato[8].

(6) De acordo com os temas do "Séminaire International de Sociologie Politique", realizado em Bergen, Noruega, em junho de 1961 (Rokkan, UNESCO).

(7) É um dos aspectos daquilo que A. Touraine denominou de "recuo cultural" (23). Janine Larrue apresentou conclusões nesse mesmo sentido referentes à sua enquete sobre os lazeres operários na cidade de Toulose, salientando como um dos traços constantes "uma espécie de passividade no modo de viver o tempo livre e no fundo uma indiferença quanto aos meios de empregá-lo..."

(8) Na cidade *A*, entre as respostas de 141 indivíduos pertencentes à amostra, 37 afirmam que o ofício foi a base de sua formação geral; 38, a mecnica em geral; 32, o cálculo; 34, a geografia; 30, o *bricolage*, e somente 15 respostas referem-se a questões econômicas e sociais.

Seria ter uma visão simplista do problema imaginar que a cultura dos operários devesse orientar-se essencialmente na direção do trabalho. As concepções do realismo socialista, da literatura social e do romance populista correspondem somente a uma pequena parte das aspirações operárias. No momento em que escrevemos este livro, temos em andamento uma pesquisa tipológica sobre o processo de autodidaxia espontânea no meio operário e, na mesma perspectiva, Solange Hervé realizou também uma pesquisa recentemente na cidade de Mantes, localizada nas proximidades das Fábricas Renault, em Flins (24). O que impressiona nos resultados dessas pesquisas é a enorme variedade desses itinerários culturais orientados quer para o ofício, quer para a ação social ou ainda quer para as atividades recreativas e culturais.

**Problemas relacionados
com a melhoria das relações
entre o trabalho e o lazer**

Neste ponto somos levados a apresentar um problema ainda não estudado, na medida de sua importância, tanto pela sociologia do lazer quanto pela sociologia do trabalho: qual o papel desempenhado pelas novas atividades de lazer, relacionadas com as atividades de produção, na criação de novas relações sociais e de uma consciência social? Que observações sobre as relações sociais determinadas pelas relações de produção poderiam fazer os militantes quando, por volta de 1870, leram as teses de K. Marx da primeira edição francesa de *O Capital?* A classe operária estava arrasada pela duração da jornada de trabalho e as sórdidas condições de vida e as relações sociais habituais do proletariado ainda eram quase inteiramente determinadas pelo trabalho e pela vizinhança. Nesse tempo, os operários possuíam suas próprias sociedades, seu folclore específico, suas distrações, o jornal era caro e ainda não tinham sido criados o rádio, o cinema, a televisão e também os meios mecânicos de transporte. A partir dessa época diminuiu a duração da jornada de trabalho e tornaram-se possíveis atividades coletivas e individuais de um novo tipo. Completaram-se com outros tipos de relações no seu sentido mais amplo, as relações ligadas à oficina, à vizinhança e à família. Os meios de transportes coletivos e individuais diminuíram as distâncias geográficas e as distâncias sociais. A partir de 1936 e mais especialmente de 1945, milhares de sociedades locais ostentam um espírito democrático, permitem a participação de qualquer pessoa, sem distinção social, como, por exemplo, a escola comunal, criada em 1881. Esses novos tipos de atividades e de agrupamento não terão a possibilidade de exercer sobre a consciência social e a consciência de classe uma ação diversa e até oposta à advinda das atividades e organismos de produção?

No entanto, os recentes trabalhos de L. Brams e de Chombart de Lauwe[9], realizados com famílias operárias francesas, lembram-nos também a situação em que se encontram alguns bairros e comunas industriais francesas, quanto ao seu isolamento e subdesenvolvimento material e cultural. Do ponto de vista dos lazeres continuam ainda enormes as distâncias sociais[10].

A consciência de todas essas novas possibilidades de lazer, coexistindo com o persistente sentimento de uma desigualdade social e econômica, em lugar de diminuir não será um fator de incitamento das oposições entre as classes? É provável que uma certa consciência proletária esteja em vias de desaparecer juntamente com as condições que a fizeram nascer. Não seria interessante, então, verificar como se reflete na nova consciência social dos operários tanto a unificação quanto a diferenciação desse gênero de vida[11]?

(9) BRAMS, L. Introduction à la Semaine d'Études Sociologiques surm la Famille, 1954, I.F.O.P. "Attitudes Ouvrières, Sondages", 1957.

(10) Apresentamos os resultados de enquetes realizadas pelo Institut Français d'Opinion Publique, que na realidade restringiram-se a observar lazeres ligados a conhecidas diferenças sociais. Nós mesmos pudemos verificar durante um período de vinte anos, que, nas associações intituladas de "educação popular", a participação operária raramente atinge 5%, mesmo quando a maioria da população ativa da localidade é formada de trabalhadores manuais.

(11) A nosso ver seria muito importante realizar uma pesquisa empírica que tratasse particularmente do estudo dos efeitos da prática e da necessidade de lazer sobre as atitudes que os operários assumem com relação ao trabalho. É a posição atual de Wilensky e de seus colaboradores de Detroit (EE.UU.). É também muito significativo que o segundo número da mais nova revista de sociologia industrial (*Relations Industrielles,* editada em Berkeley, 1961) seja inteiramente dedicada às relações entre o trabalho e o lazer (fevereiro, 1962).

O lazer constitui um fato social de alta importância, condicionado evidentemente pelo tipo de trabalho que por sua vez exerce sua influência sobre ele. Ambos formam um todo. O trabalho só será humano se permitir ou suscitar um lazer humano. Porém o lazer que não passar de uma simples evasão do trabalho, de uma fundamental falta de interesse pelos problemas técnicos e sociais do trabalho só será uma falsa solução dos problemas da Civilização Industrial. Não é possível também tratar separadamente e, cada um de seu lado, os problemas próprios do lazer e os que pertencem ao trabalho. Na verdade, a humanização do trabalho pelos valores do lazer é inseparável da humanização do lazer determinada pelos valores do trabalho.

Algumas das concepções do trabalho não mais correspondem à atual situação de relacionamento existente entre o lazer e o trabalho. A nosso ver, impõe-se expurgar das ciências sociais do trabalho, os modelos vindos do século passado. I. Meyerson possivelmente fez a mais sistemática análise da "função psicológica" do trabalho (26) já realizada na França. Com muita razão salienta ele o caráter coercitivo do trabalho em nossos dias. Pensamos ser necessário tentar verificar se a maioria dos trabalhadores industriais vive o trabalho "como uma necessidade e particularmente como uma necessidade psíquica". De acordo com enquetes realizadas por nós, a atividade, e não o trabalho, é vivida como uma necessidade fundamental. Para uns, a atividade mais importante poderá ser o trabalho profissional, para outros, os trabalhos domésticos e, para outros ainda, a pesca de vara, as viagens, férias ou atividades esportivas. Operários especializados da cidade A apresentaram as seguintes respostas à pergunta sobre as atividades que proporcionam "o máximo de satisfação": 25%, atividades de lazer, 47%, atividades familiares, 24%, o trabalho. Poder-se-ia pensar que os operários qualificados tivessem uma outra atitude, mas suas respostas não confirmaram essa hipótese: 25%, também o lazer, 53%, as atividades familiares, e, somente 15%, o trabalho. É muito difícil penetrar no significado exato dessas respostas[12]. Todavia, antes de afirmar que o tra-

---

(12) "... somos mais impelidos para uma civilização da criação do que para uma civilização do trabalho..." F. Perroux, *Arguments*, 3, 1959.

balho constitui uma necessidade psíquica, seria interessante procurar verificar quais os tipos e categorias de trabalhadores que assim o consideram. Em todo o caso, podemos subscrever a observação geral apresentada por Alain Touraine enfeixando observações feitas nas Fábricas Renault: "Os aspectos sociais do trabalho tendem a definir-se progressivamente, além do fato inteiramente negativo, essencialmente desumano, que é a realidade profissional. Nesta perspectiva, coloca-se, de modo diverso, o problema dos lazeres que deve ser encarado não como a procura de uma compensação, mas como parte integrante do sistema social, em igualdade de condições com o trabalho..." (27). A existência de um subdesenvolvimento quantitativo e qualitativo do lazer em várias camadas da sociedade alimenta inúmeras desigualdades e tensões. Achamos necessário apreciar e medir objetivamente os efeitos determinados por essa situação. Quaisquer que tenham sido as bases utilizadas para definir as classes sociais — nível de renda, tipos de cultura, atitudes gerais, situação econômica no processo de produção, etc., será impossível estabelecer uma sociologia da consciência de classe, sem comparar os efeitos das relações sociais, nascidas fora do trabalho e particularmente as determinadas pelas atividades de lazer. Sem deixar de levar na devida consideração a importância das diferenças de *status* profissional e de condição econômica, poder-se-á indagar se a consciência de classe, seu conteúdo, as atitudes de cooperação e de oposição dela decorrentes, não foram profundamente abaladas pelo desenvolvimento das práticas e das necessidade de lazer. Em cada situação especial é que terão de ser avaliadas as lutas, as tensões sociais e o potencial real das forças operárias[13].

Os "lazeres ativos" apresentam as mesmas ambigüidades. Eles só contribuirão para humanizar o trabalho na medida em que favorecerem o desenvolvimento de uma cultura social e contribuírem para o equilíbrio da vida do trabalhador. A melhoria das relações hu-

(13) Nenhuma sociologia "objetiva" poderá defini-la *a priori*, quer seja marxista ou não-marxista. Somente por intermédio de enquetes será possível ressaltar, em cada situação, os efeitos das relações entre o trabalho e o lazer na consciência social e as atitudes reais dela decorrentes, a respeito da mudança social.

manas dependerá do estabelecimento de um equilíbrio das atitudes ativas, durante o trabalho e o lazer.

Esse equilíbrio não se dará espontaneamente, devendo cada sociedade ter consciência daquele que conseguiu atingir e do equilíbrio almejado. Para sua consecução haverá necessidade de medidas econômicas, sociais, políticas e culturais. Uma sociologia crítica e construtiva das relações manifestas e latentes entre o trabalho e o lazer deveria estudar esses problemas, partindo de uma perspectiva dinâmica e cultural da civilização industrial.

Em cada uma das etapas desse processo, a democratização do conhecimento e do poder exige uma cultura comum que, por meio do lazer, condicionará a participação ativa dos trabalhadores na vida da empresa, do sindicato e na vida civil. Tanto a rotina quanto o preconceito, a frustração e a alienação determinam desequilíbrios entre as necessidades teóricas da sociedade e as aspirações dos vários grupos sociais que a compõem. Como já vimos, Engels desejava uma diminuição das horas de trabalho a fim de que os cidadãos pudessem participar dos negócios públicos. K. Marx sustentava que "uma vez reduzido o tempo de trabalho, correspondentemente surgiria oportunidade de cultura para os indivíduos, graças aos lazeres e outros meios oferecidos a todos". É verdade que se pode combater certas condutas de participação política e cultural recorrendo-se exclusivamente a atividades recreativas ou a novas formas de trabalho manual, executadas a domicílio, semi--utilitários e semidesinteressados. Então a democracia tornar-se-á impossível por falta de democratas.

Como explicação dessas defasagens usam-se sem cerimônia respostas já padronizadas: a culpa é do espírito público, da educação nacional, da atitude dos dirigentes, da organização social, da condição operária ou ainda das estruturas da sociedade. No âmbito que lhes pertence, as ciências sociais do lazer ainda não estão aptas para responder a tais questões. No entanto, não existe para elas objetivos mais importantes. Precisamos tentar constituir uma sociologia experimental das condições de desenvolvimento das atitudes ativas, levando em consideração, em conjunto, o lazer e o trabalho. O estudo dinâmico das relações entre o trabalho e o lazer exige pesquisas sobre o desenvolvimento das atitudes passivas ou ativas determinadas pelos lazeres, em função das variações incidentais ou provocadas pela situação social.

Desse modo, poderão as ciências sociais do lazer descontar o atraso relativamente às ciências sociais do trabalho e contribuir com algumas respostas verificadas aos problemas das reais e possíveis relações entre o trabalho e o lazer. Essas respostas são essenciais para que se tente saber o que acontecerá com o homem nas diferentes estruturas sociais da civilização industrial.

FAMÍLIA E LAZER

**Algumas influências do lazer
sobre o conteúdo da vida familiar**

A partir de Veblen (1899), inúmeros sociólogos estudaram as relações do lazer com as obrigações profissionais [1] e também com o trabalho em geral. Resta porém para ser feito, na sua quase totalidade, o estudo das relações com as obrigações familiares e com a vida familiar, na sua totalidade. Continua ainda mal conhecida a parte reservada aos trabalhos domésticos e às

(1) Comunicação introdutória a uma secção do "Cycle d'Études Européen sur la Politique Sociale Face à l'Évolution des Besoins de la Famille" (Escritório Europeu da ONU), Arnheim, Países-Baixos, 16, 26 de abril, 1961.

obrigações familiares no que diz respeito aos lazeres durante o tempo liberado pelo trabalho profissional. Dentro do esquema dos "três oito" (oito horas de trabalho, oito horas de sono e oito horas de lazer) tudo é organizado como se não existissem as tarefas peculiares ao lar. Essa lacuna causa grandes preocupações, uma vez que estudos recentes sobre as ocupações domésticas demonstraram que elas ocupam um tempo assaz largo no cômputo geral do trabalho de um país. Tomando como base a enquete realizada em 1947 pelo Institut National d'Études Démographiques (2) sobre as disponibilidades de tempo das mulheres casadas, Daric calculou que em quinhentos bilhões de horas de trabalho executadas pelo conjunto da população francesa, em 1946, a maior parte é representada pelo trabalho doméstico ou seja, quarenta e cinco bilhões de horas, ultrapassando desse modo o tempo ocupado pelo trabalho profissional (quarenta e três bilhões de horas) (3). Esses dados foram confirmados numa outra enquete, realizada pelo mesmo Instituto, dez anos depois.

Estudos realizados em 1958, verificaram ser a seguinte, na cidade, a duração hebdomadária dos trabalhos domésticos: quarenta e duas horas e meia, nos lares sem filhos; sessenta e seis, setenta e oito, oitenta e três, respectivamente, nos lares de um, dois e três filhos. Nesse cálculo estão incluídos o tempo dedicado a esse tipo de trabalho pela dona de casa e o das outras pessoas que a auxiliam (2).

	0 filhos	1 filho	2 filhos	3 filhos
Dona de casa..	34,7h	52,5h	64,6h	70,3h
Outras pessoas.	7,8h	13,1h	13,1h	12,9h
Total	42,5h	65,6h	77,7h	83,2h

Como se apresentará o lazer familial levando-se em consideração essas condições? Tal realidade possui novos problemas, pouco esclarecidos e analisados por uma sociologia, dominada ainda por conceitos tradicionais. Recentemente, Goode no livro *Sociology Today* afirma ser necessário levantar novas hipóteses que possibilitem a apreensão de uma realidade que se esconde sob a antiga palavra "família" (4). J. Stoetzel, no entanto, retomando as análises, já clássicas, de Ogburn (5), sobre as funções da família, salienta com muita propriedade que apesar de certas aparências, continua em expansão "a função recreativa" da família. Pouco a pouco tende ela a modificar todo o sistema compreendido pelas atividades, papel e valores familiares (6). O C.R.E.D.O.C., num estudo recente, já sugeria essa mesma afirmação, ao nível das despesas familiares, no orçamento de vinte mil lares; o "item lazer" (férias incluídas) é o único item do orçamento que aumenta mais rapidamente do que a despesa total, ocasionando por conseguinte a compressão de outros componentes do orçamento (7).

Trabalho, lazer e semilazer nas disponibilidades de tempo de uma mãe de família

Ao lado do tempo dedicado às tarefas domésticas e familiares, os vários membros da família dispõem de um certo tempo a ser ocupado pelos seus lazeres. Qual será ele? Levando em consideração a divisão do trabalho que atualmente rege a organização da família, temos de estabelecer diferenças e comparar o tempo livre do homem e da mulher casada.

Já calculamos o tempo que o trabalhador urbano dedica aos lazeres. Esse tipo de trabalhador conta com 20 a 30 horas disponíveis que lhes sobram, depois de executar e participar do trabalho profissional, comum ou suplementar, das atividades domésticas e sociais de caráter lucrativo e obrigatório. O I.N.E.D., em 1958, calculou que o tempo médio cotidiano de que dispõe para seu lazer uma mulher casada, sem filhos e sem profissão, é de quatro horas (2). Para todas as demais categorias de mulheres (as que exercem uma profissão ou as que têm filhos, mesmo permanecendo no lar), o tempo do lazer cotidiano não ultrapassa, em média, duas horas e dez minutos. Esse tempo se reduz para aquelas mulheres que, além de exercerem uma profissão, ainda têm sob sua responsabilidade um, dois ou três filhos. Tomando-se a semana como unidade de tempo e levando-se em consideração as variações acima citadas, oscilaria entre *catorze e vinte e uma horas* o tempo livre da mulher casada.

Essas enquetes exigem alguns comentários. O estudo do chamado "tempo livre", particularmente aquele característico das mulheres no lar, apresenta dificuldades muito especiais ligadas à própria nautreza das obrigações familiares. Os autores de enquetes sobre as disponibilidades de tempo reconheceram a existência dessas dificuldades, mas os critérios apresentados por eles baseiam-se em princípios um tanto confusos. O trabalho doméstico ramifica-se numa teia de atividades, cujo caráter essencialmente obrigatório pode ser muito variável. Como exemplos, citamos as atividades de costurar, tricotar, o *bricolage,* a jardinagem, etc.

Na enquete adiante citada, essas atividades foram sistematicamente incluídas como trabalho doméstico. Porém nem sempre elas são realizadas para atenderem a uma necessidade, mas feitas de boa vontade e consideradas pelas próprias donas de casa que as praticam como atividades de descanso. Chamaremos de *semilazeres* tais atividades, parcialmente obrigatórias, parcialmente desinteressadas. Elas são desempenhadas com maior intensidade pelas mulheres casadas que ficam no lar, porém não se colocam no mesmo plano das obrigações estreitas como cozinhar, lavar louça etc.; em graus variáveis podem ser consideradas como obrigações e como lazeres que nelas se inserem. Recorrendo à linguagem matemática, diríamos que elas se situam na intersecção de dois conjuntos. Conseqüentemente, nas enquetes sobre as disponibilidades de tempo, dever-se-ia estabelecer uma distinção dos graus de coerção das várias obrigações e seu grau de imbricação com os lazeres. Desse modo talvez fosse possível estabelecer uma zona intermediária na qual se localizariam os semilazeres que abrangem um conjunto de atividades tão ou mais importantes do que a zona de lazer propriamente dita, como ficou demonstrado na enquete da cidade *A*. A falta dessa distinção levará a uma superestima do tempo de "trabalho".

Quando estudamos o tempo livre da mulher casada, surge ainda uma outra dificuldade, presa à "qualidade" do tempo. Como salienta J. Fourastié, continua praticamente inexplorado o campo da pesquisa relativo ao estudo científico do trabalho doméstico (8). Essa lacuna determina uma certa limitação na compreensão que possamos ter do problema do lazer na família.

Sem a possibilidade de delinear com clareza o quadro de referências das obrigações familiares, torna-se difícil saber como o lazer se insere realmente na trama das atividades domésticas e familiares.

Há diferenças incomparáveis entre o tempo de trabalho profissional e o tempo de trabalho doméstico e de forma alguma um não poderia ser comparado ao outro. O primeiro é praticamente incoercível. A despeito do ritmo particular de cada indivíduo, já se cronometrou a duração de cada tarefa. Existe uma relação direta entre a tarefa realizada e o tempo de execução. Não se pode dizer o mesmo quanto às tarefas domésticas. O tempo de cada uma delas não obedece praticamente a qualquer controle, a não ser àquele imposto pela dona de casa a si própria. O tempo reservado aos trabalhos domésticos é praticamente ilimitado: poderá ser dilatado ou comprimido segundo a aptidão, a disposição e o capricho de quem o executa. Esse tempo caracteriza-se por uma grande fluidez, no qual assumem significados muitos variáveis, os tempos mortos vividos na solidão ou com os vizinhos, que lembram o tempo flutuante do artesão tradicional. A jornada de trabalho da dona de casa é do tipo que Naville denomina de "jornada porosa" (9). Ela se compõe de distrações miúdas; é praticamente incomensurável. E é nesse quadro temporal informe e inconsistente que, na realidade, se inserem as atividades de lazer. Chamaríamos então de "tempo de lazer" determinada duração obtida teoricamente pela adição desses tempos mortos, mas freqüentemente retalhados e espalhados durante o decorrer do dia?

Salientaremos ainda que a duração do tempo livre pode variar indefinidamente, de acordo com o *valor* a ele atribuído pela dona da casa. Para algumas sua busca é uma conquista permanente. Então muda o tipo de trabalho familiar, uma vez que a mulher, desejosa de ter mais tempo "reservado para si", normaliza suas tarefas, inventa uma ordem racional na sucessão das mesmas a fim de perder menos tempo, ganhando assim tempo sobre as obrigações materiais. Ademais, com o levantamento do nível das exigências pessoais, o lazer por sua vez é também valorizado; abandonam-se ou encurtam-se certos trabalhos domésticos para dar lugar a atividades de lazer. O emprego do tempo é então determinado por uma escolha inspirada por novos valores e por uma nova concepção das relações entre o trabalho e o lazer. Concluímos pois ser o lazer condicionado por experiências vividas durante um certo tempo, o que torna difícil sua apreciação por métodos puramente cronográficos.

**Modernização do modo de vida
e redução do trabalho doméstico**

De acordo com J. Fourastié, uma dona-de-casa norte-americana dedicaria ao trabalho doméstico, em média, uma hora e meia por dia (10). Uma dona de casa francesa dedicaria às mesmas tarefas cinco horas de seu dia. Como explicar uma tal diferença? É provável que não resulte unicamente de uma diferença no grau de mecanização do equipamento à disposição da dona de casa. A redução do trabalho doméstico e o aumento do lazer resultam da modernização de um conjunto de fatores que, nas zonas industrializadas e urbanas, atinge todos os aspectos da vida cotidiana, tanto no plano material quanto no moral. A despeito de resistências materiais e morais, nota-se uma grande expansão do movimento de modernização em todos os países e em todos os meios sociais destes países.

Assim, há já quinze anos, a França desencadeou um enorme esforço no sentido de modificar o *habitat* urbano. Nas zonas mais privilegiadas a revolução técnica começa a influenciar também o trabalho doméstico. Em três anos, de 1954 a 1957, construíram-se mais prédios na França e especialmente em Paris do que nos trinta anos precedentes. O limite determinado há já muitos anos — trezentas mil novas habitações por ano — foi quase atingido em 1957. Na atual política social do governo o problema da habitação ocupa lugar de destaque. Arquitetos e urbanistas, com maior ou menor êxito, procuram descobrir as condições *optima* de habitação e do meio ambiente que circunda as residências. Pela primeira vez sociólogos franceses estudam as aspirações e necessidades dos indivíduos e de suas famílias no campo da habitação (11). Serviços de ação social oferecem aos usuários o auxílio de especialistas que os ajudarão a se adaptarem ao novo gênero de vida. A distribuição funcional dos apartamentos reduz os passos e gestos cansativos e suprimem-se tarefas mais penosas devido à instalação de água quente, aparelhos sanitários e lixeiras; os novos revestimentos do solo e dos móveis dependem unicamente de uma limpeza sumária.

Na França, mecanizou-se o equipamento doméstico. É verdade que os beneficiários desse progresso compreendem somente uma quinta ou décima parte dos lares urbanos, segundo os tipos de aparelho, enquanto nos Estados Unidos esse número corresponde a 80%. Há já alguns anos, porém, sobem assustadoramente as despesas com equipamentos. Em 1957, o aumento foi de 25% com relação a 1956, enquanto os preços subiram 8% [2]. Evidentemente as categorias socioprofissionais mais favorecidas são as dos quadros superiores, mas a classe dos operários começa a demonstrar também grandes esforços para se equipar (7).

Sabemos que a instalação de uma nova moradia estimula a compra de equipamento moderno. As pessoas que se candidatam às habitações de aluguel médio, independente de sua categoria social, colocam como elemento prioritário de seus programas de despesa a compra de aparelhos eletrodomésticos. Como o progresso técnico constituiu por muito tempo um privilégio das classes abastadas que podiam manter empregados domésticos, esse movimento, no início, significou também possibilidade de renovação do ambiente doméstico. Atualmente ele corresponde mais à preocupação de libertar das tarefas domésticas a mulher de qualquer meio social.

Além disso, a instalação das pessoas em grandes conjuntos habitacionais desenvolveu uma nova neces-

(2) Em 1954, somente 19% das donas de casa possuíam um aspirador de pó, 11% um refrigerador e 10% uma máquina de lavar (12). Em 1960, 29% das donas de casa possuíam um aspirador de pó, 26% um refrigerador, e 24% uma máquina de lavar (12).

sidade: a coletivização das tarefas domésticas. No antigo lar, a dona de casa, como um artesão, executava todo o trabalho. Agora, ficam a cargo da coletividade alguns dos trabalhos penosos. Muitas vezes instalam-se lavanderias nos centros habitacionais; são também postos à disposição dos habitantes os serviços de limpeza de vidros e de assoalhos; encontram-se com mais facilidade comida pronta e cooperativas de consumo que entregam a domicílio. Nas cidades pode-se comer em cantinas, pelo menos o almoço. Na cidade *A*, mil crianças almoçam na cantina, ou seja, uma criança sobre cinco.

A organização coletiva implica grandes dificuldades, mas assim mesmo já apresenta um certo desenvolvimento. Chombart de Lauwe demonstrou, numa recente enquete, que uma grande maioria de pessoas (dois terços) recusam ter relações mais estreitas com vizinhos, mas 60% dentre elas gostariam de usufruir de serviços comuns e apoiariam uma administração coletiva. Essas experiências talvez venham a determinar certas transformações na função doméstica (11). Uma divisão melhor das tarefas entre os vários membros da família e uma organização mais definida do trabalho doméstico contribuem também para abreviar o tempo reservado às tarefas domésticas. Nos Estados Unidos é mais comum a participação nas tarefas do que na França, onde a contribuição do marido limita-se ao lavar louça e executar alguns trabalhos mais pesados. O maior número de tarefas e também as mais pesadas continuam a ser executadas pela mulher: arrumação e faxina da casa, compras, cozinha, etc. Nota-se, entre os jovens recém-casados, que o marido apresenta uma tendência mais acentuada a colaborar nos serviços domésticos do que entre os casais antigos.

Devemos salientar ainda que os trabalhos domésticos não são as únicas obrigações familiares. A função maternal comporta uma soma de tarefas materiais absorventes e amiúde penosas. Freqüentemente essa função constitui o obstáculo mais sério para que a mulher goze de lazer, apesar de já apresentar sinais de enfraquecimento. Em primeiro lugar, num período de cem anos, diminuiu bastante o tamanho da família. A partir de

1945, apesar de ter havido uma espetacular alta demográfica, o tamanho da família tende a estabilizar-se em dois ou três filhos, sem que tenha havido um aumento significativo no número de famílias grandes (13). Há sinais de que o grupo familiar não tem mais como único objetivo a educação dos filhos. O casal consegue afirmar seu direito à felicidade. Por outro lado, simplificaram-se os cuidados maternais, beneficiando-se das vantagens da vida moderna: os enxovais de bebê são confeccionados em grande escala e muito simplificados; uniformizaram-se os cuidados com as crianças que são ensinadas em maternidades e dispensários. Parece apresentar uma tendência a diminuir o tempo que a mãe necessariamente consagra a seus filhos.

Não constitui mais exceção uma mãe de filhos de tenra idade exercer uma profissão. Em Paris, há cento e cinqüenta mil mulheres nessas condições. Na faixa etária de três a cinco anos, 60% das crianças já freqüentam a escola maternal, deixando a mãe de família livre durante seis horas. Ademais, há um grande número de mulheres que retomam o trabalho, quando os filhos atingem a idade escolar.

A curva da taxa de atividade das mulheres, segundo a idade, acusa uma elevação por volta dos trinta e cinco anos. Pode-se afirmar que atualmente, apesar do número ainda insuficiente de creches e escolas maternais, a função maternal absorve somente um quarto da existência de uma mulher adulta. Seria interessante estudar as disponibilidades de tempo das mulheres casadas e dos casais em função dos ciclos da vida, como o fez Rowntree com os orçamentos do casal.

A presença no lar de filhos de pouca idade impõe uma real diminuição do tempo livre mas, em compensação, depois que eles crescem, em muitos casos, o tempo livre da mulher pode ultrapassar o do homem, principalmente daquelas mulheres que ficam em casa.

Assim, sob a influência do progresso técnico, da coletivização das tarefas e dos progressos na organização doméstica, os trabalhos domésticos diminuem em valor absoluto e tendem a aumentar as possibilidades de lazer.

Integração das funções do lazer na vida familiar

Todavia, a redução das atividades utilitárias não pode ser levada em consideração como o fato decisivo que tenha contribuído para que os lazeres assumissem maior importância na vida familiar. Muitas vezes o lazer impõe-se na vida dos indivíduos, a despeito dos imperativos cotidianos. Na verdade, o fenômeno contemporâneo — lazer — encontra seu principal apoio na evolução dos valores e das estruturas familiares ligadas à civilização técnica e suas conseqüências sociais, na regressão das cerimônias tradicionais, no desenvolvimento dos meios de transporte, dos meios de difusão e de outros tipos de meios. Surgiu e desenvolveu-se uma grande necessidade de lazer a par com a enorme expansão dos aparelhos destinados à distração, recreação e entretenimento e que também contribuem para satisfazê-la. O lazer instalou-se na família no momento em que esses aparelhos (rádio, televisão, toca-discos, etc.) integraram-se no mobiliário doméstico. Dessa situação resultou uma função renovada da família que deverá, agora, ser analisada à luz das categoriais especiais da sociologia do lazer.

Na França, alguns arquitetos urbanistas previram as transformações que a necessidade de lazer poderá determinar na própria concepção da habitação e do *habitat*. Le Corbusier, numa obra publicada em 1945, coloca entre as primeiras necessidades a serem satisfeitas o que ele denomina de necessidade de "recuperação" e de "qualificação" (14). Sem dúvida este é um ponto importante, mas, a nosso ver, Le Corbusier deixou de lado, um pouco apressadamente, a necessidade de distração e afins, de sair, de assistir a espetáculos e outras desse tipo. Parece ter-lhe escapado o significado da variedade e da intensidade do desejo de evasão. Ao assumir essa atitude, talvez tenha sido levado pelo postulado de que uma habitação bem concebida pode não suprimir, mas pelo menos diminui bastante essas necessidades. É possível, no entanto, contestar esse postulado. Algumas enquetes demonstraram que essas necessidades da civilização moderna não se devem necessariamente à insatisfação provocada pelo lugar em que se mora. D. Riesman salientou, com muita propriedade, que na família moderna, mesmo entre aquelas que têm boas condições de habitação, o tédio aumenta mais rapidamente do que a extraordinária diversificação dos meios para dele escapar (15).

Assim também a necessidade de "qualificação" foi concebida por Le Corbusier, relacionando-a principalmente com meios coletivos de formação exteriores ao lar, como por exemplo: escolas, associações, agrupamentos. Esse modo de pensar é certo, mas insuficiente. Em que condições desenvolvem-se ou declinam essas instituições? Qual o papel das telecomunicações (televisão)? A função de desenvolvimento do lazer tende também a ser exercida dentro do lar, recorrendo-se aos meios que mais servirem a cada um dos elementos da família.

Os sociólogos da habitação e do *habitat* defrontaram-se também com esse problema do lazer. Neste ponto, lembraríamos o trabalho realizado pelo grupo de Etnografia social de Paris. Chombart de Lauwe, no seu estudo sobre as famílias operárias, abordou o problema do descanso. Graças a ele foi muito bem caracterizada a "necessidade-descanso". No entanto, o significado da necessidade de lazer na família moderna, continua a constituir uma parte acessória desse tipo de estudos, enquanto outros problemas foram melhor estudados, como, por exemplo, o dos limites econômicos e sociais que se opõem à satisfação dessas necessidades em famílias de baixo nível de vida. Chombart de Lauwe mostrou muito bem que nessas famílias as preocupações cotidianas — sempre presentes na consciência desses indivíduos — contrariam os interesses livres. Ainda quando as "preocupações" impedem o atendimento integral dos "interesses livres", continua a existir, em todas as suas formas, a necessidade de lazer, cada vez mais premente, sobretudo nos lares jovens, nos quais surgem novos hábitos de consumo e de comportamento que ameaçam romper o equilíbrio tradicional da economia doméstica e da cultura familiar.

Em primeiro lugar, a função de recuperação assumiu, no lar moderno, uma importância crescente. O repouso constitui a aspiração mais importante da maior parte das mães de família. O homem, ao voltar do trabalho, procura sobretudo a calma. Nas habitações coletivas a maior queixa é contra o barulho (11). Assim, devido a esses motivos, a necessidade de repouso, reivindicada por cada membro da família, resulta na procura de condições *optima* de aeração, insolação, áreas verdes e isolamento. Nos dias de hoje elas tendem a fazer parte do mínimo vital que cada indivíduo tem direito de exigir para seu descanso.

Do mesmo modo, nos tempos atuais, os indivíduos procuram o divertimento para satisfazer sua necessidade de descanso. No tempo de nossos avós, os divertimentos familiares ligavam-se às festas que aconteciam em datas fixas, como o Natal, a Páscoa, etc. Regiam-se também segundo um rito quase invariável. Esses divertimentos familiares ligados às festas ainda subsistem e continuam muito vivos, mas seu caráter familiar tende a sobrepor-se ao caráter social e religioso. Na cidade *A*, preferem as festas familiares [3], mas elas vêm perdendo gradualmente seu caráter cerimonial.

Por exemplo, na cidade *A*, seis vezes mais de indivíduos acham que, depois de 1900, o aspecto cerimonial vem regredindo em lugar de progredir ou estagnar (16). Os dias de festa passaram a se assemelhar aos domingos e as atividades praticadas nesses dias fazem parte daqueles semilazeres, nos quais têm menos importância a participação cívica ou espiritual do que os prazeres vividos em si mesmos como se fossem lazeres.

Acrescentaremos outras observações sobre a família moderna. Como já vimos, as pessoas podem se distrair todos os dias. Sábado à noite é certamente um momento privilegiado para distrações, mas qualquer das noites da semana pode oferecer ótimas oportunidades de sair. Na cidade *A*, há chefes de família que saem pelo menos uma vez por semana. Em 52% dos casos, o cinema é assinalado como uma saída conjugal ou familiar [4]; com esse característico apresentam-se também as saídas ao ar livre, muito incrementadas pelos escoteiros e pelo uso de motocicletas e de automóveis. Finalmente, as férias, na maior parte dos casos, são

---

(3) 23% escolhem as festas familiares, 12% as festas religiosas e 10% as festas civis. A quermesse, um tipo de festa que freqüentemente assume um caráter familiar, recebe ainda 19% de respostas positivas. (Cidade *A*, 1957).

(4) Em 35% das respostas, a saída para ir ao cinema realiza-se na companhia de amigos (enquete do Centre National du Cinéma, 1954).

oportunidades de lazer usufruídas em família. No ano de 1957, sobre cem pessoas que gozaram férias, cinqüenta e uma o fizeram acompanhadas de suas famílias, sendo esse tipo de férias o mais preferido (17). Com freqüência, casais jovens consideram como despesa prioritária a compra de um automóvel, em lugar da casa. Uma enquete realizada sobre a juventude (18), já citada, apresentou a seguinte sucessão de necessidades: primeiro, aumento do período de férias; segundo, aquisição de um meio de transporte pessoal e terceiro, aumento de distrações. As aspirações das famílias jovens são muito atingidas pela necessidade de divertimentos.

Certas invenções recentes tornaram ainda mais premente a necessidade de divertimento. Atividades que outrora eram reservadas para os bares e botequins, penetram agora nas casas. No interior dos lares, o rádio suscita e satisfaz uma necessidade de ambiente musicado que muitas pessoas gostariam de sempre dele usufruir. Só acentuou essa situação o aparecimento dos aparelhos de rádio transistorizados e as eletrolas. Na cidade A, encontramos discotecas em 20% dos lares. Tanto a juventude operária quanto a estudantil introduz cada vez mais no lar essas máquinas sonoras. Quando as dimensões da casa o permitem e de acordo com o meio social, a presença dessas máquinas proporciona a realização de "assustados", bailes e atividades afins. Foi porém a televisão que determinou a mais importante revolução nas atividades domésticas e nas relações intrafamiliais. Na França, diante de cada televisor, há duas ou três pessoas. A televisão oferece, à domicílio, divertimentos variados, teatros, exposições, debates e reportagens. Em todos os meios, a instalação de aparelhos de televisão nos lares acelera-se em ritmo crescente. Atualmente, a média dos telespectados assiste à televisão cerca de dezesseis horas não contínuas [5]. Conseqüentemente, o trabalho doméstico tende a organizar-se em função dos programas. As tarefas se encurtam e diminui o tempo dedicado ao *bricolage*. A distração em família passa a assumir um novo valor.

O lazer não se limita ao divertimento. Outrora, as possibilidades de informação na família eram oferecidas quase só pela conversa com os pais, vizinhos e

(5) De acordo com as últimas sondagens da R.T.F. (1960).

amigos. Essas reuniões continuam a existir e ficamos impressionados com a intensidade de sua persistência na cidade *A*, sobretudo entre operários de origem rural que formam quase um quarto da população da cidade. Cerca da metade dos lares da cidade *A*, por prazer ou hábito, promovem reuniões de família ou visitam os outros membros da família mais de uma vez por mês.

O lar moderno reserva no entanto uma parte crescente de seu tempo livre para ouvir informações vindas do exterior, por intermédio da telecomunicação. O aparelho de rádio, depois da música, oferece sobretudo informações.

O jornal diário tem tal importância que ocupa o chefe de família de meia a uma hora por dia. Ele é lido também pelas mulheres e filhos. Quase todas as revistas femininas oferecem também abundante leitura sobre novelas, receitas de *tricot*, de cozinha e de costura.

Não só o lar tende a tornar-se uma pequena agência de informações sobre o mundo como também cada vez mais transforma-se num local de *mútua formação*. A princípio, pensou-se que os grandes meios de difusão agissem diretamente sobre as massas, mas, na verdade, eles atuam antes sobre os líderes que transmitem e comentam com o público o conteúdo desses *mass media*. Muitas vezes, os líderes surgem dentro da própria família. No campo da política, é o pai em geral que desempenha esse papel; no do cinema, a filha mais velha e, assim por diante (19). Desse modo, torna-se o lar um círculo de discussão, de certa forma organizado e apaixonante. Talvez a melhor oportunidade de formação mútua seja oferecida pelos brinquedos e jogos das crianças. A valorização da posição da criança na família moderna faz com que os pais participem mais de certos tipos de jogos, como os de bola, ou de banco imobiliário (*monopoly*), o de trem elétrico e de automóveis de corrida.

Nessa participação dos pais qual será a parte reservada ao dever de educar e à distração [6]?

(6) Na cidade *A*, os pais que declararam participar por prazer dos brinquedos de seus filhos eram catorze vezes mais numerosos do que aqueles que consideravam essa participação um dever educativo. Encontramos quase a mesma proporção na participação dos pais nos estudos que os filhos fazem em casa. Uma enquete realizada sobre dois mil pais

Essa participação nos exercícios escolares dos filhos talvez proporcione aos pais uma oportunidade para retomar ou iniciar novos estudos, num mundo no qual o saber desinteressado constitui cada vez mais um meio de melhoria e de prestígio social. Do mesmo modo, ficamos impressionados com a importância relativa das bibliotecas familiares nos vários meios sociais da cidade *A*. Assim, o lar moderno, devido principalmente à pressão das exigências dos estudos dos filhos, poderia tornar-se dentro de certas condições um verdadeiro centro de estudos em comum. E o lazer familiar ofereceria também possibilidades de desenvolvimento permanente não só de informações como de conhecimentos e aptidões.

Os trabalhos manuais, sobretudo para as pessoas que não possuem cultura intelectual e musical, podem passar a ser um passatempo. O artesanato doméstico (*do it yourself*), executado nos lares, assume as mais diversas funções: familiares, pessoais, utilitárias, desinteressadas, conformistas e criadoras. É ambíguo o efeito desses semilazeres no desenvolvimento do indivíduo dentro do quadro familiar. Freqüentemente é limitado, mas parece-nos incontestável.

**Tentativas de estudo
das influências do lazer
nas funções e estruturas da família moderna**

Riesman afirma ainda: "à medida que se abrevia a jornada de trabalho, podemos prever que será cada vez mais difícil encontrar famílias com muitos filhos que aceitem morar na cidade" (21). A família norte-americana assim que passa a possuir meios procura um local de residência que lhe permita uma vida agradável nos fins de tarde, fins de semana e até durante as férias. A residência familiar tende a instalar-se no local de lazer preferido e não mais somente próximo ao trabalho. Nos Estados Unidos, depois da última Guerra, tornou-se menos importante a deserção dos campos à procura

de um liceu da cidade de Chambéry (20) demonstrou que os pais passam em média uma hora e trinta minutos ajudando à noite seus filhos a estudarem as lições e a fazerem as tarefas escolares.

da cidade do que a fuga destas em busca dos subúrbios. Quase cinqüenta milhões de norte-americanos instalaram-se em casas. Nos dias de hoje, na França, o problema que ocupa a primeira linha de preocupações é o da construção de grandes conjuntos urbanos. Esse tipo de habitação representa um enorme progresso, se relacionados com os antigos cortiços, e talvez seja a melhor solução econômica. Porém, quando interrogamos as pessoas quanto às suas predileções, elas, na sua maioria, declaram preferirem uma casa com jardim. Os sociólogos insistem sobre os inconvenientes dos grandes deslocamentos. Esses inconvenientes aumentarão ou diminuirão à medida que se desenvolverem as possibilidades de locação ou de construção na periferia verde ou então quando as famílias passarem a possuir meios próprios de transporte motorizado?

Como hipótese, podemos afirmar que, elevando-se o nível de vida e aumentando o valor do tempo livre, ter-se-á que conferir maior importância às aspirações do público em matéria de lazer, quando se pretende resolver o problema da habitação. Caso não se transformem radicalmente as cidades e os grandes conjuntos, antes de dez anos provavelmente serão abandonados os imóveis coletivos, pobres de espaço, silêncio, ar puro, árvores, possibilidades de passeios, salas de reunião, campos de jogos e jardins. E assim assistiremos na França a um êxodo urbano tão maciço quanto o dos norte-americanos, em busca de casas construídas em novos e distantes bairros periféricos.

Esse movimento talvez mostre uma revolta silenciosa mas irreprimível contra toda civilização urbana que, nascida do trabalho, não foi capaz de satisfazer as necessidades do homem, no que tange ao repouso. As grandes cidades francesas estariam mais imunes a essas reações do que as norte-americanas?

É impressionante a falta de imaginação a longo prazo apresentada nessa área pela maioria dos urbanistas e arquitetos. Constroem moradias que devem ser utilizadas ainda no ano 2000 e se preocupam apenas com os atuais e próximos gostos do público. O pensamento mais audacioso da arquitetura data do tempo da Bauhaus, em 1920. A sociologia da habitação, no seu conjunto, é bastante estática [7] ou faltam-lhe meios para proceder a imprescindíveis estudos de previsão, de larga envergadura. Além disso, a sociologia da habitação não vem apresentando grandes progressos nesse campo.

Talvez seja ao nível dos modelos da vida familar que o lazer determine as mais profundas e ambíguas modificações. Como salientou Jean Stoetzel, o sistema de valores oriundo do meio familiar resulta de uma moral utilitarista, tradicional, orientada na direção do trabalho doméstico e da prosperidade da comunidade de sangue. Assim vemos o "direito à preguiça" [7], proclamado contra a soberania do trabalho profissional, conseguir afirmar-se setenta e cinco anos após, investindo igualmente contra o trabalho doméstico, todo-poderoso. Também sente-se ameaçado o sistema de relações familiais dominado pela ideologia comunitária. O direito ao lazer apresenta-se acompanhado pelo direito que cada membro da família tem à felicidade individual, desfrutada dentro ou fora da família.

As novas tendências surgiram antes nas classes médias do que na operária, uma vez que a sobrevivência dos modelos tradicionais da vida familiar é determinada pela persistência de condições de vida difíceis (economia, trabalho, virtudes domésticas, auxílio mútuo...). Já são elas comuns nos lares jovens, pertencentes a qualquer meio social e apresentam propensão à se acentuarem. Constituirão provavelmente um dos traços dominantes da "civilização" de 1975.

Quais os resultados dessas novas tendências e qual a influência que terão no tocante à coesão interna e às relações externas do grupo familiar e, ainda, quanto à participação deste na vida social e na vida cultural?

Já vimos que no seio de inúmeras famílias francesas, que moram em más condições e possuem um equipamento precário, o lazer não consegue mudar de forma evidente os hábitos de vida. As obrigações familiares são muito pesadas, sobretudo para as mães. Algumas delas, no entanto, passaram a não ser tão úteis para o bom funcionamento da família moderna. Há obrigações verdadeiras, semi-obrigações e ainda pseudo-obriga-

(7) Cf. p. 25

ções oriundas de um sistema de valores em desuso o que, na maior parte das vezes, não passa de um conformismo ultrapassado. Correspondem ao medo do que "podem dizer" (não fica bem separar-se dos filhos, tomar um banho de sol durante o dia, passar horas lendo romances, sair à noite sem o marido, e assim por diante). Ligam-se também a uma falta de aspiração, a motivos que possam levar o lar a não se adaptar à vida moderna ou a uma inadaptação entre o modo de vida familiar e as novas exigências do lazer. Numa outra posição, a necessidade de evasão poderá tornar-se tirânica, sobretudo entre os casais jovens. Sair, dançar, ler, prolongar a duração das reuniões noturnas, os fins de semana, as férias, são ocupações ou preocupações que aos poucos invadem as tarefas indispensáveis ligadas aos cuidados com a casa, à harmonia conjugal e à educação dos filhos. Onde residirá, hoje, o meio-termo ideal que possibilite tanto o funcionamento do grupo familiar quanto a vigência de uma nova moral familiar e a expansão das personalidades? Caso se pretenda oferecer bases psicossociais a esses novos modelos culturais, será essencial considerar o conjunto das atividades familiares como um *sistema dinâmico de obrigações e lazeres, de semi-obrigações e de semilazeres, em situação de equilíbrio e desequilíbrio, no qual seja levado em consideração tanto o ponto de vista individual quanto o institucional.*

Nestes últimos trinta anos, a sociologia da família estudou e procurou salientar sobretudo os fatores de coesão do grupo familiar. Que aconteceu com eles sob a influência do desenvolvimento do lazer? Parece que a família adapta-se mal à sua nova situação e alguns sociólogos como Burgess (22) observaram uma certa regressão na coerção num tipo de família moderna como a norte-americana. A prática de jogos familiares, passeios de automóvel com a família inteira, ver televisão em conjunto, etc., possibilitam a aproximação de todos os membros da família, sejam jovens ou idosos. Essas atividades favorecem as trocas. Ao contrário, outros sociólogos como R. Meyersohn e Bogart (23) são de opinião que a participação de todos os membros da família nas atividades não resulta forçosamente em trocas interpessoais. Cada um dos membros no interior do grupo familiar poderá continuar inteiramente isolado. Em compensação, o lazer aumentou o interesse pelos grupos extrafamiliares, organizados ou espontâneos que reúnem os indivíduos em torno de um mesmo passatempo, de uma brincadeira ou de uma predileção que interesse a todos os participantes e cuja realização acontece fora de casa. Lançada entre essas tendências opostas, como a família reencontrará sua unidade?

O lazer passou a oferecer ao casal múltiplas oportunidades de recreação em comum. Scheuch (24) estudou a importância assumida, para a harmonia do casal e a sustentação recíproca de dois seres, pelas atividades como as que são desempenhadas em comum, as conversas e o modo de utilização do tempo livre. Mas simultaneamente, caso haja possibilidades de cada um dos membros ter mais direito de escolher livremente atividades e relações ligadas ao lazer, disso resultará uma realização pessoal e social mais completa da personalidade de cada um. A igualdade porém está longe ainda de ser atingida. Fougeyrolles verificou entre as famílias operárias de Malakoff que se 30% dos maridos saem sozinhos à noite, somente 5% das esposas fazem o mesmo (25). Neste ponto, também os modelos tradicionais constituem fortes obstáculos à satisfação de novas aspirações. Talvez essa situação seja um dos fatores responsáveis pelas tensões entre os cônjuges que parecem apresentar-se muito mais intensamente nos dias de hoje do que outrora.

Evoluíram as relações entre pais e filhos. Multiplicaram-se os divertimentos de participação comum: jogos de bola, de raquete, de bocha, brinquedos de salão, ver programas de televisão e ouvir rádio e outros... De noite, aos sábados, nos domingos e nas férias é mais longo o tempo dedicado a esses tipos de lazer — que servem tanto para jovens quanto para adultos — do que no século passado.

A função educativa assume também novas formas proporcionando um diálogo mais direto entre pais e filhos. O pai apresenta-se menos isolado, perdeu sua falsa dignidade e a autoridade paterna se transforma, em parte graças à prática em conjunto de atividades durante o tempo livre.

Se examinarmos a situação de outro ângulo, veremos que em certas famílias essa camaradagem entre pais e filhos talvez tenha contribuído para a queda do respeito por alguns papéis desempenhados pelos adultos e por valores necessários à formação da personalidade dos jovens. Atribuiu-se aos excessos de determinada pedagogia liberal parte da responsabilidade pela inadaptação e delinqüência de um número crescente de jovens norte-americanos. É desse modo que a família moderna busca no lazer, apesar dele e também por ele, as bases de uma nova coesão, difícil de encontrar.

Por fim, essa coesão familiar, ainda que necessária, não é absolutamente imprescindível. T. Parsons e a maioria dos sociólogos norte-americanos analisaram sobretudo as formas de adaptação interna do grupo familiar. Parece-nos, porém, apresentar a mesma importância o estudo de suas formas de participação externa na vida social e na vida cultural. Essa participação externa oferece o risco de dispersar cada membro da família em grupos diferentes que, devido à sua própria importância, poderão vir a substituir a da própria família. Não obstante, sem essa participação social, o grupo familiar fecha-se sobre si mesmo e seus membros ficam alheios aos movimentos da cultura e da sociedade.

Quais serão os efeitos do lazer sobre o equilíbrio entre a participação familiar e a participação social? Talvez seja esse um dos problemas mais importantes da coesão familiar na civilização do lazer.

Já salientamos como pode o lazer transformar intensamente a participação do lar na vida social e cultural. A utilização do rádio, a leitura de jornais, os programas de televisão, a participação nas atividades recreativas e nos estudos dos filhos e a colaboração em sociedades recreativas possibilitam grandes aberturas na curiosidade e no desenvolvimento do sentido social. Mas será que a maioria das famílias desejará e poderá organizar seu tempo visando a reduzir ao mínimo as tarefas materiais, diminuir as ligadas ao *bricolage* e às conversas inúteis com o intuito de equilibrar as atividades de distração e as culturais do lazer, praticadas no fim da semana, no fim do ano, pelo grupo e por cada pessoa em separado?

Neste ponto, subsistem ainda modelos tradicionais inadaptados tanto às necessidades da família quanto à preparação de uma civilização do lazer. Um certo requinte nas tarefas domésticas poderá ser um sinal de pobreza de vida social e de vida cultural. Para a dona-de-casa norte-americana que possui uma casa bem equipada e mecanizada "ter um cuidado excessivo com os filhos e com a casa freqüentemente assume o significado tanto de uma autojustificação quanto de possibilidade de fuga" (21). A partir de um certo nível de vida talvez permaneçam parte de antigas coerções familiais mantida por medo ou incapacidade de abordar formas de lazer estimuladoras da vida pessoal e social.

Por exemplo, é tal a distância entre as novas necessidades e as antigas normas de vida familiar que daí resulta um número crescente de desequilíbrios. Ainda não estão bem delineadas as novas normas de vida. Um número cada vez maior de famílias oscila entre modelos conformistas, nos quais não mais acreditam, e modelos anarquistas que poderão dissolvê-las. Procura-se um novo equilíbrio entre as sujeições materiais e os deveres, as obrigações e os lazeres, as atividades recreativas e as estimulantes, os lazeres dos indivíduos e os de seu grupo familiar.

A fim de explicar esses desequilíbrios e encontrar novos equilíbrios, as ideologias familiares, sejam elas cristãs ou socialistas, conservadoras ou progressistas, comunitárias ou individualistas parecem freqüentemente inadaptadas ou insuficientes. Todas elas precisam ser novamente pensadas, partindo de estudo concreto das novas necessidades da família e de seus membros, no limiar de uma civilização do lazer. Qual o novo tipo de vida que tende a impor-se, independentemente de qualquer ideologia? Qual a cultura recentemente vivida, *livremente* vivida que corresponderá ao mesmo tempo às aspirações dos indivíduos, às necessidades da família e da sociedade contemporânea?

A fim de alcançar essa *nova cultura,* a família muitas vezes necessita de uma ajuda externa. Os assistentes sociais que trabalham no setor de aconselhamento de famílias estarão preparados para responder a essas questões? Sauvy já fala da necessidade de um novo tipo de assistentes culturais junto às famílias. Serão capazes de desempenhar essa nova função o padre, o professor, o médico e o assistente social? Talvez o sejam, mas com a condição de se prepararem para essa nova função. Os animadores das associações familiares e dos centros sociais dos novos conjuntos residenciais têm uma grande responsabilidade [8] no desenvolvimento de uma cultura popular ligada aos novos tipos de *habitat*.

(8) Desde o início, esses animadores defrontar-se-ão com duas deformações: primeiro a deformação "social". A instituição cultural é concebida como um serviço social (organismo de cooperação ou de assistência social). Este é o primeiro erro; certamente o centro cultural tem uma função social, porém as pessoas não recorrem a ele como o fazem com o consultório médico. Seria perigoso orientar uma política de instalação de um equipamento cultural com bases oriundas da sociologia do serviço social. Caso se queira basear uma política sociocultural num estudo científico das necessidades, dever-se-á ter em mente que tais necessidades não são idênticas às que impelem os indivíduos a recorrerem aos serviços sociais; são sobretudo necessidades de lazer que se apresentam com toda sua ambigüidade, como, por exemplo, divertir-se, encetar outras relações, etc.

A segunda deformação é a deformação "escolar", muito freqüente no meio do ensino, apesar de há já cinqüenta anos praticar-se a educação de adultos. Parece igualmente perigoso assimilar o equipamento sociocultural a um equipamento que seja um prolongamento da escola. É muito importante e até prioritário o problema da inteira utilização, tanto por adultos quanto por crianças, do equipamento escolar. Mas essa utilização corresponde a certas necessidades e é oriundo da obrigação escolar e de seus prolongamentos enquanto o equipamento sociocultural liga-se a uma situação de voluntariado. As atividades de divertimento, informação ou formação voluntárias são exercidas durante o tempo livre. Assim os comportamentos culturais encontram-se em competição permanente com os recreativos. É pois muito importante que o equipamento sociocultural corresponda prioritariamente às funções do lazer.

Além disso, um equipamento sociocultural não se satisfaz em receber o aluno que vem obrigado, agarrado em sua casa sob escolta. Há uma ação a ser desenvolvida no meio para convencer esse próprio meio. Quais as necessidades da família? A palavra é ambígua. De início não se poderá confundir a necessidade cultural com a material. Esta última não precisa ser criada ou desenvolvida e em geral sua procura é maior do que a oferta. As necessidades culturais, porém, quase sempre precisam ser criadas e desenvolvidas. São exigências que a sociedade inventa para os indivíduos e neste caso a oferta é maior do que a procura, ainda mesmo quando o público declara desejar serviços comunitários no domínio cultural. A sociologia do lazer pode prevenir contra a ilusão de que basta criar um equipamento para que surja a necessidade cultural. Instalaram-se muitas instituições sem que jamais sua lotação tenha sido atingida, como, por exemplo, estádios e centros culturais. Conseqüentemente, será importante que a sociologia saliente a permanente ambigüidade do lazer e das necessidades correspondentes. A fim de que o lazer consiga a participação de um número cada vez maior de famílias na vida cultural e na vida social, terá, pelo menos, que conferir a mesma importância à animação sociocultural do meio residencial e às instalações materiais ligadas a essa animação.

II
LAZER E CULTURA

O exame das relações entre a vida profissional, a vida familiar e o lazer, levou-nos a abordar a questão da cultura popular. Neste ponto parece-nos necessário esclarecer a incidência do lazer sobre esse problema. Numa sociedade baseada em princípios democráticos e aparelhada com poderosas técnicas de difusão, impõe-se a participação das massas nas obras culturais e na elaboração das obras destinadas a atender às necessidades desse novo e imenso público. A participação e a elaboração apresentam-se de forma mais ou menos extensa, varia o nível das obras difundidas ou criadas, mas é certo que todas as sociedades modernas, independentemente do tipo de ideologia e do nível de evolução técnica, enfrentam esse problema a seu modo [1].

(1) Numa sociedade capitalista como os E.U.A., a cultura de massa (*mass culture*), mesmo sob a forma vulgar dos *Kitsch,* aparece a numerosos sociológicos como índice de um amplo despertar estético nas classes

Uma sociedade industrial e democrática procurará o conteúdo e a forma da cultura popular que lhe convém em todos os estágios de seu desenvolvimento econômico. Até nos países em vias de desenvolvimento e de industrialização, nos quais a nota predominante é a luta contra a miséria, a doença e o fatalismo tradicional, torna-se imprescindível e fundamental o desenvolvimento entre as massas de uma cultura moderna, a fim de que estas possam participar ativamente da transformação econômica e social da própria vida desses países (3).

Em países evoluídos que já atingiram o nível de produção e de instrução da maioria das nações da Europa, o desenvolvimento da cultura popular condiciona a redução do afastamento entre o criador e o público, entre o especialista e o profano, entre as classes instruídas e as demais. Somente essa cultura será capaz de prolongar e modificar a ação da escola, despertar atitudes ativas como reação a propagandas simplistas ou a publicidades sumárias e ainda levar os indivíduos a participarem ativamente da vida social e cultural. Sem a existência de uma cultura popular, tanto as tecnocracias quanto as oligarquias teriam seus poderes fortalecidos.

Por fim, numa sociedade pós-industrial (4), há mais necessidade ainda de uma cultura popular. Neste tipo de sociedade, existem e se impõem não só todos os problemas sociais já salientados, como também juntam-se outros que lhe são próprios. Quando três quartos da população (5) já conseguiram satisfazer suas necessidades de alimentação, vestuário, habitação, conforto e distrações, a elevação das aspirações culturais dos consumidores talvez constitua a condição fundamental para que a "sociedade de abundância" não carregue o homem para um mundo, no qual somente reinem os valores materiais. *"Abundance for what?"*

que até então deviam aceitar o que lhes era reservado e as quais não tinham praticamente nenhum acesso à expressão ou à compreensão estética (1). Conforme os dirigentes de uma sociedade socialista (U.R.S.S.), a cultura só é sólida e suscetível de um desenvolvimento ilimitado sem parada brusca quando toda a massa da população está integrada na edificação cultural (2).

indagam sociólogos como Riesman e a ele se junta um grande número de economistas (6). Uma publicidade de tipo anárquico que muitas vezes visa a satisfazer interesses de ordem comercial deveria, talvez, ser limitada, completada e orientada por um poderoso e permanente movimento de emancipação cultural das massas. E é isso que confere à cultura popular um lugar central numa sociedade voltada para o consumo. Podemos assim afirmar que a cultura popular se apresenta como uma possibilidade, uma necessidade ou um valor em todas as sociedades industriais e democráticas.

Porém, todos aqueles que procuram difundir o acervo cultural na vida cotidiana da população que trabalha dificilmente estabelecem uma relação entre a difusão da cultura e o lazer das massas. Não obstante, na realidade, o problema dos conteúdos do lazer cotidiano cada vez mais condiciona e condicionará o da cultura vivida por uma sociedade de massa. Será útil proceder a uma breve análise dessa relação, muitas vezes descurada.

Há mais de um século vem sendo demonstrado que a possibilidade de acesso das massas às instituições culturais exige uma diminuição das horas de trabalho. A cultura moderna, seja técnica, científica, artística ou filosófica, não pode ser adquirida e desenvolvida unicamente pela prática das obrigações diárias, uma vez que esta implica atividades de aquisição e criação, cuja execução depende da utilização de um certo tempo. Assim como o tempo reservado à escola é cada vez menos suficiente para a aquisição dos conhecimentos e aptidões necessários à vida num mundo em crescente complexidade e de mudanças rapidíssimas, é preciso também que exista um certo tempo liberado, tanto das obrigações profissionais quanto das de outros tipos. Todavia, não é suficiente esta condição necessária. Já vimos que o lazer não pode ser considerado unicamente como um tempo liberado, um quadro temporal, um "espaço no qual se dá o desenvolvimento humano". Compreende ele um conjunto de atividades ambíguas, ligadas a modelos e valores que de certa forma determinam o próprio conteúdo da cultura popular.

Para um homem que trabalha, constitui uma atividade de lazer qualquer participação ativa na vida cultural, isto é, toda atividade de criação ou de compreensão de um produto cultural, independente de sua natureza. Esse tipo de participação entra pois em *concorrência permanente e direta* com todas as outras atividades de lazer e em especial com as ligadas ao descanso e à recreação. Na cultura vivida pelas massas, constituem atividades de lazer, em igualdade de posição, tanto assistir a um espetáculo de teatro, ler uma obra literária, estudar um livro de vulgarização científica quanto passear, fazer consertos domésticos, brincar ou jogar, dançar ou fazer uma viagem turística. Todas essas atividades apresentam as mesmas características de vivência: nenhuma delas obedece a qualquer obrigação básica, como o trabalho que se tem com os filhos ou a educação que se dá a eles; não são organizadas para ganhar dinheiro, mas para sentir prazer e podem ser substituídas umas pelas outras na dependência de determinada situação ou da fantasia de cada um. Até numa sociedade que dê grande ênfase a medidas que estimulem o desenvolvimento pessoal, talvez possa ser bem grande a distância entre as intenções dos propagadores e dos educadores do povo e as atitudes reais assumidas pelos cidadãos. Por exemplo, o governo soviético esforça-se muito por difundir entre o povo as obras literárias. Alguns autores são excluídos, mas grande parte da obra de autores como Victor Hugo, Balzac e Shakespeare (7) é difundida através de um número impressionante de exemplares. Mas qual o número de pessoas que lêem as obras e como é feita essa leitura? Segundo o jornal humorístico *Le Crocodile*, varia muito a utilização desses livros: há pessoas que recorrem a eles para se instruírem, outros servem-se deles para calçar pés de mesa, acender fogo e outros fins parecidos. Isso é uma sátira desse jornal, mas sabemos também que uma estatística sobre a distribuição dos bens culturais dificilmente fornece informações sobre sua utilização pela massa de pessoas que tem acesso a eles. Uma das primeiras enquetes sobre o lazer do povo soviético mostra que 25% do lazer destina-se a atividades puras e simples, uma parte apreciável é dedicada a receber amigos e que, apesar da existência de uma política educativa do lazer, este está longe de significar para todas as pessoas um meio de desenvolvimento cultural (8). Nos Estados Unidos, apresentam-se ainda mais complexos os efeitos do lazer. Os sociólogos são unânimes em afirmar que num contexto no qual é muito grande a liberdade de escolha e também poderosa a pressão exercida pelos divertimentos comerciais de nível medíocre, só uma minoria de cidadãos participa da vida cultural. Essa verificação levou uma das mais importantes pesquisas em andamento, na época da primeira edição deste livro, cujo objetivo era a educação de adultos, a considerar o lazer como centro de seus trabalhos (9).

Porém, não se limita ao exposto a incidência do lazer sobre a cultura das massas. A cultura *vivida,* em certos aspectos, é o modo como uma sociedade ou um indivíduo se comportam e é no estudo desse processo que se poderá reencontrar os modelos, a representação e os valores que formam as camadas do campo cultural. Essas camadas ligam-se aos tipos de conhecimento prático, técnico, artístico e filosófico. Variam muito seus níveis de qualidade e serão mais ou menos desenvolvidos esses tipos e níveis de acordo com os indivíduos, as classes e as sociedades. Todas as atividades da vida cotidiana, reais ou fictícias, podem constituir a base de uma tal vida cultural e ainda serem o suporte de um desenvolvimento cultural. Porém, entre elas, as atividades de lazer — cada vez em maior número, sedutoras e prestigiosas — exercem um tipo todo especial de pressão. Salientamos atrás que quase um quarto dos operários da cidade *A* estão interessados em atividades de lazer. De acordo com D. Riesman e H. Wilenski (10), numa etapa ainda mais avançada da industrialização, será ainda maior o número de trabalhadores a considerarem o lazer como o centro de sua vida. Podemos ainda pensar que se os dirigentes soviéticos esforçam-se tanto para organizar atividades a serem exercidas durante o tempo livre e, ainda, para ligar os interesses de recreação aos do trabalho é porque talvez reconheçam o poder todo especial que o lazer exerce na vida dos indivíduos e nos caminhos mais espontâneos da cultura (11). Duas antologias da sociologia norte-americana, publicadas recentemente (12), estabelecem uma distinção entre o lazer de massa e a cultura de massa, ao nível das atividades. Porém, como essa distinção é estabelecida sobre uma confusão freqüente entre lazer e distração, não pode ser levada em consideração. Com base nessa divisão, encontramos, nos dois livros citados, até afirmações contraditórias: consideram a associação cultural como um lazer de massa e o jogo de cartas como uma atividade de cultura de massa... Qual o motivo dessa classificação? Talvez porque ao nível das atividades seja impossível encontrar critérios simples para estabelecer distinções. Na verdade, todas as atividades estudadas nessas duas antologias podem ser consideradas como atividades de lazer: jogar cartas, freqüentar determinada sociedade, ler um livro ou ir ao cinema. Cada uma delas possui seu próprio conteúdo cultural e a cultura popular confunde-se, em grande parte, com o conteúdo do lazer popular: "Diga-me qual o seu lazer que lhe direi qual é sua cultura".

Por último, talvez não exista problema mais difícil e importante na cultura popular do que o problema dos *níveis de qualidade*. Não concordamos com a oposição estabelecida *a priori* entre a cultura humanística e a cultura popular. Na verdade, como afirma Shils, o que surge aqui é o problema — em toda sua complexidade — da "cultura numa sociedade de massa"[2]. Numa tal sociedade, a cultura vivida é um *continuum* de níveis diferentes que muitas vezes se interpenetram uns nos outros, em todas as classes e em todos os meios. Ademais, alguns sociólogos de tendência marxista ou liberal consideram, com muita propriedade, a cultura popular como uma noção "ao mesmo tempo humanística e sociológica" (13). Essa noção propõe uma questão que consideramos crucial: qual o grau de penetração dos produtos culturais antigos e novos nos modelos culturais das massas? Talvez a cultura ao aumentar seu público venha a ser ameaçada por uma arte fácil, uma ciência barata, uma moral conformista e uma filosofia simplista a ser vendida ou distribuída com mais facilidade a um número maior de pessoas. Grande parte dos sociólogos norte-americanos que analisam a *mass culture* teme essas possibilidades (14).

(2) SHILS. Mass Society and its Culture. *Daedalus*, primavera, 59.

Nos países socialistas, apesar do esforço sistemático desenvolvido com vistas à educação de um povo que enche os museus (15) (numa cidade polonesa, um entre três habitantes freqüenta museus) e que garante tiragens astronômicas de obras-primas literárias, vemos que a arte destinada ao povo freqüentemente apresenta-se acompanhada de um certo abaixamento do nível artístico e literário da produção. A partir de 1956, tal abaixamento vem sendo denunciado pelos congressos de escritores dos países socialistas.

Na França, os grupos responsáveis pela educação popular apresentam, como um dos temas permanentes, a luta "contra uma cultura popular barata". Assim, apesar da diversidade dos contextos sociais e ideológicos, todos se preocupam com o problema dos níveis de cultura das massas. A solução concreta para esse problema talvez possa ser encontrada nas próprias normas do lazer, onde ele é realmente usufruído.

Concluindo, numa determinada sociedade, a fim de se conhecer não os níveis ideais mas os níveis reais e *possíveis* da cultura popular, parece-nos imprescindível proceder, de início, à análise do conteúdo real e provável dos principais lazeres das massas. Por esse motivo, consideramos proveitoso analisar o conteúdo de alguns lazeres[3]. Seguem-se as atividades que escolhemos e os motivos determinantes dessa seleção:

1. Entre as migrações de lazer, escolhemos a viagem turística que, sendo uma conquista social recente, ainda em processamento, ocupa um lugar privilegiado nessa categoria e sua influência é crescente. Em todos os meios urbanos, as viagens turísticas estão em plena expansão e expressam de modo bastante forte uma necessidade de evasão.

2. No campo dos espetáculos, nossa escolha recaiu sobre o cinema por ser o veículo de modelos culturais particularmente impositivos (celebridades de cinema, etc.) e a televisão, uma vez que ela irá constituir, juntamente com o automóvel, um dos mais possantes instrumentos do lazer.

· (3) Esta relação não compreende as sete categorias mais importantes de lazer que estabelecemos provisoriamente, no plano de uma enquete francesa e no estudo que fizemos, comparando várias sociedades européias.

3. Finalmente, procuramos, estabelecendo comparações, determinar a extensão da leitura de livros e o objetivo da curiosidade intelectual livre nos vários grupos sociais de uma cidade. Parecem-nos de grande importância para a futura situação da democracia cultural os fenômenos de autodidatismo espontâneo no lazer das massas.

Oferecemos esses estudos à reflexão de nossos leitores. Muitas enquetes acham-se em andamento e as mais importantes apenas iniciadas. Ao explorarmos o conteúdo das atividades de lazer, próprias a cada um dos vários meios sociais, poderá surgir a parte mais importante do complexo conteúdo da cultura popular, na sua unidade e diversidade real. Daí, talvez seja possível estabelecer uma ciência da cultura das massas, em determinada sociedade e isolar aos poucos os modelos de crescimento cultural, comuns ao conjunto da população ou diferentes segundo os meios, as classes e os grupos específicos que a compõem.

LAZER USUFRUÍDO NO FIM DO ANO E CULTURA TURÍSTICA

Aparecimento do turismo de massa

As atividades ligadas às férias são talvez as mais importantes dentre as atividades de lazer, devido à sua duração e à sedução que exercem. É verdade que as férias não suprimem, sobretudo para a mulher, o semi-lazer e as tarefas domésticas, porém diminuem o aspecto desagradável de certos trabalhos. De modo geral, nas férias é mais fácil, do que em outros períodos de lazer, descansar, sair do lugar em que se mora e encontrar oportunidades para uma livre expansão individual e social. Neste tipo de lazer, ocupa um lugar especial a possibilidade de viajar. Na época em que Stendhal inventou a palavra "turista", só podiam praticar essas migrações de viagem alguns ricos burgueses, a maioria de nacionalidade inglesa (como reminiscência dessa situação, lembramos *Hôtel des Anglais, Promenade des Anglais*...). Hoje, as atividades relacionadas com as férias tendem a se transformar num fenômeno de massa, de rápido crescimento[1].

Esse turismo de massa, que passou a constituir um fato social de primeira plana, suscita problemas muito importantes. Por isso não devemos nos espantar com o fato de os organizadores de férias e os especialistas de viagens terem recorrido à pesquisa científica. O empirismo individual sente-se incapaz para com eficiência e harmonia resolver os problemas concernentes à adaptação da indústria, do comércio e das associações às novas necessidades das pessoas em férias.

O lazer gozado nas férias ligar-se-á daqui por diante aos grandes problemas econômicos e humanos, colocados pelas relações entre a cidade e o campo, pelo planejamento territorial, pela saúde pública, pela cultura popular, etc. Não mais será possível estudar seriamente essas questões gerais sem reservar um lugar para os problemas pertinentes ao Turismo de Massa. Quais os primeiros resultados da pesquisa e sobretudo quais os principais problemas existentes na França, neste novo setor da sociologia do lazer?

Na França, as viagens de recreio desenvolveram-se com o crescimento das cidades e com o aumento do gosto pela natureza, despertado pelo romantismo. Porém, é mais recente o grande impulso apresentado pelo turismo de massa. Como já salientamos, sua data legal de nascimento pode ser localizada em 1936; contribuíram para o nascimento do turismo popular a instituição dos doze dias de férias regulamentares, impostas a todas as empresas, e a passagem de trem com preço reduzido[2].

---

(1) Em 1957, de acordo com uma sondagem realizada pelo I.N.S.E.E., dez milhões de franceses viajaram durante as férias (1). Na época da primeira edição francesa, deste livro, esse número ultrapassou doze milhões. Os gastos correspondentes elevaram-se a cerca de seiscentos bilhões, que é quase a soma paga como imposto de renda pelos assalariados franceses ou ainda a que os franceses, no seu conjunto, destinam para pagar o aluguel e manter sua casa.

(2) Em um ano o número de turistas passou de algumas centenas de milhares para aproximadamente dois milhões (conforme estimativa dos

Pode-se calcular que em aproximadamente vinte anos o número de turistas aumentou cerca de seis vezes. Haverá uma expansão contínua do turismo, dentro desse mesmo ritmo? Para responder a essa questão, impõe-se o estudo de fatores com os quais o turismo mantém relação direta.

Em primeiro lugar, as migrações de férias estão ligadas ao *grau de urbanização* de um país. A enquete realizada pelo I.N.S.E.E.[3], em 1957, permitiu que se tivesse idéia de sua extensão: os habitantes das cidades grandes são os que mais saem de férias. Os que pertencem à aglomeração parisiense, que representam 18% da população, são responsáveis por 51% das despesas referentes às férias (1), 72% dos habitantes de Paris ou da região parisiense saem de férias contra 62% dos habitantes de Angers, 56% de Nantes, 55% de Lyon, 48% de Toulouse e 37% de Lille. É interessante salientar que numa cidade do tamanho de Marseille saem de férias somente 31% de seus habitantes. Ainda que as causas dessa situação não tenham sido estudadas, pode-se supor que o sol e o mar nela desempenhem um papel importante. Evidentemente deve ser muito forte

serviços da S.N.C.F., em 1937. Após uma estagnação bastante longa, produziu-se uma repentina expansão do turismo popular por volta de 1950 com a elevação do nível de vida. Em 1951, 49% dos cidadãos saíram de férias, quase como em 1946. Em 1957, a cifra correspondente era de 62% (1). Entre as duas sondagens, a duração legal das férias pagas foi elevada para três semanas (1958).

(3) Assim, o Centre National du Tourisme pediu ao Institut de Statistiques et d'Études Économiques para realizar sobre o assunto três sondagens nacionais, a partir da época da Libertação: 1949, 1950, 1957 (3). Em 1958, no principal jornal profissional (*Le Répertoire des Voyages*), Sandro Sorbelli, Diretor-Geral da Centrale Internationale du Tourisme, escrevia que, para ele, dirigente e organizador internacional, o mercado turístico era um desconhecido. Mas já neste domínio as preocupações da pesquisa ultrapassam os estudos de mercado (4). Nessa mesma época, com R. Girod, fomos solicitados a preparar um projeto de um Institut de Recherche Sociologique sur le Tourisme (5). Por outro lado, a Association Internationale d'Experts du Tourisme, sob a direção de Hunziker, realizou diversos trabalhos sérios de reflexão e documentação (6). É importante salientar que o Congresso de 1959, realizado por essa Associação, colocou, pela primeira vez, em primeiro plano, os problemas de métodos de pesquisas interdisciplinares comuns aos especialistas de ciências sociais: geógrafos, economistas, psicólogos, sociólogos (7). Em fins de 1959, sob o impulso de G. Deffert, foi fundada a Association Française des Experts du Tourisme, dentro dessa perspectiva.

Finalmente, psicossociólogos franceses interessaram-se por sua vez pelo domínio do turismo e dessa forma H. Raymond, baseado na sociologia do transporte aéreo, iniciou o estudo das migrações de lazer e de suas "utopias concretas" (8) e Nicole Faivre-Haumont realizou uma série de entrevistas sobre as motivações de pessoas em férias, pertencentes ao Club Méditerranée. A pesquisa psicossociológica sobre o lazer usufruído no fim de ano, as férias e o turismo, tornou-se, então, na França, assunto de grande atualidade.

149

a influência do amontoamento urbano sobre o desejo de sair de férias, sobretudo nas cidades em que há pouco sol [4].

Para o futuro da descentralização seria também interessante indagar se a viagem de férias favorece a adaptação à vida das cidades ou cria, ao contrário, uma inadaptação capaz de provocar uma insatisfação crônica ou uma saída definitiva. Um outro fato merece ser assinalado. M. Boyer observou, num número crescente de casos, que os turistas que saem de uma cidade do interior se deslocam num raio de aproximadamente duzentos quilômetros em torno de sua cidade. Talvez fosse necessário avaliar a extensão do fenômeno e adotar uma política que oriente a instalação adequada de alojamento, transporte e distrações. É um aspecto freqüentemente desconhecido da expansão de uma região. Os sindicatos ativos estariam orientados para uma pesquisa nesse sentido? Ao contrário, temos a impressão de que eles estão voltados quase que exclusivamente para os viajantes que vêm de longe, especialmente os estrangeiros.

Por outro lado, os que viajam para longe da região em que residem dirigem-se quase sempre para os mesmos lugares, substituindo o amontoamento da região urbana pelo amontoamento da vida turística na orla marítima, nos campos e assim por diante. Um terço dessas estadas localiza-se em nove departamentos da França e a metade das viagens, realizadas por pessoas que residem em qualquer lugar da França, situam-se em dez departamentos: Alpes Maritimes, Haute Savoie, Morbihan, Puy-de-Dôme, Var, Basses-Pyrénées, Savoie, Allier, Ille-et-Vilaine, Côtes-du-Nord.

(4) As migrações de lazer (realizadas no fim da jornada de trabalho, no fim da semana ou no fim do ano) crescem com o progresso da urbanização e da motorização individual e coletiva dos meios de transporte. Tanto os estudos que se fizerem delas quanto seus objetivos deverão ser dinâmicos. A sociologia do turismo precisa ser uma sociologia preocupada em prever. As sondagens sobre a situação atual dos hábitos turísticos fornecem somente limitados resultados. Será mais interessante pesquisar as condições, os processos e os ritmos em que se desenvolvem as migrações de férias, a fim de se ter conhecimento de sua provável evolução no futuro, a curto ou a longo prazo. Para poder ser uma sociologia de previsão, a sociologia do lazer deverá apresentar caráter tendencial. Pesquisas devem ser feitas juntamente com os historiadores. J. Duchet, no seu ensaio sobre o turismo, remonta as origens desse fenômeno às peregrinações e cruzadas do século IX (9). A nosso ver, porém, malgrado algumas analogias secundárias, não nos parece que tais deslocamentos possam constar da história das migrações de lazer. Preferimos nos apoiar nas ripóteses de um outro historiador do turismo francês. M. Boyer, que localiza a "pré-história" do turismo por volta de 1815 e sua história por volta de 1850 (10).

A predileção pelo mar aumenta cada vez mais. Em 1951, para suas estadas principais, 45% dos turistas escolheram o campo e 23%, o mar. Em 1957, inverteu-se a preferência: 32% escolheram o campo e 35%, o mar, enquanto a montanha recebia o mesmo e fraco número de adeptos, 15%[5].

É conhecido o sucesso que tem a Côte d'Azur. Um exemplo interessante é o de Saint-Tropez. Existe aí trezentos e sessenta quartos de hotel e cerca de quinhentos quartos mobilhados. Ora, de acordo com dados oficiais, passam as férias nesse lugar cerca de vinte mil pessoas (11).

Em resumo, o êxodo urbano das férias suscita, em várias áreas, problemas humanos intimamente ligados aos problemas econômicos. Assim, devido às migrações de lazer, o "deserto francês" apresenta aspectos novos e tiveram um grande desenvolvimento as zonas que podem receber turistas. Essas zonas porém estão mal preparadas e suas populações adaptam-se com dificuldade à nova situação. Nenhum esforço sério de informação ou de formação foi feito em relação a elas (12). Por outro lado, esses amontoamentos humanos criam novos problemas de segurança, higiene e relações sociais. Ainda, poder-se-ia combater eficazmente o subdesenvolvimento de certas regiões se os projetos de expansão turística em lugar de se orientarem essencialmente com vistas a estrangeiros se preocupassem com as necessidades das pessoas do próprio país, de vários tipos, no que concerne ao lazer turístico. A sociologia urbana deveria iniciar estudos sobre as condições de lazer anual entre o local de residência e o local de férias como já faz o estudo das migrações diárias entre a empresa e o domicílio.

Podemos afirmar que a urbanização sempre esteve e continua condicionada ao desenvolvimento dos *meios de transporte*. Conhecem-se os espetaculares índices de tráfego da S.N.C.F., nos dias das grandes saídas correspondentes às férias de Natal, de Páscoa e sobretudo ao

---

(5) As estâncias hidrominerais, as demais cidades e os circuitos de férias conservam aproximadamente a mesma porcentagem: 10% contra 2%, 9% contra 8%, 7% contra 8%.

início das férias escolares de verão. Nos dias 1º e 2 de agosto de 1959, quando começam essas férias, partiram das seis principais estações de estrada de ferro de Paris quatrocentos e doze mil e cem viajantes (13). Esses dados são, porém, enganadores. Na realidade, sobre o conjunto do tráfego (ainda que não seja possível isolar a parte referente aos viajantes em férias) não houve aumento do transporte por via férrea. Em 1931, viajaram por via férrea setecentos e setenta e três milhões de viajantes enquanto que, em 1958, seu número foi de quinhentos e cinqüenta e três milhões. Sabemos que os "bons domingos" de Paris, reservados às saídas de lazer, variaram muito pouco de número, a partir de 1938[6].

Certamente, o total de quilômetros percorridos pelos que utilizam o transporte ferroviário, desde 1956, ultrapassou bastante o nível mais alto de antes da Segunda Grande Guerra, mas, sem dúvida, o automóvel constitui o meio de transporte que maior influência exerce sobre o turismo[7].

A proporção de turistas transportados por automóvel, em seis anos, *quase dobrou* e a tendência com relação ao trem tende a tornar-se contrária. Manter-se-á esse ritmo de aumento? A resposta será afirmativa caso se leve em consideração as transformações determinadas sobre os hábitos turísticos de países mais bem equipados do que a França, no setor do automóvel próprio. Nos Estados Unidos, 85% das migrações de férias são realizadas de automóvel, contra 13% de pessoas que viajam de trem (14). Nas cidades, um número crescente de pessoas recorre ao automóvel, não para atender a deslocamentos relacionados com o seu trabalho, mas para dele se servirem aos domingos, nos feriados e nas férias. Freqüentemente, as migrações de lazer levam à compra de um automóvel e a mesma tendência geral que determina o desenvolvimento dos meios de transportes familiares influirá também evidentemente no aumento do número de viagens. O turismo sedentário diminui enquanto aumenta o turismo itinerante. Também abaixa de ano para ano a duração média das estadas em hotel.

(6) 2 373 038, em 1938, contra 2 408 234, em 1958 (13).
(7) É impressionante o "estouro do automóvel": em 1951, 60% das pessoas em férias recorreram ao trem para ir até o lugar principal de estada e 24%, o automóvel. No fim de 1957, 47% usaram ainda o trem, mas já 41% viajaram de automóvel.

As empresas turísticas tendem a moldar-se às novas predileções das pessoas que a elas recorrem. Porém os problemas e as situações apresentados pela implantação de hotéis, pelo equipamento de que necessitam e pela formação de pessoal habilitado, só poderão ser resolvidos com seriedade, quando forem realizados estudos sobre a evolução das necessidades e sobre os resultados obtidos por empresas inovadoras. Por exemplo, uma tentativa possível seria instalar, a título experimental, hotéis de estada rápida, destinados a turistas itinerantes. Finalmente, o número de acidentes espetaculares é um índice das dificuldades oriundas das complicações de trânsito que se apresentam devido às migrações de lazer de fins de semana e de férias. Até agora mostraram-se muito pouco eficientes a repressão de infrações ao código de trânsito e o policiamento preventivo das estradas[8].

Há duas vezes mais acidentes nos meses de julho e agosto do que em janeiro e fevereiro (cerca de 20% contra 10% do total anual) e um acidente entre três acontece nos fins de semana. As migrações de lazer podem pois serem consideradas como as que oferecem mais oportunidades de acidentes fatais. O homem não está preparado para viver esse novo aspecto da vida urbana, que surgiu inesperadamente em menos de dez anos. Especialistas em acidentes nas estradas de rodagem estimam que, em cem acidentes nos quais há feridos, entre as duzentas e cinqüenta causas arroladas, noventa e cinco delas devem-se a causas decorrentes de falhas humanas (15). Parece que os governos dos estados modernos nada podem fazer diante de tal situação. Aperfeiçoaram o sistema de controle estatístico das estradas de rodagem, tomaram medidas contra motoristas em estado de embriaguez e contra o uso de pneus em situação precária, etc., mas sua política de repressão e prevenção permanece insuficiente. Porém não surgiram, ainda, medidas experimentais a curto e longo prazo, acompanhadas de inovações de grande envergadura, cujos resultados seriam submetidos a um controle científico. Até a data em que escrevemos este livro, as

---

(8) Em 1956, na França, acidentaram-se nas estradas de rodagem duzentas mil pessoas e morreram 8 783, das quais 1 400 crianças. Assim, 20% da mortalidade infantil decorrem de acidentes de vários tipos, principalmente os ocorridos nas estradas de rodagem. Nos Estados Unidos, esse índice é de 37% (15).

tentativas em andamento, do tipo da "operação cidade *A*", conservaram-se alheias ao que se considera como uma verdadeira pesquisa de sociologia ativa.

Por fim, outros fatores de ordem mais geral exercem um importante papel no desenvolvimento do turismo de massa. Em primeiro lugar, situa-se *a elevação geral dos níveis de vida*[9]. Uma minoria considerável de indivíduos não pode gozar férias porque não possui "meios" para atender às despesas. Seria interessante estudar os efeitos de medidas sociais que visam a desenvolver o turismo, em meios sociais de renda baixa. Tais medidas podem ser: incentivo à poupança destinada a férias, prêmios de férias, viagens coletivas, oferecimento de um salário duplo, como acontece na Bélgica. Quais dessas medidas são realmente de alguma eficiência? Em primeiro lugar, o progresso do turismo popular subordina-se a medidas de ordem econômica: há, também obstáculos de ordem psicológica. Já vimos ser pequeno o número de habitantes da zona rural que gozam férias (em 1957, 19% somente gozaram férias), mas isso não depende unicamente de imposições materiais. É preciso salientar que os motivos alegados pela maioria que não sai de férias não são de ordem econômica, mas pessoal: saúde, gostar ou não gostar, motivos diversos (51%). Nos Estados Unidos, onde o nível de vida é mais alto do que na França, uma sondagem de âmbito nacional, realizada em 1955, demonstrou que em média somente 65,5% das pessoas apresentam renda superior a cinco mil dólares e que só 54% do total da população saía de férias (14). Seria interessante que a pesquisa psicossociológica ressaltasse a evolução apresentada pela motivação das férias, segundo as classes, os grupos e indivíduos. Concluindo, dever-se-á estabelecer um confronto entre fatores econômicos, culturais e psicológicos a fim de que não sejam cometidos graves erros de previsão.

(9) Em 1951, 52% das pessoas que não saíam de férias atribuíram essa impossibilidade ao custo elevado das viagens. Em 1957, esse índice foi de 41%. Apesar de estar em regressão, continua sensível a influência da renda. A variação do número de pessoas que saíam de viagem por categorias socioprofissionais corresponde aproximadamente às diferenças de rendas: 82% de industriais e comerciantes atacadistas gozam férias contra 59% de artesãos. Na categoria dos operários, 70% de contramestres saem de férias contra 61% de operários qualificados, 57% entre os operários especializados e 23% entre os trabalhadores braçais (1957).

Período de trabalho, período de férias

Uma outra série de problemas especiais exerce grande influência sobre o futuro do turismo: os problemas ligados à distribuição das saídas de férias, durante o ano. Sabe-se da atração exercida pelo início das grandes férias escolares e preferem essa época mais da metade dos franceses que gozam férias.

São inúmeros os inconvenientes dessa preferência: não aproveitamento do equipamento turístico durante o ano de trabalho que se torna insuficiente no decorrer do período de férias; elevação anormal de preços; especulações que proporcionam lucro aos ricos e aumentam a desigualdade dos que gozam férias, favorecendo novos fenômenos de segregação nos locais onde as pessoas passam férias, comparáveis ao que acontece nas zonas periféricas operárias das aglomerações. Os chamados "férias pagas" são colocados à parte e considerados turistas menores. O trânsito torna-se difícil e quase impossível, multiplicam-se os acidentes. Surgem *gangs* de tipos novos, adaptadas às concentrações de turistas, etc. Aqui também não podem ser separados os problemas econômicos dos humanos.

Como será a evolução dessa tendência à concentração que determina tantas dificuldades? Ao contrário do que se poderia supor, essa tendência em lugar de aumentar, está diminuindo. De 1951 a 1957, as estadas principais fora do período de férias subiram de 6 a 10% e 16% dos turistas franceses passam a usar outros períodos que não os principais. Deve-se essa mudança, em grande parte, ao aumento do número de pessoas que fracionam suas férias (em geral em duas partes). Em 1951, um entre vinte e cinco adultos gozava desse privilégio e, em 1957, um entre dez adultos. Essa evolução liga-se principalmente ao maior interesse despertado pelas férias de inverno. Nos períodos invernais de 1957-58, a expansão das chamadas "férias de inverno", em relação ao ano anterior, foi calculado entre 13 e 15% (16). Antes de 1914, alguns milhares de amadores dedicavam-se ao esqui e hoje é de muito mais de um milhão o número desses amadores em atividade (16). Em 1956-57, hospedaram-se nos hotéis registrados das estações de inverno duzentos e vinte e cinco mil turistas franceses adultos. De acordo com cálculos de profissionais, foi de cerca de quatrocentos mil o número de turistas desse tipo que se hospedou no conjunto dos alojamentos de inverno. Provavelmente, o aumento do nível de vida e uma melhor informação do público poderão ter contribuído para a difusão desse gênero de vida. Nos Estados Unidos, 30% dos turistas gozam férias duas vezes por ano, especialmente durante o inverno (14). Os preços desse tipo de férias diminuíram bastante graças aos esforços despendidos por organizações coletivas como o Club Méditerranée, Tourisme et Travail ou a Union Nationale des Camps de Montagne. Esta última organização oferece aos jovens, alojamento, monitores de esqui e instalações materiais e o número de jovens que viajou sob seus auspícios aumentou seis vezes entre 1945 e 1958. Nesse último ano, os pedidos foram três vezes maiores do que as possibilidades de atendimento, mas assim mesmo atenderam-se a 13 960 participantes (17). As mesmas observações poderiam ser feitas relativamente ao desenvolvimento das "classes de neve". Em 1958, havia 151 classes de neve, mas a procura é muito maior do que a capacidade de atendimento desse tipo de férias. Aqui, o problema mais importante é o econômico, uma vez que ainda não se encontrou, para as férias de inverno, algo equivalente ao campismo. Evidentemente deverão ser muito mais altos os investimentos para este tipo de instalação do que os exigidos para o correspondente de férias de verão. Talvez, a construção e o funcionamento de hotéis estejam ligados ainda a uma concepção de turismo de inverno, inacessível à nova clientela em potencial. Visando a satisfazer essa nova vaga de turistas, seria oportuno que sociólogos se juntassem a economistas com o objetivo de verificar as necessidades latentes e propor fórmulas audaciosamente experimentais, tanto no setor comercial quanto no não comercial.

A tendência ao fracionamento das férias, apesar de já poder ser considerada como importante, não obstante, ainda é fraca. Não pensamos que elas possam levar à solução espontânea das dificuldades decorrentes da grande concentração das saídas de férias e de permanências correspondentes ao início das grandes férias escolares. A propaganda do fracionamento das férias ainda não obteve grande sucesso entre as pessoas, uma vez que esse desdobramento suscita inúmeros fatores econômicos e sociais, independentes deles. Em 48% de casos, são as empresas que estabelecem os períodos de férias (1). Causa espanto que até hoje não tenha sido estudado seriamente o problema da correlação entre férias profissionais e escolares. Ao lado do problema do desdobramento das férias regulamentares surge o da integração dessas migrações anuais de lazer no ritmo de um ano de trabalho, tanto para o adulto quanto para as crianças. Os problemas econômicos e humanos, próprios do lazer, não podem ser isolados dos problemas gerais, decorrentes da expansão da produção, humanização do trabalho industrial e organização racional do trabalho escolar. Pesquisas fundamentais deveriam ser realizadas neste nível, a fim de que viesse a ser conhecido o ritmo *optimum* de alternâncias entre períodos de trabalho e de férias, levando-se em consideração os interesses da sociedade, da família e dos indivíduos[10].

Devemos salientar ainda que a possibilidade de expansão do turismo, principalmente nos meios populares, encontra pela frente um sério problema: o do alojamento. De acordo com W. Hunziker, o alojamento constitui "o ponto crucial do turismo social" (6). A França recebe por ano mais de quatro milhões de viajantes estrangeiros, considerados como "bons clientes", sendo, a maior parte deles, turistas (18). Mas o súbito aumento de turistas franceses levou o problema do alojamento a ser encarado em novos termos. Daqui por diante, será o hotel o tipo de alojamento mais indicado? Afirmou-se muitas vezes que os hotéis franceses nem sempre apresentam um nível capaz de satisfazer a clientela de luxo, sobretudo de estrangeiros, habituados aos hotéis de estilo inglês; mas, por outro lado, eles não estão também preparados para atender às novas necessidades do turismo de massa. Nesta emergência, fecham-se muitos hotéis. A indústria hoteleira francesa, quando a estação está no seu mais alto ponto, emprega cerca de quinhentos mil trabalhadores. No entanto, em 1957, o hotel foi utilizado somente por 23% de turistas france-

(10) Observemos, entretanto, que durante o verão de 1960, por iniciativa do Commissarit au Plan, algumas grandes fábricas automobilísticas concederam férias aos seus funcionários de oito em oito dias.

ses. Deve-se levar em consideração o aumento do número de viagens ao estrangeiro, nas quais, em 59% dos casos, são utilizados os hotéis. Caso nos restrinjamos aos turistas que viajaram pela França, verificamos que somente 17% deles hospedaram-se em hotéis ou pensões. Surge o grave problema da adaptação dos hotéis ao gosto da clientela que se apresenta para os períodos de férias. Verifica-se uma crescente procura de alojamentos individuais como residências, casas, quartos em casa de família. Neste setor, sabemos que o governo tem tomado medidas para facilitar a hospedagem em quartos nos lares de moradores da zona rural, o que para estes poderá vir a ser uma fonte de renda e para o turista a certeza de poder gozar de tranqüilidade num "ambiente natural". Em 1951 e 1957, recorreram a essa fórmula respectivamente, 9% e 16% de franceses. Há somente 2 750 albergues rurais ou "alojamentos" e são quatrocentos os centros familiares rurais que oferecem serviços comuns, visando a uma facilitação da vida cotidiana nessas regiões.

Por fim, como já vimos atrás[11], desde 1945, um novo tipo de alojamento vem encontrando uma acolhida cada vez maior: o alojamento em barracas. Atualmente, 9% de franceses recorrem a esse tipo, enquanto em 1951 só 6% o faziam. A França conta aproximadamente com dois mil locais destinados ao campismo e cerca de uma centena de "cidades de lona". Entre os locais de campismo mais importantes, citam-se os pertercentes ao Touring Club, ao Club Méditerranée e a grandes empresas como a E.D.F. (19). Como explicar a excelente acolhida despertada pelo campismo? Segundo uma sondagem feita em 1957, o fator econômico desempenhou um papel importante, mas não exclusivo. Essa categoria de turistas é formada tanto por pessoas bem colocadas na indústria e no comércio como por operários; por isso seria interessante procurar conhecer melhor as motivações dessa espécie de férias (contatos diretos, ar puro, natureza, gosto pela vida no campo, ruptura com o conforto cotidiano). Dever-se-ia ainda fazer um estudo das condições indispensáveis para preservar de um novo amontoamento o campista, assegurando a cada barraca um espaço mínimo razoável. Há

(11) Cf. p. 80

ainda, outros problemas complexos, relacionados com a segurança dos campistas solitários. A volta à natureza pode custar caro. Os campistas têm ficado muito preocupados com alguns crimes praticados na zona em que acampam.

Sem dúvida, o tipo de alojamento mais popular continua a ser a hospedagem em casa de parentes e amigos (41% em relação ao conjunto dos turistas e 43% com relação aos turistas que passaram férias na França). De 1951 a 1957, com a elevação do custo de vida, verificou-se um abaixamento nos índices dessa categoria que nessa época, eram de 51%. O tipo de turista familiar, de qualquer classe social — rica ou pobre — perfaz um ou dois terços do total [12]. Provavelmente o lazer de férias proporcione oportunidades de estreitamento dos laços familiares. Um enorme número de turistas passa férias com a família e um número ainda maior, quase a totalidade, goza férias acompanhado de sua própria família. As colônias de férias apresentaram um grande impulso na França, a partir de 1936, e receberam cerca de um milhão e cem mil crianças; elas representam o maior empreendimento não comercial do turismo coletivo. Qual a melhor atitude? Dar oportunidade a que os filhos passem as férias longe das famílias ou, ao contrário, incentivar as férias familiares, como tentam fazê-lo os centros familiares da zona rural? Esses dois tipos deverão se alternar? Qual a opinião das pessoas implicadas? Como já nos referimos, os centros familiares são pouco numerosos (alcançam um total de quatrocentos) e estão sempre asfixiados por pedidos. Encontram-se em plena expansão. Seria interessante fazer pesquisas que tivessem como problema central procurar estabelecer o equilíbrio *optimum* entre férias passadas em separado e as usufruídas em comum com a família, segundo os vários tipos de famílias e de meios sociais, tanto do ponto de vista da coesão familiar quanto da expansão dos filhos e dos pais. Numa posição mais geral, deveria ser confrontado o problema do alojamento e do grupo familiar em

---

(12) Nos Estados Unidos, essa categoria representa ainda 45% do conjunto dos indivíduos em férias, apresentando uma renda superior a cinco mil dólares (15).

gozo de férias e do alojamento e da vida desse grupo familiar durante o resto do ano.

Vimos que, há cerca de um século, todas as funções da família vêm sofrendo um processo de regressão, com exceção da função recreativa. As férias subordinam-se a essa função e talvez possam constituir uma oportunidade de estreitamento dos liames familiares. No entanto, sociólogos estrangeiros, como M. Littunem (20), iniciaram estudos interessantes sobre a fadiga determinada pelo grupo familiar e sobre a necessidade de dissociá-la durante o período de férias, a fim de proporcionar-lhe novas forças.

Em conclusão, existe um grande número de problemas suscitados pelo alojamento durante as férias. Tais problemas poderão ser esclarecidos pela sociologia da família contribuindo, ao mesmo tempo, para sua renovação.

Uma nova cultura?

As atividades durante as férias dão origem a problemas ainda mais complexos do que o *habitat* dessas férias, relacionados com a higiene, a ética e a cultura. Os bons e os maus efeitos dessas atividades sobre o indivíduo e a sociedade poderão ter repercussões profundas e duradouras na vida cotidiana. Essas atividades atendem ainda a necessidades bastante diversas. Em 1947, a I.F.O.P. apresentou a seguinte pergunta a uma amostra representativa do total da população francesa: "Que pretende fazer durante as férias?" As respostas foram: primeiro o repouso, compreendendo: descansar, gozar de um ar puro, comer e dormir bem, fazer a sesta, aproveitar a beleza dos lugares. 55% dos inquiridos apresentaram essa resposta e ela se sobrepõe a todas as demais. Esses turistas são pouco itinerantes e preferem atividades sedentárias; fogem da pressão da multidão, das agitações e do ruído das grandes aglomerações, enfiando-se num "cantinho barato". As pousadas rurais parecem ser feitas para esse tipo de turistas [13].

(13) As duas mil pousadas rurais representam um pouco mais que dez mil leitos, e a maioria se encontra nas pequenas fazendas.

Porém, quantas pessoas em férias suportam por longo tempo o repouso, sem se entediarem? Quantos turistas saberão reservar para a relaxação a parte que lhe é devida, após um fatigante ano de vida urbana e profissional? Atualmente, o repouso durante as férias, constitui um fator importante da saúde pública e da higiene física e mental das sociedades modernas. Seria interessante procurar paisagens, locais de implantação, instalações e atividades mais indicadas para proporcionar repouso, não acompanhado pelo tédio. Em primeiro lugar, as férias deveriam ser consideradas como um importante meio de prevenção e tratamento contra as "agressões" que o ruído, a agitação, as tensões e as preocupações da sociedade moderna, exercem sobre o homem.

Pesquisas realizadas com a colaboração de sociólogos, psicólogos e médicos talvez pudessem contribuir para o estabelecimento de uma política de orientação da qual, sistematicamente, o público seria informado.

Outras pessoas em férias, sobretudo os jovens, antes de tudo, procuram não o repouso, mas a evasão. Sonham bronzear-se sob o sol da Ilha de Capri, caçar próximo às neves do Kilimanjaro e dançar no Carnaval do Rio ou, então, amar no Taiti. Uns procuram a "vida de lorde", na qual sejam atendidos como se fossem reis, e outros a vida selvagem, onde não exista qualquer coerção. Alguns ainda sonham com o país das maravilhas, no qual cada um será Alice ou Isolda, Aladim ou Tristão, Don Juan ou o Príncipe Encantado. A publicidade turística recorrendo a técnicas, freqüentemente elementares, pressiona fortemente esse desejo de evasão. Mas a publicidade não o criou, uma vez que ele é tão antigo quanto o mundo. Através dos temas da publicidade turística poder-se-ia reencontrar, sob forma atenuada ou aviltada, todos os motivos importantes que desde sempre estimularam a imaginação dos povos e dos poetas. A situação criada pelas férias constitui um tipo todo especial de situação, uma "utopia concreta" como Raymond a denominou (8). Cada um de nós age num mundo real, porém, simultaneamente, podemos projetar-nos ou identificar-nos em determinada situação que durante todo o ano permanece no domínio do sonho. O estudo de filmes que apresentam pessoas em gozo de férias possibilitam uma análise pertinente de tal processo. A situação criada pelas férias será fonte de uma autêntica poesia de formas, linhas, cores, sensações e sentimentos desconhecidos, na rotina diária ou, pelo contrário, oferecerá oportunidade para falsificações, degradações e perversões de gostos, atitudes e idéias?

Até que ponto as atividades de férias são tomadas como jogos inconseqüentes ou como atividades sérias, com possibilidade de, a longo prazo, modificar a personalidade? Deveriam ser pesquisadas a influência dos vários modos de vida sobre as férias e a influência dos diferentes tipos de férias sobre a vida cotidiana.

Mas, para algumas pessoas, as férias constituem um período propício à prática de uma cultura espontânea do corpo e do espírito, impossível de ser conseguida durante o ano de trabalho, uma vez que este não oferece grandes períodos de tempo livre. A enorme diversidade de *dadas,* de *violons d'Ingre*s e de pesquisas de amadores, tão difundidas no nosso mundo "padronizado", pode ser satisfeita com mais facilidade durante as férias do que no decorrer do ano. Por isso os amantes do teatro procuram os festivais, cujo número, na França, anualmente, é de perto de trinta; os que preferem a arte enchem museus e exposições, no verão e os espetáculos do gênero "Som e Música" valorizam os monumentos e são organizados visando diretamente aos turistas.

É bastante conhecida a voga dos campos de férias, nos quais se reúnem principalmente amadores de volibol e os que gostam de escalar montanhas. É insuficiente para atender à procura, o número de estágios de verão, nos quais possam aperfeiçoar-se amadores de arte, música e teatro. Desse ponto de vista, deveria merecer um estudo especial o crescimento constante de campos de férias de caráter cultural, em países como a Inglaterra e os Estados Unidos. Nesse setor, a França poderia tomar a iniciativa de organizar tipos de férias para pessoas não profissionais de interesses variados que procuram a companhia de outros que têm os mesmos gostos. No conjunto das instituições turísticas francesas, ocupa ainda um lugar não significativo esse gênero de atividade de férias, no qual a casa ou o campo apresentam os objetivos acima citados.

Não se pode deixar de salientar todavia que o turismo de férias desperta todos os tipos de curiosidade. Como fazer porém para que elas sejam satisfeitas? Ao sair do lugar em que reside, o viajante freqüentemente deseja conhecer "novas regiões". Varagnac demonstrou que as férias são situações privilegiadas para contatos e trocas entre pessoas que habitam as cidades e a zona rural (21). Daí resultarão uma interpenetração de informações e de formação, mas também um recrudescimento de incompreensões e de hostilidades recíprocas. As migrações de férias fazem com que franceses de uma região venham a conhecer os de outras partes do país. Mostraram-se particularmente eficazes iniciativas para desenvolver nos jovens o conhecimento de sua Pátria, como as do tipo de visitas, entrevistas, participação na vida de outras pessoas, etc. Há outras iniciativas — e estas são as mais numerosas — que só apresentam imagens convencionais de cada região, de suas particularidades, hábitos e danças folclóricas, recorrendo a uma forma "fabricada" especialmente para turistas [14].

Ainda, a viagem de férias poderá proporcionar o conhecimento recíproco de pessoas de nacionalidades diversas e de contato entre elas. De um modo geral, esses contatos são insuficientes e impõem-se uma preparação para que se dê uma verdadeira troca. O. Klineberg e seus colaboradores (22), em pesquisas sobre o papel das trocas na compreensão internacional, demonstraram que a ignorância dos costumes dos outros povos poderá fazer com que esses encontros apresentem efeitos negativos [15]. Já se afirmou que as férias possibilitam uma convivência mais íntima das várias classes sociais, no mesmo hotel, no mesmo campo de férias; outros dizem ainda que o fato de as pessoas se apresentarem em roupas sumárias contribui para abalar as barreiras

(14) Cf. as pesquisas de H. Raymond sobre o turismo como um sistema de imagens.
(15) Mais de quatro milhões de turistas estrangeiros viajaram para a França e quase um milhão e trezentos mil franceses de todas as condições sociais viajaram para o estrangeiro em 1957. Este número compunha-se de: 21% de membros das profissões liberais 19% de proprietários de empresa, 11% dos quadros médios, 9% de empregados e 9% de operários (1).

sociais. Talvez se dê realmente essa aproximação entre pessoas de condição social diversa, mas será ela duradoura? Estudos, ainda que em pequeno número, realizados por nós, negam que essa aproximação possa perdurar. Finalmente, surge uma nova segregação social, muitas vezes mais acentuada do que na vida diária, decorrente de gastos ligados ao *status* social, à prática de atividades em moda que marcam mais ainda as diferenças e oposições dos vários meios sociais.

É provável que o turismo contribua para que as massas ascendam a uma nova cultura. Qual, porém, o conteúdo dessa cultura? Qual seu efeito duradouro sobre as normas e idéias da vida cotidiana? Equanto não se desenvolverem pesquisas sobre as relações entre o lazer e a cultura popular, tais perguntas só poderão ter respostas aleatórias e contraditórias.

AS FUNÇÕES DO LAZER
E A PARTICIPAÇÃO NO CINEMA

A ambigüidade das escolhas feitas pelo público

O exame das atitudes do público com relação ao cinema levar-nos-á a conclusões já conhecidas. Na França, o público do cinema vem sendo objeto de inúmeros balanços estatísticos. J. Durand (1) reuniu os principais dentre eles num volume. Os estudos demonstraram que a indústria cinematográfica não possui, como certos jornalistas o afirmam, mesma importância que a automobilística ou a petrolífera. Na França, coloca-se ela no septuagésimo sexto lugar entre as indústrias nacionais e, nos Estados Unidos, no quadragésimo quinto lugar as indústrias de cada um desses países. Sabe-se também que na França, apesar de existirem cineastas como René Clair, Renoir, Malle e Resnais, a freqüência média à exibições de cinema não ultrapassa oito sessões anuais, por habitante, ficando esse país, assim, no vigésimo lugar mundial [1].

Quanto aos filmes, as enquetes revelam serem inteiramente inúteis as questiúnculas entre os pessimistas e os otimistas com relação ao gosto do público. Os gostos do público são fundamentalmente ambíguos, apresentando no entanto um real avanço, se comparado à situação reinante antes da Segunda Guerra Mundial. Atualmente as melhores receitas são obtidas pelos filmes mais conhecidos, aos 10% da produção aos quais a crítica refere-se elogiosamente. Os sufrágios porém não se dirigem automaticamente quer para os melhores ou para os piores dentre esses 10%, recaindo às vezes em filmes fora dessa cota. Em 1954 (2), alcançaram as melhores receitas os filmes: *Salaire de la Peur*, depois *Porte de Lilas* quase junto com *Si Versailles m'était conté*, *Gervaise* com *Napoléon*. Quanto aos filmes estrangeiros, *Sissi* bate todos os recordes, seguido de *La Strada* e *Tant qu'il y aura des Hommes*. O simples enunciado desses títulos mostra a ambigüidade das escolhas.

Essas informações de caráter econômico e social, colhidas em pesquisas, oferecem uma base objetiva à reflexão sobre o cinema. Também seria interessante procurar saber experimentalmente, a que atitudes [2] ligam-se essas escolhas, muitas vezes tão diversas e contraditórias; quais suas estruturas? qual a variação dessas atitudes, segundo as sociedades, as classes, os grupos e os indivíduos? Sob que condições e processos evoluem

(1) Sua colocação está longe de Israel (38), da Costa Rica (30), da Inglaterra (29) e dos Estados Unidos (22). A França coloca-se no mesmo nível da Noruega, Tcheco-Eslováquia e Chipre. Sabemos, também, que em 1954, 65% dos franceses foram ao cinema e que 30% dentre eles tiveram a oportunidade de ir mais de uma vez por mês; que a partir dos vinte e cinco anos diminui progressivamente a freqüentação até atingir a velhice. Caso deixemos de lado, as pessoas economicamente fracas, pode-se afirmar que os meios sociais populares freqüentam mais o cinema do que os meios burgueses, e que as mulheres, contrariamente ao que se poderia supor, o freqüentam menos do que os homens.
(2) Segundo Allport, "uma atitude é uma disposição mental e nervosa organizada pela experiência e que exerce uma influência diretora e dinâmica sobre a conduta do indivíduo com relação a todos os objetos e a todas as situações com as quais ele está em ligação".

os tipos de atitudes e os níveis de aspiração? Talvez pensando no caráter demasiado formal ou estático da atual sociologia empírica e também no caráter demasiadamente metafísico da sociologia teórica do cinema, contemporânea, W.-D. Wall, especialista da UNESCO, apresentou a seguinte conclusão no Congrés International de Filmologie realizado em 1955 (3): "Um levantamento bibliográfico recente apresenta cerca de 600 títulos de obras, conferências e artigos que tratam da influência do cinema. Estamos, contudo, ainda tão distantes de uma compreensão profunda da psicologia do espectador e da produção cinematográfica quanto de uma sociologia do cinema".

Enquanto aguardamos os felizes resultados de uma união entre a mais sutil teoria e o mais rigoroso dispositivo experimental, tentaremos apresentar algumas informações empíricas sobre a vivência do lazer cinematográfico. Tanto o criador, quanto o assessor e o educador precisam conhecer os vários níveis culturais dos usuários do lazer cinematográfico. Com base nesses níveis, poderão medir a distância entre níveis observados e níveis esperados da parte daqueles que se esforçam para desenvolver a cultura cinematográfica do público. Tentaremos estudar essa vivência no cinema, partindo de um estudo das motivações ("por que você vai ao cinema?") e de um estudo dos modelos ideais ("que espera você de um bom filme?"), realizado entre os pais de família da cidade A. Será interessante salientar as limitações desse tipo de enquete: Sabemos, com efeito, que as respostas dadas só se referem às motivações conscientes, que as normas morais são nelas valorizadas e que todas as respostas apresentadas podem ser interpretadas à luz das teorias da alienação e da frustração. São ainda parciais os resultados aos quais nos referimos [3]. Apesar de tudo, uma vez que não dispomos de nenhuma outra fonte francesa à qual pudéssemos recorrer para tratar do problema da vivência cinematográfica, pensamos ser de algum modo útil este primeiro apanhado.

(3) Após a redação deste capítulo (1959), destinado à *Revue de Sociologie do Institut Solvay*, os resultados do estudo diferencial dos habitantes da cidade *A*, segundo as categorias sociais, foram tabulados e parcialmente explorados pela nossa colaboradora Aline Ripert, num artigo publicado em *Esprit* (junho de 1960) sob o título: "Un Certain Public".

Liberação? Evasão? Informação?

Na cidade *A*, a freqüência ao cinema corresponde à média das cidades francesas: cerca de 75% dos habitantes vão ao cinema pelo menos uma vez acidentalmente, dos quais um terço o faz uma ou mais vezes por mês [4].

A. Como motivação para irem ao cinema, são inicialmente negativas as razões alegadas pelos espectadores: eles procuram *uma liberação*. O cinema não passa de um meio para romper a monotonia, o dia-a-dia, esquecer o tédio, "arranjar outras idéias". O espectador de cinema não se sente ligado nem ao horário dos filmes: um engenheiro declara preferir o cinema ao teatro, "menos por gosto que porque o cinema oferece mais possibilidades e se pode entrar depois do filme iniciado". Cerca de 13% das respostas apresentam razões desse tipo.

Essa atividade liberatória não é vivida como um sonho alheio à vida cotidiana mas, ao contrário, entra em permanente competição com as obrigações. Entre estas, as mais citadas são as familiares: "Muito raramente vou ao cinema", "Não se pode sair por causa das crianças e não posso ir só", afirma um operário. Em compensação, outros vão ao cinema, não para ver um filme, mas para acompanhar as esposas: "Vou ao cinema quando minha senhora me leva até lá, de minha parte ele não me interessa muito". As pressões exercidas pelas obrigações familiares levam muitas vezes à rejeição integral de qualquer participação cinematográfica. "O cinema? De minha parte, penso em meu novo apartamento e nos móveis que terei", disse um dos habitantes de *A* que nunca vai ao cinema. O cinema poderá ser até considerado como uma oposição inadmissível às obrigações familiares: "Nunca mais fui ao cinema, desde a morte de minha esposa".

O cinema não entra em concorrência somente com as obrigações familiares, mas também com outras formas de lazer. Encontramos indivíduos exclusivos na escolha de suas atividades de lazer: "Não vou ao cine-

---

(4) As pessoas que menos vão ao cinema são os operários, os chefes de empresa e sobretudo os artesãos (56% destes nunca vão ou o fazem raramente). Os que mais freqüentam o cinema são os dirigentes e os profissionais liberais.

ma, só jogo bola, aqui é mais tranqüilo", afirma um operário de vinte e nove anos. "Depois que se apegou à pesca, ele não vai mais ao cinema", diz a esposa de um empregado de trinta anos. "Prefiro praticar esporte do que ir ao cinema", declara um pequeno comerciante, muito vivo, de vinte e oito anos. Mas o cinema poderá ser preferido a outras atividades, como, por exemplo, o teatro, em torno do qual são feitas inúmeras comparações, em todos os meios sociais. Mas nessas comparações o cinema sai ganhando: "O cinema é menos difícil de entender...", ou ainda: "Prefiro o cinema porque o movimento é mais realista, no teatro tem-se que prestar mais atenção", ou então "Prefiro o cinema, não se pode dizer que seja mais vivo, mas o tempo passa mais depressa", diz um operário de quarenta anos, quase nos mesmos termos empregados por uma padeira de quarenta e oito anos.

B. As pessoas que vivem na cidade, ao participarem do espetáculo cinematográfico, não esperam encontrar aí somente uma liberação, mas também um *passatempo*, e encaram esse modo de passar o tempo de forma múltipla e diversificada como o são as próprias funções do lazer. Nem todo o mundo vai ao cinema como a uma igreja. Para 23% de indivíduos, o cinema é um simples passatempo, cujo significado talvez esteja muito próximo dos demais passatempos. "Vou ao cinema", diz um técnico de trinta anos, "para passar o tempo, quando nada tenho para fazer aos domingos". Esse descanso elementar oferece uma certa satisfação que exclui qualquer esforço de compreensão e reflexão. "Para mim é uma simples distração, não gosto de filmes muito complicados...", declara um operário de vinte e sete anos, e um empregado: "Não vejo mais filmes do meu gosto, só vejo os atuais para me distrair". Essa satisfação poderia ser parecida à oferecida pelo sono, se os filmes não fossem movimentados. Nessa linha, encontramos a seguinte apreciação especial sobre *Guerre et Paix,* dada por um operário de trinta e cinco anos: "Gostei muito de *Guerre et Paix,* porque há movimento; quando o filme não é movimentado, eu durmo".

C. A maior parte dos indivíduos interrogados (40%) procura no cinema, uma *vida imaginária.* Esses indivíduos, ao apresentarem essa versão, dão um sentido mais preciso e rico à sua participação no espetáculo cinematográfico. Procuram no cinema o prazer que encontrariam em situações imaginárias e aspiram a sentir emoções e ter sentimentos. O cinema coloca ao alcance de todos possibilidades de projeção e identificação. Cada um de nós pode "visualizar sonhos"; cada um poderá ser aquele que crê ser, aquele que não ousa ser, que deseja ou quer ser. O cinema permite que cada um satisfaça esse "duplo", pertencente à sua realidade imaginária. Na nossa enquete encontramos temas ligados ao amor, erotismo, luxo, tumulto, aventura e risco. É impressionante o número de preferências pelos filmes alegres: um entre cinco. São freqüentemente citados filmes como *Les Vacances de M. Hulot*. O artista principal mais citado não é Brigitte Bardot ou Gabin, mas Fernandel. "Não quero ver filmes tristes, a vida já é muito triste", ou ainda: "Espero rir no cinema porque não se tem muita oportunidade de rir", afirma um artesão. "Prefiro os filmes engraçados, engraçadíssimos", diz um comerciante. Pessoas que ocupam cargos de direção e afins e também intelectuais apreciam sobretudo Chaplin. Parece que o público procura mais aquilo que Lefebvre chama de "imagem inversa da vida cotidiana".

D. A função do espetáculo cinematográfico não é somente a de distração. Cerca de 24% das respostas estabelecem que para os inquiridos o cinema é, em primeiro lugar, um meio de *informação*: "informar-se", "instruir-se" e "refletir" sobre problemas. "Gosto do que é vivido ,do que é verdadeiro", afirma um operário de vinte e cinco anos. "Só me recordo de documentários e reportagens, a ficção não me interessa", diz um empregado de cinqüenta anos. "Gosto de documentários como *Le Monde du Silence,* afirma um operário. Em resumo, para esses indivíduos, graças ao cinema, a realidade ultrapassa a ficção.

Que espera você de um bom filme ?

Já estamos aptos a melhor medir como a participação cinematográfica resulta de vários tipos de motivação. A fim de completar e aprofundar nossa análise, colocamo-nos num outro ponto de vista, inteiramente diverso: procuramos apreender os modelos ideais que podem guiar o espectador na sua apreciação de um bom filme. A questão, ainda que atinja a obra de ficção em geral, possibilitou-nos obter, sobretudo, informações sobre o cinema. Citaremos somente estas últimas [5]. Um pequeno número de espectadores (12%) deseja que a obra apresentada seja "bela" e bem interpretada. É a vulgaridade sobretudo que estraga a satisfação cinematográfica. "O mais difícil de encontrar é um filme que nos faça rir sem ser vulgar", diz um empregado de trinta e cinco anos. Ele gosta de Carlitos e de Fernandel, no filme *Angèle*. "Desejo encontrar sentimento, arte; beleza, tenho horror à vulgaridade", afirma aquele empregado de trinta anos que gostou muito do *Salaire de la Peur*. O artificial é tão desprezado quanto a vulgaridade. "Não gosto dos sentimentos ou das situações demasiadamente convencionais e artificiais", afirma um operário de trinta e nove anos. Concluindo, para esse público o intérprete freqüentemente encarna a figura do herói ou da heroína da história. "Só me lembro de *Gerbaise* interpretado com perfeição por Maria Schell."

Outros inquiridos (18%) desejam que o cinema apresente uma "verdadeira" imagem da vida, insistindo sobre a realidade, a objetividade e o realismo da obra. Encontramos os exemplos mais diversos, apoiando essas afirmações. Com relação aos filmes documentários: "Só me lembro de documentários e reportagens, a ficção não me interessa. Gosto do estudo da realidade" (um empregado de cinqüenta anos). Quanto aos filmes biográficos: "Gosto do que é vivido, do que é verdadeiro", diz aquele operário de quarenta e cinco anos que gostou de *Moulin Rouge,* porque o filme lembra a vida de Toulouse-Lautrec. Sobre os filmes sociais: um comerciante de sessenta anos gosta das cousas vividas, de atualidade, como o filme *Le Voile Bleu*. Sobre filmes esportivos: aquele operário de vinte e nove anos: "Não gosto muito de cinema, a não ser de documentários sobre o esporte. Finalmente, quanto aos flimes-repor-

---

[5] O total é de 95%. 5% das respostas não se referiam ao assunto.

tagens afirma um operário: "Procuramos tudo o que nos instrui, principalmente reportagens feitas no estrangeiro ou, então, os filmes que nos apresentam a vida complicada das várias camadas sociais e que em qualquer parte do mundo há pessoas honestas e corretas.

No entanto, a maioria das respostas (65%) salienta não a qualidade da forma ou a fidelidade em relação ao real, mas o *interesse* do conteúdo (tema ou assunto), apresentado no filme. Quanto a este aspecto, os resultados da enquete sobre as qualidades da obra ideal concordam aproximadamente com os da sondagem precedente. Em primeiro lugar, coloca-se a obra cômica, em igualdade de condições com o total das respostas relativas a luta, ação e aventurada (conjunto de 15%). Seguem-se os temas de amor e sentimento. Pensamos ser importante ressaltar que, em compensação, mais de um quarto das respostas espera que a obra apresente uma imagem *enobrecida* da vida. Se for realista, não querem que seja "demasiadamente negra". Se a desejam real, deve ser "moral". Terá ainda que apresentar um sentido social e humano. A maioria das respostas mostra uma necessidade de identificação com um herói forte e generoso. Um certo empregado afirma: "Gostei do filme *Les Feux de la Rampe*, encontrei nele uma coragem formidável". Um operário de vinte e nove anos gostou acima de tudo da *Bataille du Rail*, "porque é um filme que apresenta pessoas que se sacrificam". As recordações que mais persistem na memória são as recordações fortes ligadas a fatos importantes. "Lembro-me de uma cena do filme *Les Héros sont fatigués*, no qual os aviadores enfrentam-se face a face..." As cenas mais citadas são os atos de bravura dos *Misérables* e de *Notre-Dame de Paris*.

Essa necessidade de grandeza pode assumir várias formas: "Napoleão atraiu-me porque tinha ambição..." disse um empregado de vinte e seis anos. "Encontro muitas satisfações no triunfo da vontade do homem nos conflitos que o opõem a outros homens", afirmou aquele empregado de trinta e sete anos. Pierre Fresnay é admirado pela interpretação de certos papéis e alguém disse dele: "É um homem que enfrenta as situações". Assim, também, o Dr. Schweitzer é admirado devido à sua vida "pelo trabalho que executou na África Negra". "É uma personalidade forte e generosa", diz um empregado de vinte e cinco anos. Poder-se-ia citar ainda muitos exemplos que convergem todos para uma exaltação do "duplo heróico", escondido em grande número de espectadores.

Que concluir provisoriamente dessa investigação sobre motivações e modelos? Ela mostra que os significados da vivência do público no cinema parecem apresentar a mesma diversidade das funções do lazer e também a ambigüidade de seu conteúdo. Não basta afirmar que o cinema faz parte da vida cotidiana de nossos tempos; ter-se-á ainda de estudar a participação cinematográfica à luz de uma problemática do lazer e das obrigações.

A análise da influência do cinema deverá ser feita levando-se em consideração suas relações com o conjunto dos lazeres e dos deveres familiares e sociais. E. Morin insiste, com razão, na diferença entre a realidade e a imagem da realidade (4). O cinema apresenta sempre uma imagem encantadora, porém o que representa essa imagem? As imagens produzidas por Méliès e Lumière possuem talvez os mesmos traços formais, mas diferem fundamentalmente do ponto de vista do *conteúdo.* Morin salienta também, com razão, a importância do homem imaginário e do duplo, havendo porém diferenças fundamentais entre a identificação com Scarface ou com Pasteur, com Don Juan ou com o Dr. Schweitzer, ainda quando é o mesmo indivíduo que se identifica de cada vez com heróis diferentes e opostos. Finalmente, a nosso ver, numa análise formal, não se poderá confundir os que conferem uma importância especial à arte cinematográfica com os que são indiferentes à vulgaridade e ao artifício. Não se trata de defender aqui uma moral ou uma estética, mas insistir na diversidade das funções concretas do lazer cinematográfico e na necessidade de estabelecer uma distinção dos diferentes níveis culturais nos quais se processa a participação do público.

As pesquisas filmológicas deram lugar ao surgimento de teorias filosóficas, morais, estéticas, psicológicas e sociológicas. Depois de Balzac, Edgar Morin

173

apresenta uma brilhante síntese, num ensaio de antropologia sociológica (4). Ele mostra como "o filme, muito mais do que o avião, subiu sempre mais alto, na direção de um céu de sonhos, do infinito das "estrelas", cheio de música, povoado de presenças adoráveis e demoníacas que escapam à vida de todo o dia, da qual, segundo todas as aparências, ele deveria ser servidor e espelho". Salienta ainda o encantamento advindo da imagem e seu poder mágico sobre a analogia da atitude cinematográfica com o "sonho acordado"; analisa profundamente os mecanismos formais de projeção e identificação, na dependência do tipo de participação do espectador e com bastante ousadia estabelece uma ligação entre essa forma moderna de participação e o sistema de participações das sociedades arcaicas. Em suma, salienta todos os aspectos do "homem imaginário", produzido pelo cinema. Mostra também os trabalhos daqueles que salientaram o aspecto racional do filme. Sob a linguagem do filme, surgem as leis e os ritmos de ideação (Zazzo), a eloqüência do que é dito (Cohen-Séat), um sistema lógico (Francastel) e o próprio movimento do pensamento conceitual (Bergson). Tenta sintetizar idéias sobre a racionalidade e a magia.

Todas essas teorias, sem dúvida, enriqueceram o conhecimento não só do cinema, como do homem. As análises antropológicas oferecem uma fundamentação doutrinária aos conhecimentos intuitivos da crítica cinematográfica, iniciada há cerca de trinta anos por Moussinac e desenvolvida com muita sutileza por críticos como A. Bazin (5). A antropologia desde já desempenha ou poderá desempenhar na crítica cinematográfica um papel que ainda não assumiu na crítica literária [6]. Porém, se desejamos, tendo como ponto de partida a sociologia do cinema, atingir uma melhor compreensão das várias funções da vivência cinematográfica e dos vários níveis de cultura cinematográfica apresentados pelas massas, teremos que verificar se essas análises atuais adaptam-se ao nosso objetivo.

Apesar do estímulo da parte de criadores, críticos e educadores, a sociologia do cinema, pelo menos na França, não conseguiu ainda estabelecer critérios de

(6) BASTIDE, R. Sociologie et littérature comparée. *Cahiers internationaux de sociologie*, P.U.F., 1954.

classificação dos conteúdos e das formas cinematográficas. Quais serão os critérios de qualidade apropriados aos vários meios sociais? Esse problema apresenta um enorme interesse teórico e prático. As análises do espetáculo cinematográfico, por mais pertinentes que sejam, oferecem somente hipóteses demasiadamente gerais para serem utilizadas como base de um estudo empírico das relações entre uma obra cinematográfica e um determinado público. Como identificar os diferentes níveis de cultura cinematográfica? Como essa cultura cinematográfica se integra na cultura geral? Como essa integração diferencia-se de acordo com as idades, o sexo, as classes sociais, etc.? Em que sentido variam elas em função do conteúdo e das condições de recepção? Para responder a essas questões, a sociologia do cinema, sem abandonar o notável esforço no campo do pensamento teórico, deveria preocupar-se em verificar a natureza exata desse pensamento ao nível das atitudes dos próprios espectadores. A fim de melhor conhecer como a cultura cinematográfica progride nas massas, ter-se-á que substituir a sociologia estática e analítica das atitudes médias por uma sociologia dinâmica e experimental das atitudes ativas. No complexo conjunto de reações determinadas pela situação sociocultural, como se apresentará o problema da extensão dessas atitudes para cada sociedade, cada categoria social e cada indivíduo? E como medir, nessas atitudes, as diferenças, as defasagens, os desequilíbrios existentes entre os níveis de cultura, característicos das atitudes médias nos vários grupos? E, finalmente, como observar experimentalmente as mudanças acidentais ou provocadas que possibilitem o progresso das atitudes ativas do público devido à influência do acervo cultural, dos líderes e dos grupos?

Na nossa opinião seriam essas as questões mais importantes a apresentar.

TELEVISÃO E LAZER

Inúmeros intelectuais franceses julgam a televisão como o fazem com o cinema, colocando-a à parte das normas de lazer, nas quais elas se inserem. Analisam o conteúdo dos programas do ponto de vista de uma concepção absoluta da Cultura, com *C* maiúsculo. Se procurarmos os fundamentos dessa atitude, apresentado de modo mais ou menos explícito, serão eles encontrados no sistema de valores e de conhecimentos que uma determinada elite francesa recebe durante seus estudos universitários. Relacionada com essa "alta cultura", o conteúdo da televisão poderá ser considerado de tom menor (6). Dentro dessa perspectiva, a todas as culturas de divertimento, recreação e entretenimento, pode ser atribuído em maior ou menor intensidade um caráter "decadente". Huizinga já criticou esse ponto de vista: desde 1930, vem acusando a cultura universitária de origem greco-hebraica-latina de ter ficado alheia aos valores da realidade (7). Léo Lowenthal, mais recentemente, colocando-se contra a distinção entre "alta cultura" e cultura popular (8), observa que o primeiro problema a ser tratado seria o da integração do divertimento e das atividades afins, na cultura propriamente dita. Muito antes do surgimento da "cultura de massa", autênticos representantes da cultura reivindicaram a necessidade de divertimento. Logo após a Renascença, Montaigne preocupou-se em proteger a possibilidade de evasão contra a ação de alguns detentores da cultura engajada da Idade Média. Voltaire exaltava o divertimento que Pascal condenava como um obstáculo à vida espiritual. Finalmente, nos meados do século XIX, alguns escritores opuseram ao excesso de uma arte humanitária uma doutrina da arte pela arte, concebida unicamente para o prazer do artista. Todas essas críticas assumem uma nova força, numa civilização na qual por intermédio do lazer as massas têm possibilidades de ascender a uma nova forma de cultura.

Devemos, pois, desconfiar da posição equívoca em que se coloca essa "alta cultura" com relação à televisão. Ela é útil devido às exigências que faz, mas duvidosa por causa do sistema de valores nela implicados e coloca-se numa posição externa às condições reais nas quais é elaborada a cultura popular.

Procuraremos estudar a televisão como um fenômeno de lazer que tende a ser comum a todas as classes e categorias sociais [1]. Para muita gente, assistir à televisão é uma ocupação do tempo livre, sendo já essa característica uma poderosa determinante daquilo que o público espera do conteúdo dos programas. Essa expectativa é porém complexa: desejo de evasão e participação, entretenimento e adaptação, informação e formação desinteressadas. Ainda, é ela dominada por modelos e valores que possibilitam a compreensão e

(1) Após escrevermos este livro, foram feitas duas pesquisas de muito boa qualidade por H. Himmelweit e W. Schramm (1959 e 1961) sobre a televisão e as crianças. Esses estudos têm um alcance bastante geral e podem ser aplicados ao fenômeno aqui analisado (18).

apreciação do conteúdo da cultura televisionada, estudar suas diferenças, contradições e meios de que dispõe para ultrapassá-los. Faremos um exame do que pode ser considerado assistir à televisão, quais as reações das audiências com relação ao seu conteúdo e dos efeitos que ela exerce sobre os demais lazeres. Como os dados franceses que poderemos utilizar são muito limitados, salientaremos, terminando, os problemas mais importantes para os quais ainda não possuímos meios de análise.

Originam-se de fontes diversas as informações que utilizaremos e os resultados obtidos são parciais. As próprias fontes às quais a pesquisa pode recorrer, em 1960, na França, são passíveis de contestação por vários motivos. Os únicos dados franceses disponíveis, neste momento, resultam de uma sondagem feita pela R.T.F. (Radio Télévision Française), durante o primeiro semestre de 1959. Essa sondagem utilizou três instrumentos diferentes: questionários escritos, enquetes domiciliares e chamados telefônicos. Durante esse período, foram feitas setecentas entrevistas domiciliares, treze mil e setecentos chamados telefônicos, e enviados pelo correio nove mil questionários. Destes mereceram resposta e foram devolvidos à R.T.F. três mil questionários. Utilizamos os resultados obtidos com os vários tratamentos que esses questionários receberam [2].

Como medida de precaução, só utilizamos aqueles questionários, cujos dados *coincidiram* com os dos dois outros instrumentos. Faremos uma comparação entre os dados obtidos por essa sondagem e os de uma outra sondagem, feita em todo o território francês pela R.T.F., nos anos de 1954 e 1955, e com os dados que pudemos colher, em quinze cidadezinhas do Departamento de Aisne, no ano de 1954 (9). Esta última fonte é de certo modo diferente, uma vez que a população dessas comunas organizara teleclubes, a recepção da televisão era comunitária e não familiar e a maioria dos telespectadores compunham-se de pequenos exploradores agrícolas. Não tivemos qualquer possibilidade de estabelecer um estudo diferencial sério entre esses resulta-

---

(2) Agradecemos profundamente ao Sr. Oulif, Diretor do Service des Relations avec le Public de la R.T.F., por nos ter fornecido documentos que permitiram realizar as análises aqui apresentadas.

dos; limitamo-nos em geral a ressaltar as reações *mais* *freqüentes em todas as audiências.*

Segue-se uma composição socioprofissional, aproximada, de nossa amostra. De acordo com a opinião da direção do Service des Relations avec le Public de la R.T.F., essa composição aproximar-se-ia de perto das atuais categorias de possuidores de receptores de televisão.

Quadros superiores	2%
Profissões liberais, indústria	16%
Quadros médios	11%
Artesãos e pequenos comerciantes	24%
Operários	9%
Agricultores e trabalhadores agrícolas	4%
Assalariados aposentados	9%
Mulheres sem profissão	9%
Não identificados	16%
	100%

As questões apresentadas pela R.T.F., em 1959, relacionavam-se com vários programas que compõem uma semana de programação da Televisão Francesa *. O quadro que se segue mostrará o volume horário reservado a cada programa e o modo como a programação distribuiu-se nesse período.

Vê-se que o tempo hebdomadário de transmissão atinge quase 53 horas. Nos Estados Unidos, esse tempo é muito mais elevado [3]. Todavia, deve-se notar que a França reserva para os programas de distração* cerca de 15 horas e 30 minutos, representando 29% do conjunto da programação, enquanto os programas correspondentes norte-americanos ocupam de 60 a 70% da programação, de acordo com dados fornecidos pela TV dos Estados Unidos (10).

(*) A Televisão Francesa é do tipo estatal, sob controle do Governo. Na época em que foram feitas as sondagens citadas neste capítulo havia um único canal de televisão, cuja programação era retransmitida para todo o país. (N. da T.)
(3) Cf. E. SULLEROT: *La télévision aux États-Unis et en Grande-Bretagne*. Bulletin du CEGMAS, nº 1, 1960.
(*) Varia muito de país para país o rótulo que recebe um programa de televisão. Ver, por exemplo, o que na França é considerado como "programa de divertimento" no quadro da p. 181 (N. da T.)

Conteúdo da programação hebdomadária da Televisão Francesa

1. Programas para crianças .... 6h 11,5%
    T.V. escolar 2h
    T.V. de distração 4h

2. Programas práticos .... 1h 2%
    Cozinha, Revista feminina

3. Jogos .... 2h 4%

4. Divertimento .... 15:30 h 29%
    Variedades (circo, canções,
      teatrinho) 10h
    Novela 2h
    Reportagens esportivas,
      luta livre 3:30h

5. Apresentações de obras .... 7:45h...... 15%
    Filme 2h
    Teatro 3h
    Música clássica,
      moderna 1h
    Artes e Letras 1:45h

6. Informação .... 15:30h...... 29%
    "Journal Paris-Club" 13:30h
    Revista de informação 2h

7. Reportagens e documentários ...... 2:30h..3h.. 6%
    Entrevistas e debates 0:30

8. Programas religiosos .... 2h 4%
    Total .... cerca de 53h 100%

Recorreu-se a dois critérios para medir as reações do público a esses programas: a) o volume de pessoas que assistem ao programa; b) o índice de satisfação calcula-se este índice estabelecendo uma relação entre a nota conferida pelos próprios espectadores e o número de pessoas que deram essa nota. Abaixo de 35, o programa foi considerado mau, entre 35 e 50, medíocre, de 50 a 65, bom, de 65 a 80, muito bom e acima de 80, muito apreciado e excelente (11).

181

**Duração do tempo durante
o qual se assiste à televisão**

Admite-se em geral ser a televisão tirânica e muito elevado, na maioria dos casos, o tempo de recepção. Essa afirmação tem ou não fundamento? Nem todas as enquetes realizadas nos Estados Unidos, a esse respeito, apresentam as mesmas conclusões. De acordo com R. Meyersohn, o cidadão norte-americano liga seu receptor em média dezoito horas por semana (12). Esse tempo é evidentemente muito elevado, porém, outros afirmam que esse mesmo indivíduo poderá ficar diante de seu aparelho até quatro ou cinco horas por dia (12). Na França, a maioria dos indivíduos vêem televisão *dezesseis horas* por semana, isto é, uma média de um pouco mais de duas horas por dia *.

Com referência ao parágrafo anterior, devemos salientar que o tempo hebdomadário, não reservado ao trabalho ou ao sono, eleva-se, segundo estimativas, a sessenta horas e o tempo de lazer representa aproximadamente, para a maioria das pessoas que residem em cidades, vinte e cinco horas. Caso levemos em consideração esses números, a duração do tempo durante o qual se assiste à televisão, mesmo para a França, é bastante alta.

No entanto, se compararmos a situação norte-americana com a francesa, poderíamos imaginar se o telespectador não se sente um pouco desfavorecido. Talvez considere muito curto o tempo de transmissão. À pergunta: "Você gostaria que fosse maior o tempo de transmissão de televisão?" 80% do público mostrou-se satisfeito, enquanto somente 18% o julgaram insuficiente.

Por outro lado, parece que diminui o tempo em que se assiste à televisão, quando já há algum tempo se possui um receptor de TV. Um terço dos franceses que possuem um aparelho desde 1955 declararam em 1957 que assistem a um número menor de programas enquanto a metade da audiência continuava a mesma

(*) Lembramos que, enquanto nos Estados Unidos há inúmero Canais de Televisão, possibilitando uma escolha de programas, na França (na época em que foi escrito este livro) havia um único Canal, estatal (N. da T.)

Nos Estados Unidos, Léo Bogart verificou as mesmas tendências, sendo que parte dos espectadores assiste durante um tempo menor. Essa afirmação de ordem geral apresenta, porém, um interesse muito limitado. Os resultados da enquete mostram uma enorme variedade na duração do tempo destinado a assistir à televisão, de acordo com a diferenciação das audiências. Nos Estados Unidos, Bogart afirma que a duração do tempo reservado para ver televisão varia sobretudo com o grau de instrução. Essa variação é de uma hora e vinte até oito horas por dia.

Um dos argumentos freqüentemente apresentados para provar a tirania da televisão é a perturbação que ela determina nos hábitos de dormir e fazer as refeições. É verdade que muita gente, tanto na França quanto nos Estados Unidos, reconhece que se deita mais tarde, desde que possui um aparelho de televisão. Os resultados da enquete francesa realizada em 1959 indicam, no entanto, que 60 a 80% do público deita-se às vinte e duas horas e meia.

Que acontece no horário das refeições? Entre o meio-dia e uma hora e meia, a porcentagem da audiência não ultrapassa 30% do público. À noite parece que, na maior parte dos casos, as pessoas jantam antes de assistir à televisão e, às oito horas, a porcentagem de audiência eleva-se rapidamente de 40 para 75% e depois das 20 horas para 85%.

Na mesma ordem de idéias, afirma-se que a televisão exerce efeitos restritivos sobre as saídas domiciliares. É verdade que no domingo de manhã os programas são essencialmente religiosos e a audiência compreende somente um terço do público. No domingo de tarde, porém, quando os programas se destinam a todo mundo, a participação dos espectadores varia de acordo com as estações do ano, sendo de 30% no inverno, 50% no verão (fora do período das férias).

Todos esses resultados não levam em consideração um fator muito importante: o da continuidade ou descontinuidade do tempo em que se assiste à televisão. Esse tempo pode ser contínuo ou intermitente, variando segundo o público e os programas. Apresentando o problema de outra forma, diríamos que as informações sobre esse problema não levam em consideração o tipo de pessoas que a assistem. A complexidade desse problema é demonstrada à saciedade pelas atitudes diferentes assumidas diante do mesmo programa. Por exemplo a televisão pode ser considerada como um apoio à conversa ou como uma companhia e também como um fundo sonoro. Assim, resultados de enquetes realizadas na Grã-Bretanha demonstram que um grande número de mulheres fazem *tricot* ou costuram, ao mesmo tempo em que assistem à televisão (13). Provavelmente, as horas de recepção efetiva nem sempre coincidem com o número de horas em que o aparelho fica ligado. No cálculo das horas de recepção dever-se-ia pois introduzir um estudo diferencial dos gêneros d recepção que correspondem a atitudes diferentes.

Reações ao conteúdo dos programas

Admite-se em geral que o conteúdo dos programas televisionados destina-se essencialmente a proporcionar divertimento ao público. O lema da R.T.F. "divertir informar e instruir" demonstra ter ela objetivos mais ambiciosos. Levando-se em consideração essas finalidades, quais serão as reações do público aos vários tipos de programas decorrentes dessa programação?

Divertimento, entretenimento, recreação*

Cerca de um terço da programação é ocupado pelos programas de variedades e são estes os preferidos Verificou-se essa escolha preferencial tanto nas reações às sondagens nacionais realizadas pela R.T.F. quanto nas amostras dos teleclubes rurais. No entanto, a peças teatrais obtêm tanto sucesso quanto os programas de variedades. O modo pelo qual os programas são apreciados, tendo por base o índice de satisfação parece demonstrar que essas preferências são muito sensíveis. Em 1957, o programa *Music-hall parede,* apresentado por Gilles Margaritis era acompanhado por

(*) Cf. N. da T. à p. 33.

94% dos telespectadores e o índice de satisfação, excelente — 92. Em 1959, a audiência era ligeiramente mais fraca, 91% dos telespectadores com um índice de satisfação muito bom — 78. *36 Chandelles,* o grande programa de variedades, apresentado por Jean Nohain em 1957, era acompanhado por 99% dos telespectadores com excelente índice de satisfação — 80. Dois anos mais tarde, em 1959, o programa mudou de título, com pequena modificação de conteúdo, e obteve 78% de audiência e um índice de satisfação classificado como "bom" — 56. Essas ligeiras variações de "consumo" deveriam ser atribuídas a uma evolução de predileções ou a uma possível saturação por um programa que se tornou demasiadamente conhecido, ainda que continuasse a manter o mesmo nível técnico e de conteúdo? Essa é uma dúvida muito séria sobre a qual nada podemos dizer ainda devido à fragilidade dos dados que temos em mão.

Na mesma área, jogos como *Télé-Match* ou *Gros Lot* eram e continuam a ser assistidos por uma boa audiência que varia entre 80 e 90%, com um índice de satisfação bom e muito bom, entre 40 e 70.

São também muito apreciadas as reportagens esportivas. Dado o sucesso obtido pela transmissão de grandes jogos, parece que o público desejaria que fosse incluído na programação um maior número de reportagens esportivas. De acordo com os dados, para uma grande maioria de telespectadores (70% da audiência) é suficiente o número de horas reservado para os acontecimentos esportivos, sendo que somente 17% gostariam de um aumento e 13% prefeririam uma diminuição; ainda parece que grande parte da audiência francesa está satisfeita com os programas esportivos que lhe são apresentados, sem desejar, no entanto, que esses programas venham a eliminar outros de tipo diferente. Impõe-se salientar um fato importante: a televisão revelou os esportes e tornou-os conhecidos de pessoas e telespectadores que jamais se preocuparam com eles. Cita-se o exemplo do interesse despertado entre intelectuais e escritores, como François Mauriac, que através da televisão passaram a interessar-se pela competição esportiva.

**Reações demonstradas diante
da apresentação de obras de cinema,
teatro e afins**

Evidentemente, nem todos os espetáculos de cinema e teatro e também exposições de obras de arte, podem apresentar somente obras-primas. A Rádio Televisão Francesa esforça-se, no entanto, por colocar o público frente a grandes obras.

Para uma grande parte dos telespectadores, a televisão é essencialmente um cinema a domicílio. Essa hipótese foi confirmada com bastante ênfase na enquete que realizamos nos meios rurais do Departamento de Aisne, na França. As pessoas inquiridas preferiram decididamente os filmes bons aos de qualidade média ou mesmo medíocre, e nos surpreendemos com os títulos dos filmes que gozam de sua preferência: *A Batalha dos Trilhos, Manon, A Sinfonia Pastoral,* etc.

O documentário, que numa sala de cinema comum não ocupa o lugar merecido, é na televisão um dos programas mais bem recebidos. Relataremos agora as preferências do público, relacionadas na enquete nacional feita pela Rádio Televisão Francesa, em 1957: o filme ocupa o sexto lugar, nessa preferência. 27% do público prefere os programas de variedades, 27%, peças de teatro; 10%, programas científicos e esportivos; 7%, conferências ou debates; 5%, documentários, e somente 3%, os grandes filmes.

Um dos motivos determinantes do pouco entusiasmo manifestado com relação aos filmes liga-se ao fato de a televisão só exibir filmes produzidos pelos menos cinco anos atrás. O valor desses filmes continua sempre o mesmo, mas o desejo de conhecê-los, com o tempo, poderá ter esmaecido. Ao contrário, a possibilidade oferecida pela televisão de estabelecer contato com repórteres, exploradores e conferencistas, é inteiramente nova e constitui um dos aspectos positivos da televisão que conseguiu familiarizar as audiências com situações quase desconhecidas.

Continuando a comentar a sondagem citada, verificamos ocupar o teatro um lugar todo especial. A sondagem realizada no meio rural apresentou dados interessantes sobre o teatro: o interesse pelo teatro aumenta à medida que o telespectador possui um receptor há mais tempo. Poderíamos dizer que, num primeiro período, a televisão representa o cinema a domicílio e que, num segundo período, esse lugar é ocupado pelo teatro. A audiência francesa reage fortemente às peças de teatro: quando as peças representadas na televisão são julgadas más, chegam cartas em maior número e mais eloqüentes sobre o acontecido do que em relação a outros tipos de programa.

As respostas a outro tipo de indagação mostraram existir uma nítida preferência do público pelas peças de teatro. Os serviços especializados da R.T.F. procuraram saber o que o público desejava assistir sábado à noite. Os resultados foram os seguintes: só 2% declararam-se indiferentes, 4% pediram reportagens, 17%, programas de variedades, 27%, um filme e 35%, uma peça de teatro. Evidentemente, as representações teatrais transmitidas pela televisão são de natureza bem diferente. O público aprecia comumente as peças consideradas como fáceis ou as chamadas de "difíceis"? O público rural interrogado por nós deu sua total preferência às peças difíceis. Em 1954, por ordem de preferência classificou as peças: *Volpone, L'Annonce faite à Marie e Liliom.* Uma sondagem nacional realizada na mesma época confirmou essa preferência. No entanto, são também muito apreciadas peças consideradas como fáceis o que torna difícil estabelecer uma conclusão mais geral.

Informação

A televisão demonstra sua preocupação em bem informar ao colocar em bons horários o programa "jornal". Uma minoria de telespectadores acusa o jornal televisionado de pouca objetividade, mas 88% a 96% das audiências, segundo as regiões, acompanham com regularidade os boletins de informação que apresentam um índice de satisfação "bom" e "muito bom" — 61 a 74. Algumas pessoas entrevistadas, residentes no meio rural, lamentaram a não-transmissão dos debates na Câmara dos Deputados.

As reportagens sobre assuntos atuais ou temas sociais são muito apreciadas, tanto pelo público rural quanto pelos que responderam às questões apresentadas pela R.T.F. Assim, 73% do público manifestou sua satisfação por ocasião de reportagens feitas nas Fábricas Renault e no Aeroporto de Orly. Vem obtendo grande sucesso o programa mensal intitulado *Cinq Colonnes à la Une*, que apresenta um certo tipo de assuntos atuais. *Nuit et Brouillard,* o notável filme de Alain Resnais sobre campos de concentração, ainda que transmitido num horário tardio (23:15h), depois do Jornal, teve a audiência de 36%. Essa porcentagem é alta para esse tipo de programa.

Não somente são apreciados como ainda reclamados os programas do tipo "Reportagens sobre países distantes", como *Voyage sans passeport*. Em 1954, 67% dos telespectadores, componentes de uma amostra correspondente à totalidade do país, desejavam assistir a mais programas desse gênero. Os documentários montados, em geral, à custa de vários filmes e que pretendem tratar de um determinado assunto ou interpretar uma idéia, como "a vida dos animais", têm uma audiência fiel. Nos meios rurais esse programa consegue ser tão apreciado quanto os grandes filmes de ficção. Confirmam essa larga aprovação os resultados das enquetes nacionais.

Instrução

Na maior parte das vezes, é difícil demarcar a linha limítrofe entre a informação e a instrução. A difusão dos conhecimentos é feita com maior ou menor dificuldade, mas há certas áreas facilitadas por essa forma de comunicação. Agradam muito ao público, por exemplo, os conhecimentos geográficos e programas do tipo *Magazine de l'explorateur*. Divertindo, informam e instruem.

Deve-se salientar também o acolhimento favorável recebido pelos programas científicos, sob a responsabilidade de Etienne Lalou. *Sciences d'aujourd'hui* tenta iniciar o público em problemas ligados à Física, Química, Geologia, Biologia, etc. Em 1959, esse programa teve a seguinte audiência, segundo a região: 57%, sudeste, com um índice de satisfação "muito bom" — 62 a 74. Ao contrário da atitude assumida com relação às reportagens esportivas, o público gostaria de assistir a mais programas desse tipo. Com efeito, em 1959, somente 11% do público mostrava-se descontente com esse tipo de programa e desejava um número menor deles, enquanto 50% estavam satisfeitos, e desejavam manter o *status quo* e 37% desejavam mais programas desse gênero.

Quanto à indicação à música e à literatura, os dados que possuímos não permitem chegar a qualquer conclusão. O programa musical hebdomadário *Les Grands interprètes* é assistido somente por 30% do público, com um índice de satisfação "bom" — 55. Esse programa é apresentado no fim da noite, quando uma grande parte dos telespectadores já está dormindo. Em compensação, numa outra oportunidade, 80% da audiência assistiu ao concerto executado pela Grande Orquestra da R.T.F. e alcançou um índice de satisfação "excelente" — 82.

A iniciação à literatura é feita principalmente pelo programa *Lecture pour tous,* organizado não sobre a obra literária, mas em torno do Autor, presente em cada programa. Como a maioria dos programas desse tipo, este tem o seu ponto de vista particular. Sua audiência é de 26 a 32%. A qualidade das entrevistas é muito apreciada pelos meios cultos, mas o público rural e o popular não se interessam por ele. A televisão será incapaz de fazer com que a cultura literária penetre no grande público? Seria imprudente responder a essa questão, mas desejamos colocar a seguinte pergunta: "Quais os resultados que um programa literário obteria se tivesse como base os princípios dos clubes populares de leitura, escolha da obra em função de um problema da civilização ou de um assunto atual, dramatização do texto por grandes atores e, ainda, discussão com participação do público?"

Esse breve resumo apresentado sobre os vários tipos de programas permite-nos concluir que os assuntos abordados são inúmeros e vários. A cultura televisionada oferecida à massa forma um conjunto heterogêneo que obedece às várias funções do lazer. Não se poderia, porém, afirmar que o público prefere sempre os conteúdos fáceis e não os difíceis ou vice-versa. Com base nas preferências apresentadas pelas audiências da televisão francesa, seria também arriscado opor uma cultura menor, acessível às massas, a uma alta cultura, reservada a uma certa elite.

Efeitos da televisão sobre outros tipos de lazer

Os resultados das enquetes anglo-saxônias e francesas concordam quanto ao efeito negativo da televisão sobre outros tipos de lazer. O telespectador freqüenta menos o cinema e o teatro, assiste a um número menor de espetáculos esportivos, lê menos jornais e livros e assim por diante.

Rolf Meyersohn adverte porém que o estado atùal do desenvolvimento das pesquisas não permite levantar conclusões. Com efeito, qual será a amplitude exata desses fenômenos, como variam eles segundo os meios sociais, qual seu significado no modo de gozar o lazer, de viver ou seus reflexos na cultura? A fim de que as afirmações se apresentem com maior precisão há necessidade de estudos mais acurados.

Cinema

Quanto ao problema da influência da televisão sobre a freqüência ao cinema, as tendências observadas nos Estados Unidos e na Grã-Bretanha correspondem às notadas na França. Em 1959, neste país, 80% dos telespectadores declaravam freqüentarem menos o cinema e 19% não terem mudado a freqüência anterior. De 1957 a 1959, o número de freqüentadores de cinema passou de 411 milhões para 352 milhões. Durante esse período, o número de receptores de TV comprados subiu de 683 700 para 1 368 000. É bem conhecida, aliás, a grave crise que atingiu Hollywood nestes últimos anos, e essa situação é confirmada também pelos acontecimentos nos Estados Unidos, onde, entre 1946 e 1959, o número de freqüentadores de cinema passou a ser a metade do que era.

Todavia, não parece que a longo prazo o cinema seja prejudicado pela televisão. Em primeiro lugar, a televisão revelou o cinema a um número maior de indivíduos. Por exemplo, o público rural, pouco familiarizado com o espetáculo cinematográfico (em 1958, verificou--se que 40% dos franceses nunca entrara num cinema), descobriu o cinema por intermédio da televisão. Outro ponto: os filmes clássicos, mais do conhecimento de um público restrito, freqüentador de cineclubes das cidades, passaram a ser apresentados ao grande público, quando incluídos na programação de televisão. Ainda, o cinema estimulado pela concorrência da TV de certo modo teve que se reinventar e descobrir novas formas. O domínio da técnica de cinema em cores e da tela de dimensão maior foram meics utilizados para lutar contra a concorrência da televisão. Decididamente tal rivalidade parece ter efeitos estimulantes sem de modo algum atingir a especificidade de cada um desses grandes meios de comunicação.

Rádio

Num exame superficial, o rádio parece ser a segunda grande vítima da televisão. A nosso ver, também o rádio prepara uma expansão num campo inteiramente novo.

Na França, no momento, os números são muito pessimistas. Um terço dos telespectadores não utiliza mais de modo algum o rádio, e dois terços ouvem muito menos. Em 1959, os dados mostraram que a metade destes só ouve rádio durante uma hora por dia. Em 1948, Léo Bogart verificou que os norte-americanos, possuidores de um receptor de TV, ouviam rádio durante duas horas por dia, enquanto os outros — os que não possuíam esse aparelho — ouviam rádio diariamente durante quatro horas e trinta e dois minutos. O simples exame desses dados não permitirá, porém, chegar a uma interpretação válida. A função do rádio vem demonstrando, nestes últimos anos, uma certa evolução e o aparecimento da televisão talvez tenha contribuído para o aceleramento de uma mudança do significado do rádio na vida cotidiana. A televisão é essencialmente um lazer familiar ou gozado na companhia de amigos, enquanto ouvir rádio tende cada vez mais a tornar-se uma atividade individual. A possibilidade de cada família possuir mais de um receptor de rádio foi facilitada pelo preço, relativamente pouco elevado, dos novos aparelhos transistorizados. A existência de vários aparelhos de rádio numa só família depõe a favor da afirmativa anterior. O rádio desempenha freqüentemente a função de acompanhante e poderá ainda ser o introdutor de uma atividade de lazer, durante os tempos mortos ou nos tempos de ligação entre duas outras atividades. Assim, o fundo sonoro oferecido pelo rádio é muito procurado pela mãe de família, enquanto desempenha as tarefas domésticas e prolonga os momentos de lazer do homem, durante o tempo em que se dirige ao trabalho, no caso de usar o automóvel e neste haver um receptor de rádio. Por outro lado, na França, no momento atual, a transmissão de televisão não se dá durante o dia todo, enquanto as estações de rádio oferecem praticamente sem interrupção seus programas. Terminando, desejamos salientar que tanto na França quanto nos Estados Unidos, os dois tipos de programas mais apreciados são o jornal e os programas musicais.

Esporte

Preliminarmente ter-se-á de distinguir entre assistir a um espetáculo esportivo e praticar um esporte, recreativo ou competitivo.

A freqüência do público às competições esportivas vem diminuindo e compreende-se que, nos Estados Unidos, os organizadores desses encontros estejam inquietos. O boxe é um bom exemplo para ilustrar essa situação: as rendas obtidas com as lutas mais importantes têm sofrido uma baixa e os dirigentes procuram compensar a perda dos lucros com o recebimento de altos direitos pelas retransmissões das lutas. O montante desses direitos ultrapassa de muito as rendas obtidas anteriormente quando da realização de grandes lutas no Madison Square Garden.

As negociações entabuladas pelo Comité pour les Jeux Olympiques de 1960 demonstraram como os dirigentes esportivos sentem-se ameaçados com a popularidade da televisão, tanto nos países do Oriente quanto do Ocidente. Os países ocidentais, de início, ofereceram pela retransmissão por meio da televisão setenta e cinco milhões de liras, mas diante da recusa desse Comitê propuseram cento e cinqüenta milhões de liras (informação oficial, obtida em 25 de abril de 1960). Após complicadas negociações, as partes chegaram a um acordo.

Parece que a televisão não oferece efeitos negativos à prática de esportes e muito pelo contrário em certos casos essa prática encontra na televisão um meio de se tornar mais conhecida. Os dirigentes da Fédération Française de Rugby são de opinião que a retransmissão dos grandes encontros nacionais e internacionais é uma eficiente propaganda para esse tipo de esporte. Fundamentam sua opinião no maior número de pedidos de registro feitos para a prática desse esporte, que no momento atual na França eleva-se a cinco mil por ano. O mesmo vem acontecendo na Grã-Bretanha. Em 1954, o treinador nacional da equipe inglesa atribuiu à influência das transmissões pela televisão o recrudescimento do interesse, entre os jovens ingleses, pela prática dos esportes atléticos.

Teatro

Como o cinema, o teatro tem recebido alguns golpes provindos da popularidade da televisão, mas achamos que também neste setor não se deve adotar apressadamente um julgamento pessimista. Lembramos que em 1959, 63% dos telespectadores franceses declararam ir menos ao teatro e 35% continuam a freqüentá-lo do mesmo modo. Verificou-se, nos Estados Unidos, que não persiste por muito tempo a mudança de hábitos determinada pela compra de um receptor de TV e que, depois de usá-lo por alguns anos, seu possuidor tende a retomar suas atividades anteriores (7). Ainda, é bastante restrito o número de pessoas que freqüentam regularmente o teatro e para a maior parte dos indivíduos o único teatro é a televisão. Segundo Léo Bogart, até nos Estados Unidos são menos apreciados os programas de variedades e passam a ocupar um lugar melhor os que apresentam peças dramáticas e comédias que retratam uma realidade.

Ar livre

A televisão não exerce qualquer influência importante sobre o gosto de passear ao ar livre. Já salientamos que, no domingo à tarde, poucos telespectadores permanecem diante do receptor de TV. Sabe-se do aumento constante, na França, do gosto pelos passeios de automóvel nos fins de semana, e a compra de um receptor de TV não estabelece qualquer concorrência com o desejo de possuir um automóvel e de usá-lo aos domingos para passeios familiares.

Atividade dentro de casa

Na vida cotidiana de um lar, deve-se estabelecer inicialmente uma distinção entre as atividades domésticas que exigem um trabalho manual e as relações que têm por base a conversação.

As enquetes feitas pelos serviços competentes da British Broadcasting Corporation — B.B.C., verificaram que na Grã-Bretanha a prática de *dadas* continua muito estável; nos Estados Unidos, a expansão da venda de instrumentos para atividades do tipo *do-it-yourself** é paralela ao aumento da compra de receptores de TV. Os dados obtidos na França indicam uma tendência ligeiramente contrária, mas são demasiadamente gerais para que possamos utilizá-los para inferir conclusões definitivas. Em 1959, 23% dos telespectadores, homens ou mulheres, declararam praticar menos o *bricolage* ou a costura, depois que passaram a possuir um aparelho de televisão.

Porém, quais os tipos de trabalho abandonados? Afirma-se que "a televisão prejudica a conversação". Parece ser verdade que se fala menos quando o receptor está ligado, porém é difícil medir a conversa e pouco se sabe quanto à duração anterior real do tempo de

(*) Em inglês no original: "Faça você mesmo". (N. da T.)

conversação. Ainda, qual o conteúdo dessa conversa? Sabemos que o espetáculo televisionado alarga o horizonte familiar e ao mesmo tempo suscita, sem dúvida, conversações menos limitadas. De qualquer modo, a participação em conjunto numa determinada atividade como asssitir à televisão poderá favorecer a comunicação entre filhos e pais, mas também vir a constituir uma oportunidade de conflito no momento da escolha dos programas e no de ligar ou desligar o receptor. Não possuímos quaisquer dados de boa fonte sobre as relações entre os vários conteúdos da conversação e da televisão.

Leitura

Todos os resultados das sondagens anglo-saxônias e francesas apresentam entre os telespectadores um certo desvio de leitura. Por exemplo, ao responder à enquete realizada na França, em 1959, 3% dos telespectadores declararam ler mais depois que possuem um receptor de TV, 49% lêem na mesma intensidade e 48% lêem menos. Serão duradouros esses hábitos? Na França, ainda não temos possibilidade de responder a essa questão porém é do conhecimento geral que o tempo de posse de um aparelho de televisão constitui um fator importante na determinação de mudança nos hábitos das pessoas. Léo Bogart relata os seguintes dados referentes a 1951: 51% dos que possuíam um receptor por um período até dois anos liam revistas e somente 27% liam livros, enquanto 60%, que estavam nessa situação há mais de dois anos, liam revistas e 34% liam livros. Estas últimas porcentagens estão muito próximas das relativas aos indivíduos que não possuem um receptor de TV.

Não devem ser deixadas de lado as transformações pelas quais passaram as revistas e de sua popularidade sempre crescente. Nos Estados Unidos, em 1946, foram vendidos, por semana, 94 677 000 exemplares e, em 1955, sua tiragem quase dobrou, passando a 166 milhões de exemplares, semanalmente. O conteúdo das revistas também sofreu mudanças. Verificou-se que o público não mais gostava de encontrar sempre os mesmos assuntos. Segundo o depoimento de um redator da revista *LIFE*[4] (seis milhões de leitores, nos Estados Unidos), a qualidade da fotografia passou a ser maior e a parte reservada ao texto mais importante; diz ele que os leitores pedem informações mais substanciais que possam completar ou aprofundar conhecimentos que tenham sobre um determinado assunto, em particular os oferecidos através das imagens fugitivas da televisão.

Parece que a leitura do jornal diário não é atingida pela posse de receptores de TV. Em 1959, 17% dos telespectadores franceses afirmavam que completavam as informações dos jornais televisionados, ouvindo os boletins de informação transmitidos pelo rádio, porém 40% declararam que para isso "recorriam a seu costumeiro jornal diário". Nos Estados Unidos, a tiragem dos jornais diários aumentou com a expansão da utilização da televisão (10).

Já mostramos que para cerca da metade dos telespectadores a compra e a leitura de livros tendem a diminuir, não sendo porém esse critério qualitativo. Este é um problema bastante complexo, cujos dados são freqüentemente contraditórios e de difícil interpretação. Alguns programas como *Lecture pour tous,* segundo alguns livreiros, estimulam a compra de livros. Não foi possível, porém, verificar a exata extensão da influência desse tipo de programa.

Outros programas como o *Magazine des explorateurs* aumentaram também a compra de livros nos teleclubes. Caso se leia menos, talvez se leia melhor, uma vez que a televisão exerce o papel de orientadora de leituras. Todas essas observações constituem hipóteses que devem ser verificadas.

A televisão terá perturbado definitivamente o lazer dos indivíduos? Talvez sua influência seja profunda, mas ambivalente. Mesmo nos Estados Unidos, onde a programação é dominada por programas classificáveis como de divertimento, Léo Bogart conclui: "O mundo é sempre o mesmo mundo, nós é que o sentimos de modo diferente".

(4) Relatório dos jornais internacionais de fotojornalismo: Centre d'Éducation Populaire, Académie d'Aix, Junho, 1959.

O estado atual da pesquisa sociológica não permite conclusões definitivas sobre os benefícios e malefícios da televisão. Estão ainda no início os estudos sobre os efeitos da televisão, segundo os diferentes conteúdos e as várias condições de recepção e, neste ponto, juntamo-nos ao pedido de prudência feito por Rolf Meyersohn: "Não podemos confirmar ou refutar sistematicamente as numerosas acusações levantadas contra esse meio de comunicação de massa... até agora tratou-se muito pouco dos problemas importantes próprios da televisão".

Alguns problemas

Quando se deseja oferecer respostas sérias a questões tão importantes, a comparação das preferências do público mostra-se sempre insuficiente e às vezes enganadora. Quase desconhecemos ainda o estudo e o significado das escolhas e rejeições do público, ligados à vivência da cultura de uma certa categoria, de um certo meio social ou de uma sociedade.

Quando uma sondagem de opinião depara com uma aprovação geral, essa aprovação será sinal de uma adesão verdadeira ou expressão de uma passividade generalizada? Até a uniformidade de reações positivas a conteúdos muito opostos poderá levar à perplexidade. Audiências diferentes de vários níveis culturais aprovam freqüentemente os mesmos programas. Mas essa aprovação referir-se-á aos mesmos *aspectos* da produção?

Por exemplo, no setor dos programas esportivos, a luta livre desagrada a alguns e agrada a muitos. Mas será sempre a mesma luta livre? Para uns ela é uma manifestação esportiva, para outros, um número de circo, um espetáculo sádico ou uma explosão de violência, podendo ser ainda uma composição dramática ou um grande espetáculo; ainda vêem nela a vitória do bom sobre o mau, de São Jorge sobre o Dragão ou, como diz Roland Barthes, "o gesto puro que separa o bem do mal e apresenta a idéia de uma justiça que finalmente consegue ser compreendida". Que será, então, a luta livre televisionada? É evidente que seu efeito moral dependerá sobretudo do que significar como representação. Adorno tem razão quando introduz, no estudo do conteúdo da televisão, uma distinção entre a mensagem transmitida e a mensagem recebida, entre o que é explícito e implícito pelo público (15).

Do que expusemos decorre ainda um outro problema: qual o *grau de integração,* na cultura dos diferentes meios sociais, dos vários aspectos da mensagem televisionada? Alguns autores conferem grande importância à ação exercida pela televisão, outros a minimizam. No estado atual das pesquisas, não somente na França, como no mundo, não se conhece ainda o grau de influência geral da ação exercida pela televisão. Não se conseguiu até agora determinar os requisitos necessários para o estabelecimento dos critérios de análise e das técnicas de avaliação que possibilitarão *medir* a relativa importância do conteúdo integrado da televisão com relação ao conjunto dos traços culturais de determinado meio social. Tomemos um exemplo particularmente controvertido. A televisão, devido à lógica interna de seu sistema audiovisual adaptado ao lazer, tende a transformar os problemas em situações concretas, as siutações concretas em casos vividos, e estes relacionados com personagens que facilmente se transformam em *"vedettes", vedettes* do cinema televisionado, dos programas de jogos e de entrevistas políticas. Porém, a qual influência dessas *vedettes* da televisão sobre a vida cotidiana, com relação às personagens que têm seu próprio e independente prestígio e cuja ação se desenvolve no seio da família, na vizinhança, na empresa, na cidade ou no país? Será que a variedade dos tipos de influência de umas sobre outras não apresenta problemas mais importantes do que o do fenômeno geral da "vedetização"? (14)

Alguns observadores norte-americanos acusaram a televisão de ser um empreendimento de "não-realização" da vida cotidiana. A TV separaria o indivíduo do universo real, recorrendo a "um mundo de sombras e fantasmas" (16). Dever-se-ia talvez analisar os vários aspectos da televisão e examinar como o problema se apresenta em cada um desses aspectos: um espetáculo de variedades não é o mesmo que uma reportagem sobre um acontecimento. G. Friedmann salienta, com muita propriedade, que o problema da ausência e da presença se coloca em termos complexos (17) quando estudado, não somente com relação à integração do indivíduo na vida imediata, como também do ponto de vista de sua participação no conjunto da vida social e cultural. Para a maioria dos telespectadores que não tem possibilidade de estar presente em cruzeiros nas Ilhas Havaí, nos encontros importantes dos chefes de Estado ou nos laboratórios científicos, a televisão se apresenta como um meio sem precedentes de viver no mundo. Um camponês do Departamento de Aisne afirmou: "A televisão é o mundo sob meu teto". Assim ela será também um meio de fazer com que a civilização seja mais visível, mais concreta e mais real aos olhos de todos os indivíduos. Assim, as análises de conteúdo e de sondagem de opinião terão evidentemente um interesse limitado, enquanto as Ciências Sociais não conseguirem determinar o grau e a qualidade da influência dos vários aspectos da televisão na vivência cultural.

Finalmente, vimos que o traço dominante das reações da audiência francesa aos programas de televisão não é a mediocridade mas antes uma ambigüidade de gosto. Especialistas em ciência e em arte já verificaram que o bom e... também o menos bom são freqüentemente aprovados em igualdade de condições. Sabemos que uma sociedade democrática moderna esforça-se desde a escola por lutar contra a desigualdade perante a cultura e dentro desses princípios ela se preocupa em estimular o desenvolvimento de todos através de uma livre participação na vida social e cultural. Tendo a televisão o poder de facilitar tanto a função de evasão quanto a de participação na vida real, através do lazer, o problema mais importante com o qual deparam os programas de televisão será o de procurar favorecer nos telespectadores a formação daquilo que Adorno denomina de "reações adultas". A divisa de uma televisão preocupada em provocar no público atitudes ativas com relação a seus lazeres e obrigações deveria ser: divertir sem embrutecer, informar sem entediar.

Porém, como alcançar esse objetivo? Até agora, criadores e pesquisadores poucas vezes conseguiram trabalhar em conjunto visando a melhor atingir essa divisa. Os criadores (produtores e realizadores) confiaram unicamente na sua própria intuição, cujas fontes provinham da opinião de seus colegas e das reações de seus próprios meios sociais, no caso, meios parisienses e cultos. O artista, no entanto, encontra-se em face de uma nova responsabilidade, difícil de ser assumida. O artista tem que construir uma obra pessoal, de qualidade, não obstante não gozar da liberdade de impor sua própria concepção como o faz um pintor que procura expressar sua verdade numa tela. O vídeo não é uma tela, o vídeo instala-se no interior de um lar e é visto por milhões de famílias de todos os meios sociais. O público não vai ao encontro da obra, é esta que procura o público e a ele se impõe. A responsabilidade de um produtor de Televisão não tem qualquer semelhança com a de um pintor. Inúmeros criadores de televisão produzem programas de alta qualidade, mas à margem da aprovação ou desaprovação; quais os efeitos de tais programas sobre a cultura das pessoas que os assistem na televisão? Que conhecimento poderá ter um criador parisiense, por mais genial que seja, dos problemas relacionados com a elevação dos níveis de participação social e cultural dos meios operários e rurais? Para chegar a esse conhecimento, torna-se indispensável a realização de um estudo científico das necessidades a serem satisfeitas e dos resultados positivos ou negativos obtidos pelos programas destinados a satisfazê-las.

Se nos colocarmos numa posição inversa, veremos que os estudos sobre as audiências de televisão são feitos em geral sem estabelecer ligações precisas com os problemas particulares dos criadores e estes por sua vez tomam pouco conhecimento das sondagens dos serviços de relações com as audiências. Quando as conhecem, declaram simplesmente que esses resultados não são de muita utilidade para a resolução dos problemas que lhes são próprios, ligados à ação cultural. Essas pesquisas no entanto já têm elementos para oferecer informações sobre a intensidade de aprovação ou de reprovação do público, mas não abordam os problemas de importância salientados por nós, linhas atrás. As pesquisas são processadas com o objetivo de informar uma administração, cujas exigências sociais e culturais ocupam um lugar menos importante do que outras preocupações de caráter essencialmente político e comercial, conforme a organização dos serviços de televisão em cada país. Os administradores de TV freqüentemente são mais atingidos por vinte cartas de protesto moral ou político, enviadas contra um programa, do que por um estudo realizado de acordo com métodos rigorosos sobre as condições de elevação dos níveis culturais do lazer nos vários meios sociais que compõem determinada sociedade. Algumas sondagens de opinião interessam-se somente pela variação de recepção, segundo os meios urbanos e rurais, de operários e de quadros de empregados, e assim por diante. Como construir uma cultura popular, com características ao mesmo tempo comuns e diferenciadas, recorrendo somente a esses dados? Se nem mesmo estabelecem essas diferenças, como interessar-se-iam pelas diferenças de gosto em cada meio social? As pesquisas estão mais preocupadas em estabelecer opiniões majoritárias, valorizar atitudes conformistas em detrimento de atitudes inovadoras. Ora, na maior parte das vezes, para poder orientar essa criação, seria mais indicado medir a parte da audiência que se interessa, em todos os meios, pelos aspectos mais difíceis do programa, colher apreciações, explorar os motivos e estudar as resistências oferecidas pelas outras camadas de opinião, mais numerosas e conformistas.

Porém, o defeito mais grave dessas sondagens, que se limitam ao estudo da opinião majoritária e conformista, é contribuírem para a cristalização de uma representação média e medíocre da audiência que, graças à publicidade, poderá transformar-se num modelo, ao qual outros se crêem obrigados a se submeter. Torna-se um ideal o "homem-qualquer", modelado ou influenciado por uma cultura mais ou menos insensível à conquista da beleza e da verdade. A mediocridade é assim elevada ao nível de um valor. Esse tipo de pesquisa superficial e estático acaba por frear qualquer esforço cultural, por menos original que seja, por impor modelos conformistas e conservadores. Certamente, a Sociologia não tem esse objetivo, mas, na situação em que salientamos, poderá levar a essa situação. Pelo menos essa é a opinião dos principais sociólogos da *"mass culture"* e da *"mass leisure"*, nos Estados Unidos, onde há mais de 50 000 000 receptores de TV que recebem programas medíocres, preocupados unicamente com a função de divertir. Adorno, Whyte e Riesman muitas vezes expressaram essas idéias.

Concluindo, diríamos que os programas de televisão deveriam orientar-se pela procura do equilíbrio *optimum* entre as funções desempenhadas pelo lazer. Fazendo-se tentativas para elevar o nível cultural dos lazeres é que se poderá chegar a conhecer os poderes e os limites da televisão.

O LAZER E O LIVRO

**A leitura e os meios de
comunicação de massa**

Trataremos da leitura situando-a como uma atividade de lazer. Insistiremos sobre a leitura desinteressada de obras de cultura geral, de caráter literário. Graças aos atrativos da ficção, podem elas, enquanto distraem, aumentar os conhecimentos e melhorar o gosto de um enorme público. Os progressos alcançados na difusão dessas obras em todos os meios sociais das cidades e do interior podem ser considerados como um importante aspecto da elevação do nível cultural dos lazeres [1].

---

(1) Atualmente, na França, é difícil dar uma resposta científica a essas questões. Não existe nenhuma organização destinada à pesquisa da leitura. O estudo dos novos fenômenos culturais como o cinema, o

Em 1955, Wladimir Porché, ex-diretor da Radiodiffusion Française, faz a seguinte declaração por ocasião das Rencontres Internationales de Genève: "Seria inútil deixar de reconhecer que o livro não é mais para as grandes massas o instrumento fundamental de cultura". Será que o desenvolvimento dos meios de informação das massas, como o rádio, a imprensa, o cinema e a televisão, exercerá um efeito corrosivo sobre a influência do livro? Esta é uma questão difícil de resolver. De início, é impossível isolar esses grandes meios modernos de difusão do conjunto da civilização na qual se acham integrados. Já citamos resultados de enquetes: a leitura do jornal ocupa, em média, meia a uma hora por dia; o francês freqüenta o cinema em média oito vezes por ano; o aparelho de rádio ou o receptor de televisão ficam ligados em cada casa francesa de duas a três horas por dia, em média. Disso resulta que talvez o tempo reservado à leitura tenha diminuído. Como já salientamos, porém, as enquetes sobre a televisão, realizadas nos Estados Unidos, assinalaram que essa diminuição só atinge cerca da metade das pessoas que lêem, sendo o tempo tomado por esses outros elementos retirado sobretudo das ocupações sem objetivo definido e das conversas desinteressantes. Além disso, o tempo do qual se apossa um novo meio audiovisual sobrepõe-se muitas vezes àquele destinado a um outro meio de

rádio, a televisão e a imprensa, contribuiu para a criação de organismos que têm como programa pesquisá-los. O mesmo se dá com os fenômenos culturais em vias de desaparecimento, como os folclores tradicionais ou as culturas arcaicas. O estudo, porém, de um fenômeno ao mesmo tempo quase recém-nascido e quase-moribundo como a cultura pelo livro, ainda não mereceu essa deferência, pelo menos na França. No entanto, na Faculdade de Bordeaux, Robert Escarpit, Professor de Literatura, adotou uma atitude sociológica ao tentar renovar a história e a crítica literárias. No Centre d'Études Sociologiques de Paris, A. Memmi dedica-se a estabelecer uma sociologia da literatura dentro da perspectiva de uma sociologia do conhecimento. A partir de 1954, juntamente com nossos colaboradores, tentamos abordar o estudo da literatura enquadrado numa sociologia do lazer e o estudo da difusão do livro recorrendo às pesquisas documentárias do Centre d'Études Économiques. Há dois ou três anos, alguns organizadores de edições e de distribuição de livros, preocupados em aumentar sua eficiência, procuram encontrar meios mais precisos para tomar conhecimento das mudanças ocorridas no mercado de livros e também para ter possibilidades de prever as necessidades do leitor. Depois de apresentar essa evolução, procuraremos ressaltar a problemática duma sociologia da leitura, dentro da perspectiva de uma pesquisa ativa que será uma pesquisa voltada para a ação e sobre a ação cultural.

comunicação (por exemplo, o tempo de assistir à televisão rocu o tempo de ouvir rádio).

Vejamos, porém, por volta de 1890 — antes da expansão do cinema, do rádio, da imprensa ou da televisão — quantas pessoas liam livros. Seria impossível afirmar ser seu número maior que o de hoje. Veremos que a publicidade feita através da imprensa, rádio, cinema e televisão tem o poder de contrariar ou favorecer a difusão dos livros. Sabemos também que, graças aos meios de informação, algumas obras puderam ultrapassar o estreito círculo culto, interessado na atividade literária. Por outro lado, esses mesmos meios modernos de difusão são também componentes de uma civilização que possui outros elementos que sem dúvida favoreceram o gosto pelos livros. Como situações elucidativas citamos: a elevação do nível de instrução escolar mostrou ser um dos fatores mais eficientes para o desenvolvimento de hábitos de leitura [2]; a elevação do nível de vida permitiu um aumento das despesas destinadas à compra de equipamentos de lazer em geral; o livro é menos caro do que em 1910; e, finalmente, o aumento de pelo menos trinta por cento do tempo livre a partir da época em que apareceu a grande imprensa permitiu o aumento das atividades de lazer, inclusive a leitura de livros. Ao se fazer uma análise das mudanças ocorridas na difusão do livro, nestes últimos cinqüenta anos, ter-se-á, pois, de ser prudente e será preciso estudar a situação sob todos os seus aspectos e na sua real evolução.

Pessoas preocupadas em denegrir nossa época, evocam com nostalgia a situação da leitura no século XIX. Mas, nesse século, quantos indivíduos liam livros e a que meio social pertenciam? Por volta de 1850, qual o lazer usufruído pelos meios sociais mais numerosos da França, composto pelos operários e habitantes do campo? Oferecem-nos informações preciosas trabalhos como os estudos gerais de A. Varagnac (2) sobre a cultura tradicional, os de Paul Delarue (3) sobre os contos populares e sobretudo os de C. Nisard (4) sobre os livros populares e a literatura dos vendedores ambu-

---

(2) Hoje, segundo o Bureau Universitaire de Statistiques, 75% dos alunos do ensino primário das cidades continuam seus estudos contra somente 15% que o faziam há cinqüenta anos.

lantes. Atualmente devido ao desenvolvimento dos meios de transporte e comunicação, foi eliminada a figura do vendedor ambulante; nas cidades e nos campos, os livros difundem-se muito mais do que outrora graças à instalação de um número maior de livrarias e bibliotecas permanentes e circulantes. São melhor conhecidos graças à imprensa, ao rádio e à televisão. Por outro lado, essa literatura dos vendedores ambulantes compunha-se essencialmente de almanaques que apresentavam rudimentos sobre ciência e medicina, envoltos numa trama muito ingênua. O *Almanach Vermot* e alguns almanaques regionais, guardadas as devidas proporções, conservam ainda alguns resquícios desse tempo. A seu lado figuram romances assinados por Florian ou Bernardin de Saint-Pierre, a condensação de clássicos literários ilustrados e também livros de citações e de anedotas, narrações ingênuas de aventuras e viagens, livros de astrologia e magia, coletâneas de conselhos morais e sentimentais, aos quais já nos referimos no início deste livro. Citamos as opiniões convergentes de Nisard e dos redatores do jornal operário *L'Atelier,* sobre a qualidade dos romances e das coletâneas populares, lidos nessa época.

Apesar do nível das pesquisas feitas por um historiador como G. Duveau, é de admirar o modo utilizado por ele para estudar o problema da leitura no meio operário do século XIX (5). É verdade que no ambiente de 1848 surgiram formidáveis autodidatas como Perdiguier, Martin Nadaud e Gillard. Mas quantos deles existiam? Não se pode tomar como prova de cultura do meio operário a relação de autores indicados aos operários por Perdiguier, como Lamennais, Lamartine, Victor Hugo, Alfred de Vigny e outros. Na realidade, que liam os operários? O próprio Perdiguier em 1863 chegou a dizer que: "Gascon, o amigo seguro, um de meus alunos mais esforçados que aponto a todos os trabalhadores como modelo, escreveu-me de Lyon que, desde sua partida de Paris, não encontrou um único operário que gostasse verdadeiramente da leitura e particularmente da leitura séria, instrutiva e útil"(6). Tolain, quase na mesma época, afirmava: "Pode-se repisar sobre a difusão das luzes e do progresso entre o povo; quem nisso acreditar será ingênuo! Nenhum valor tem a citação de uma, duas ou dez exceções, tenho conhecimento delas e a exceção confirma a regra. A verdade é esta: a multidão é ignorante" (7). Para finalizar, lembramos que um pouco antes de 1870 havia 30% de analfabetos entre os convocados para o serviço militar.

A produção de livros

As estatísticas baseadas nos registros legais permitem-nos conhecer o número de títulos mas não o número de exemplares de livros publicados. Podemos recorrer a esses dados a partir de 1887. De início, um fato impressiona: não houve qualquer variação positiva ou negativa no número de títulos nos períodos que sucederam ao aparecimento e desenvolvimento da imprensa, cinema, rádio e televisão. Parece que tais acontecimentos, ainda que momentaneamente, não conseguiram moderar a produção de obras. As únicas regressões coincidem com os períodos correspondentes às duas grandes guerras [3].

Qual a situação da produção francesa com relação à de outros países? Caso consideremos o número dos títulos publicados em cada país, podemos estabelecer o seguinte quadro referente ao ano de 1952 (8): A França coloca-se em sétimo lugar, depois da União Soviética, 37 500 ; Reino Unido (Inglaterra), 18 745; Índia, 17 400; Japão, 17 306; Alemanha Ocidental, 13 913; Estados Unidos, 11 840. Torna-se difícil estabelecer qualquer comparação internacional por ser bastante di-

(3) Excetuando-se esses dois momentos, nos quais o número de títulos de obras caiu para perto de 4 000, ele conservou-se constante entre 10 000 e 12 000, apresentando uma subida em 1936, quando atingiu 16 000. Em 1958, era um pouco superior a 11 000. Mas como conseguir saber o número de exemplares correspondentes a esses títulos? Teremos de nos contentar com cálculos estimativos. R.-E. Barker (8), no seu estudo sobre o livro no mundo, calculou uma média de tiragem para cada um dos vários gêneros como romance, novelas, obras escolares, etc. Baseando-se nesses cálculos, estabeleceu em cerca de 100 milhões o número de exemplares publicados no ano de 1952. Os meios competentes franceses, relacionados com edições, contestam esse número e ainda o método usado no seu cálculo. Pierre Monnet (9) prefere basear seus cálculos no peso do papel consumido para editar livros. Em 1957, o peso desse papel era um pouco superior a 45 000 toneladas. Como para cada quilo corresponde uma produção média de quatro volumes, conclui-se que na frança foram produzidos 160 000 000 de exemplares de obras. Parece que esse dado é muito superior à produção do começo do século, ainda que não possamos recorrer a quaisquer dados estatísticos para verificar o progresso assinalado na tiragem desses livros.

ferente, em cada país, aquilo que se considera como "produção". Por exemplo, a Índia apresenta números altos devido a uma definição muito larga de "livro", enquanto a Itália, ao contrário, é vítima de uma definição muito estrita. Os dados referentes à União Soviética e ao Reino Unido, resultantes de uma definição mais larga do que a francesa, deveriam ser um pouco mais baixos e os dados do Japão, colocados em nível inferior. Observa-se nessa relação que a França se coloca entre os "grandes produtores" de livros.

Caso seja estudada a produção, relacionando-se o número de títulos com o número de habitantes por milhão, obter-se-á uma classificação bastante diversa. Colocam-se nos primeiros lugares os países europeus, pequenos mas prósperos economicamente, de população instruída e culta. Em 1952, os Países Baixos publicaram 673 títulos por milhão de habitantes, a Suíça, 649, a Áustria, 558, a Bélgica, 512 e a França, somente 242.

O conteúdo da produção pode variar segundo o país [4]. A categoria mais rica constitui-se de obras de literatura, incluindo romances e novelas. Em 1952, essa categoria compreendia 31% dos títulos publicados na França, 36% dos que surgiram nos Estados Unidos,

(4) Como se distribuem os títulos dos livros? Desde 1938, apresenta-se sempre constante a proporção das obras de ciências técnicas. Quanto à produção por matéria notam-se algumas modificações, como, por exemplo, um aumento das obras de ciências puras e de ciências aplicadas e uma leve diminuição na de ciências sociais. Em 1958, além de 1 330 traduções assinalam-se 10 212 títulos de obras escritas em língua francesa. A Literatura apresenta-se em primeiro lugar com 3 247 títulos. Nessa rubrica figuram porém, além de obras de Lingüística, obras de literatura culta (Malraux ou Sagan) e outras de menor valor (*Chaste et Frêtrie*, etc.), Em seguida, colocam-se História e Geografia com 1 340 títulos, Ciências econômicas, sociais, políticas e jurídicas com 1 094 títulos, as técnicas, jogos e esportes com 1 086 títulos, Ciências médicas com 1 019 títulos, Ciências matemáticas, físicas e naturais com 786 títulos, Ciências religiosas com 741 títulos e Filosofia e ensino com 437 títulos. Como já dissemos atrás, também aqui, só o número de exemplares poderia nos oferecer o valor relativo dessa produção. Conseguimos esclarecer esse ponto recorrendo a uma via indireta, isto é, ao estudo de um inquérito profissional sobre as atividades dos editores. Por meio de um questionário endereçado a 769 casas editoriais, obteve-se 447 respostas dadas por casas que apresentam uma atividade regular ou quase regular. Em 1957, elevou-se a cerca de quarenta e quatro bilhões, o volume de negócios, contribuindo para esse total dezenove firmas. Somente cinco firmas — sem dúvida as mais importantes — conseguiram contribuir com um número correspondente a 30% do total. O volume dos negócios assim se distribui entre os principais assuntos: literatura, 32%; livros destinados à juventude, 12,5%; clássicos (manuais e obras escolares), 22,5%; obras religiosas, 5,5%; técnicas, ciências puras e aplicadas, medicina, direito, 22%; arte e bibliofilia, 5,5%.

33% dos referentes ao Reino Unido. Na União Soviética, ao contrário, a categoria mais importante refere-se a problemas políticos, sociais e econômicos que em 1952 representava 39% da produção. Uma outra relação de grande interesse para o estudo é a existente entre a edição e a imprensa que na primeira metade do século XX apresentou um desenvolvimento espetacular. Robert Escarpit observa a esse respeito que as leituras oferecidas pelo jornal ao leitor francês são, em volume, dez vezes mais importantes do que as do livro. Essa proporção é válida para a maioria dos países da Europa Ocidental. Nos Estados Unidos, o lugar ocupado pelo jornal ou pela revista é muito mais elevado, sendo a proporção de duzentos por um. Na União Soviética, devido a uma política livreira com a qual é possível não se estar de acordo, mas cujos resultados são eficientes, essa proporção é muito mais fraca — da ordem de quatro por um.

Uma indagação a ser feita: as obras de cultura geral, levando-se em consideração seu conteúdo, estarão adaptadas às necessidades do grande público que a escola primária há três quartos de século vem formando? Outra pergunta: Será que, neste momento, a produção esta decididamente se orientando na linha de ganhar um público cada vez maior, interessado na literatura? A coleção inglesa *Penguin* deu o primeiro exemplo, editando um gênero de livros de qualidade, preço baixo, e apreciado pelo grande público. Essa brochura barata surgiu depois nos Estados Unidos, tendo obtido um sucesso considerável, e seguindo esse exemplo apareceu na França, em 1953, o *Livre de Poche*. Esta coleção compreende já cerca de quatrocentos títulos e ultrapassa o gênero "romance", incluindo assuntos como a série histórica, série exploração, série clássica, série enciclopédica. Nenhuma dessas novas séries, porém, conseguiu aproximar-se, nem de longe, da tiragem de um *best seller* norte-americano, como por exemplo o livro de R. Benedict, *Patterns of Culture*[5], excelente clássico de Antropologia que, de 1946 a 1957, teve catorze edições. Porém, são já significativos os números franceses sobretudo no que se refere ao romance. Na coleção *Livre*

---

(5) Este livro foi traduzido, na França, sob o título *Echantillons de civilisation*, na Coleção "Essais" (Paris, Gallimard, 1950).

de Poche são vendidos, mensalmente, setecentos mil exemplares, isto é, quase 5% da produção total de obras. Em 1º de janeiro de 1959, o total de exemplares editados atingia vinte e quatro milhões. Freqüentemente o total dessas reedições ultrapassa bastante a edição original uma vez que atinge um público mais amplo do que o erudito. Seria interessante fazer enquetes para verificar em que medida se processa essa difusão. Em 1958, foi lançada uma nova coleção denominada *J'ai lu*, do mesmo gênero que o *Livre de Poche*, sob a responsabilidade das *Éditions Ditis*, que atualmente conta com perto de setenta títulos. As *Éditions Ditis* preocupam-se em oferecer essas obras a preços muito baixos (o mesmo preço do *Livre de Poche*) e de colocá-las nos melhores pontos de venda, como livrarias, grandes lojas, mercados, etc.

Não trataremos em especial do livro destinado à juventude, mas desejamos salientar que, a partir de 1945, verifica-se um progresso espetacular nesse setor. Tendo que enfrentar as fotonovelas e as histórias em quadrinhos, esse gênero de obras difunde atualmente os mais variados conhecimentos e por vezes alguns difíceis, apresentando um grande número de ilustrações de boa qualidade, que facilitam a compreensão do texto. Em 1957, esses livros correspondiam já a quase 12% do volume de negócios das *Éditions Ditis*. Recorrendo a sondagens feitas *in loco*, podemos afirmar ser esse gênero de livro lido não só pelos jovens mas por todos os membros da família, sobretudo nos meios não familiarizados com obras literárias. É possível que os editores tenham encontrado uma fórmula que poderia ter uma grande influência não só por levar os filhos do século da imagem a lerem mais e melhor, mas também por favorecer a difusão de livros de qualidade entre adultos que não pertencem ao círculo de pessoas cultas. Essa nova via talvez possa constituir também uma nova possibilidade de enriquecimento para a cultura popular. Seria de primordial interesse a execução de pesquisas de sociologia cultural, orientadas nesse sentido.

Apesar dos progressos na apresentação e adaptação das obras ao gosto do público moderno, perdura no entanto um problema: caso comparemos o conteúdo das obras literárias escritas anualmente com os temas de conversa corriqueira ou com os jornais locais lidos pelo grande público, surge-nos a dúvida de se existem muitas obras atuais que correspondem às necessidades culturais desse grande número de novos leitores masculinos e femininos, pertencentes aos meios populares, cujos avós eram analfabetos.

Para quem a maioria dos escritores escreve? A situação pouco variou desde o século XVIII — os escritores escrevem para um público erudito. No decorrer do século XIX, aos poucos, o analfabetismo foi extirpado, na França. A totalidade do povo francês aprendeu a ler e escrever. As Constituições posteriores a essa época sempre apresentam o problema da igualdade de todos diante da cultura e firmou-se um movimento de cultura popular. Os escritores contemporâneos, no seu conjunto, não parecem ter tomado conhecimento dessa nova situação. Quais dentre eles apresentam atividades e idéias que lhes possibilitariam procurar, suscitar e expressar as necessidades culturais dos indivíduos dos meios populares com personalidade ativa? Esses indivíduos, apesar de terem adquirido uma cultura de base, continuam desinteressados pela literatura. Como disse R. Escarpit (10), no seu estilo pitoresco de escrever: "Assim como os enormes répteis microcéfalos da era secundária, a cidade de milhões de homens possui uma literatura que serviria a uma aldeia".

A difusão de livros

a) *Livrarias*

Às modificações ocorridas na produção correspondem mudanças de não menor importância na distribuição de livros. Como se apresenta atualmente na França a rede comercial de distribuição do livro? Nas cidades importantes encontramos algumas grandes livrarias com estoque de interesse geral que de certo modo poderiam ser consideradas como "grandes lojas" do livro. Em 1945, havia cerca de duzentos estabelecimentos desse tipo. No período de dez anos, esse número não mudou. Em seguida, há as livrarias de todas as categorias que recebem livros em consignação para a formação do estoque geral. Nas grandes cidades algumas delas apresentam tendência a se especializarem em assuntos: livros de poesia, livros de história, etc. Somente as enquetes de história local poderiam oferecer informações que nos levassem a conhecer a extensão e o processo dessa especialização.

Uma outra tendência mostrou-se porém muito mais importante: a tendência à descentralização dos pontos de venda do livro. Proliferaram assim inúmeras livrarias pequenas, instaladas em bairros da cidade ou em pequenas cidades, onde nunca existira uma única livraria. Juntamente com o desenvolvimento das coleções populares, multiplicaram-se as lojinhas onde se vende livro, localizadas nas estações de estrada de ferro, em quiosques, charutarias, lojas de todos os tipos que possuem uma secção de livraria, papelaria, casas que vendem partituras, mercados, etc., (às vezes causa espanto ver o último prêmio Goncourt ao lado de um fuzil de caça submarina, à venda num armazém de uma cidadezinha do litoral, incluída na rota do turismo). Em 1956, possuíam registro e estavam ligadas aos editores para receberem livros de todos os gêneros 6 273 livrarias e, na mesma data, o I.N.S.E.E. arrolou 7 259 empresas registradas como de "comércio do livro". Atualmente, porém, é muito superior o número de pontos de venda de livro. Em 1956, Monnet calculou que esse número deveria aproximar-se de dezessete mil. A esse respeito teríamos também necessidade de enquetes para seguir o ritmo de uma rápida evolução, ligada à dos lazeres na cidade e no campo, que levasse em consideração o período de trabalho e o período de férias. Baseando-nos em nossas observações sistemáticas realizadas numa cidade como a cidade *A* e comparando-as aos resultados do recenseamento realizado pelo I.N.S.E.E. e, ainda, enriquecidas por observações de ordem pessoal feitas em inúmeros lugares onde estivemos, podemos calcular em cerca de 30 000 os pontos de venda de livro.

As mudanças se processaram não só no número mas também no estilo das livrarias. Até pouco tempo, as livrarias trabalhavam num estilo antiquado, mais interessado em atender o cliente do que a pessoa que procura livros. As livrarias estão fora do movimento de renovação comercial. Há alguns anos, livreiros mais jovens iniciaram um movimento visando a aumentar a produtividade da venda do livro. O comércio atual estuda o mercado real e potencial, faz previsões, melhora suas relações com o público, organiza campanhas de publicidade. As livrarias não devem se colocar à margem dessas conquistas renovadoras. A distribuição eficiente do livro precisa tornar-se uma conquista permamente a fim de que as forças hostis à leitura, recorrendo a poderosos meios de publicidade, não acabem por vencê-la. Editores e livreiros devem recorrer a certos meios de informação das massas, utilizadas pelos produtores e distribuidores de filmes. O Centre de Productivité de la Librairie, criado em 1956, já inclui entre as suas preocupações essas adiante citadas e contratou um especialista em estudos do mercado. No fim de 1958, jornalistas criaram uma nova publicação intitulada *Bulletin du Livre*, com o propósito de instalar o indispensável diálogo entre o editor e o livreiro e de difundir idéias novas ligadas à profissão. Pensa-se em organizar estágios destinados à formação de livreiros e assim parece estar surgindo um novo ambiente. Já há condições para serem executadas pesquisas sociológicas sobre as condições de crescimento da venda do livro de qualidade e sobre as camadas da população ainda não atingidas pelo movimento. A ação conjunta de todas essas novas correntes, apoiada por uma conjuntura favorável, proporcionou no período compreendido entre 1950 e 1957 um sensível aumento na venda do livro. Assim, ao índice 100 de despesas com a cultura e o lazer, assinalado em 1950, corresponde, em 1957, um índice 142. "As despesas com a leitura aumentaram num ritmo aproximado ao índice geral dessa categoria, ou seja, em média 6%, com uma progressão mais nítida quanto aos livros do que quanto aos jornais" (1), sendo esse movimento paralelo ao do aumento no número de receptores de televisão.

b) *Bibliotecas*

Caso façamos um estudo da atual situação das bibliotecas na França, veremos que existe um movimento de descentralização de locais, análogo ao observado com relação às livrarias. Modernizam-se as bibliotecas municipais, a elas são anexados departamentos circulantes e, nas cidades de vida mais intensa, as bibliotecas centrais são reforçadas com a instalação de outras, anexas a elas. Calcula-se existirem quinhentas bibliotecas municipais, subordinadas à Direction des Bibliothèques [6].

Há ainda um outro fato especial muito importante: a criação, ao lado das bibliotecas municipais, de uma rede paralela de pequenas bibliotecas que se desenvolveram devido ao impulso havido na organização de lazeres recreativos e culturais. Por volta de 1900, numa cidade como a cidade A havia trinta associações (nesse tempo a cidade era três vezes menor do que hoje). Em 1957, nessa mesma cidade há cerca de duzentas associações em funcionamento. Como já salientamos, o desenvolvimento desse tipo de associação expressa a intensidade de uma nova forma de vida local: acentua o relacionamento direto entre os meios sociais, os grupos e os indivíduos e constitui ainda um movimento

(6) Na rede de bibliotecas da França desempenham um papel muito importante as bibliotecas públicas e por isso seria interessante lembrar sua evolução. Na época da Revolução, uma enorme massa de livros, provinda das instituições e dos gabinetes de leitura, e aos quais só tinham acesso os privilegiados do Antigo Regime, foi posta à disposição do país e os acervos distribuídos a um número incalculável de pequenas bibliotecas, incapazes de explorá-los. Durante o século XIX somente os problemas ligados à conservação preocuparam os bibliotecários. Muitos deles eram pessoas eruditas, muito bem recebidas nos meios intelectuais e que iriam desinteressar-se das necessidades do povo. Por volta do fim do Segundo Império e início da III República, surge um grande movimento de opinião em favor da leitura pública, acompanhado pela criação de bibliotecas escolares e de bibliotecas populares. Esse movimento não conseguiu alcançar seu pleno desenvolvimento devido a múltiplas razões: dispersão dos esforços ligados à organização, inadaptação entre o conteúdo e as necessidades de um público novo, debilidade das correntes favoráveis à cultura popular. No início do século vinte, a situação geral era bastante sombria (12).

Após a Primeira Guerra Mundial, se fez sentir felizmente a influência norte-americana: primeira experiência com uma biblioteca circulante no Departamento de Aisne, modificações em algumas bibliotecas municipais de Paris, em especial a da Rua Boutebrie (1924) que graças a seus dirigentes tornou-se o modelo das *"Heures Joyeuses"* infantis. Durante o período entre as duas grandes guerras, modernizaram-se inúmeras bibliotecas municipais.

Por ocasião da Libertação, depois das inúmeras provações sofridas, manifestou-se vivamente uma necessidade de renovação e nota-se uma decisiva evolução. Nesse tempo, foi criada a Direction des Bibliothèques de France que deverá desempenhar um papel muito importante. É incentivada a criação das bibliotecas municipais que passam a se subordinar a ela. Organizam-se bibliotecas centrais circulantes em cerca de vinte Departamentos e em inúmeras regiões são apoiadas as iniciativas departamentais. Ainda, a Direction preocupa-se em assegurar aos bibliotecários uma formação qualificada, acompanhada pela instituição de novos diplomas: diploma superior de bibliotecário, certificado de aptidão às funções de bibliotecário; nota-se também um trabalho importante de pesquisa no plano técnico.

complementar e mesmo compensatório do grande desenvolvimento dos meios subordinados à telecomunicação (imprensa, filmes, rádio, televisão), que se apresentam sempre acompanhados da tendência em isolar os lares e os indivíduos. Cingidas a esse movimento, multiplicaram-se as pequenas bibliotecas, cuja constituição é muito diversa da das bibliotecas municipais; ademais, é bem maior e mais ampla sua penetração nas várias camadas da população. Uma sondagem realizada no vigésimo distrito da citada cidade, organizada em torno dos chefes de família, mostrou que cerca de cem pessoas entre quinhentas emprestam livros de uma biblioteca circulante, enquanto somente 20% recorrem à biblioteca municipal, apesar de esta ser dirigida por um bibliotecário jovem e dinâmico; 80% freqüentam outras bibliotecas. Nessa cidade industrial, cuja população compõe-se de 35% de operários, colocam-se em primeiro lugar as bibliotecas das empresas (também 20%), seguem-se as bibliotecas das associações confessionais, depois as bibliotecas escolares e, por fim, várias bibliotecas como as das associações esportivas, bibliotecas ao ar livre, de cinema e de cultura popular.

Dificilmente poderíamos apresentar uma visão de conjunto completa e precisa sobre os esforços feitos em todo o país.

As bibliotecas escolares que, em 1947, atingiam o número de 45 800, não apresentam a mesma intensidade de movimento. O acervo dessas bibliotecas destinava-se, a princípio, não só aos estudantes mas também à população adulta da comunidade. Muitas delas empobreceram-se e em 1947 somente a metade dessas bibliotecas (23 500) funcionava no regime de atendimento ao público em geral. As bibliotecas circulantes contribuem atualmente para que ocorram benéficas modificações nas condições da ação exercida nos campos pelas bibliotecas escolares. Passando para outro setor — o do ensino secundário — a instalação de bibliotecas centrais nos liceus é sinal de uma tendência muito frutífera.

No setor particular, assinala-se particularmente a ação desenvolvida por duas grandes organizações: a Ligue Féminine d'Action Catholique Française e a Ligue Française de l'Enseignement. Nos anos de

1956-57, dependiam da Action Catholique Générale Féminine, 1 152 bibliotecas permanentes e 2 976 locais. No grupo das bibliotecas permanentes, 257 estavam instaladas em lojas e 202 em locais destinados a outros fins com montras dando para a rua, o que perfaz um total de 459 bibliotecas de contato direto com o homem da rua. Com efeito, as bibliotecas subordinadas à Action Catholique Générale Féminine são chamadas de "Bibliotecas para todos" e desejam ser bibliotecas abertas a todas as pessoas, sem distinção religiosa ou política. Por esse motivo, os dirigentes nacionais são a favor de locais neutros em lugar de locais confessionais. São valiosos os resultados obtidos uma vez que, nos anos de 1956-57, essas bibliotecas emprestaram cerca de seis milhões de obras.

O Centre Laïque de Lecture Publique, uma secção da Ligue de l'Enseignement, fundado em 1951, tem como objetivo favorecer a renovação e a criação de bibliotecas circulantes nos vários Departamentos da França e formar em cada um desses Departamentos elementos responsáveis. O Centro possui uma secção central de compras e facilitou a criação de bibliotecas em inúmeros lares comunitários, cujo número exato seria interessante saber. Sua atividade mais importante consistiu em implantar, em trinta departamentos, serviços de bibliotecas circulantes.

A instalação de bibliotecas nas empresas constitui o fato mais importante para o progresso da leitura, nos meios operários das cidades. Freqüentemente elas dispõem de enormes recursos e apresentam a grande vantagem de a distribuição dos livros situar-se no local habitual da vida do trabalhador, isto é, na empresa. Na cidade *A,* verificamos o importante papel desempenhado por elas: seria interessante conferir essa observação com outras feitas em diferentes localidades [7]. No plano nacional, é do conhecimento geral que a S.N.C.F. conta a seu favor com notáveis realizações nesse setor, tendo instalado uma *"Bibliofer".*

As empresas Charbonnages de France, Életricité de France e outras importantes, como a Renault, po-

(7) Há inúmeras enquetes a esse respeito, em preparo ou em vias de serem terminadas.

dem apresentar iniciativas do gênero da adiante citada. Caso estejam em funcionamento três mil comitês de empresa (entre dez mil organizados), será válido calcular que seja esse mesmo o número de bibliotecas de empresa em funcionamento. B. Levaillant, conselheiro de trabalho, reuniu alguns elementos de informação (1) sobre vários tipos de empresa — pequenas, médias e grandes — situadas em Paris e no Interior da França. Com base nesses dados, conclui ele: as bibliotecas de empresas atingem de 10 a 30% da população operária, o que constitui uma porcentagem alta, raramente apresentada por outros tipos de biblioteca. Uma empresa comunitária de Valence (Boimondau) conseguiu provar que, com a ação de estimulantes sociais e culturais e graças a uma biblioteca bem localizada e organizada e com seu acervo valorizado, apresentar-se-ia ainda mais alta essa porcentagem de participação operária. Com efeito, entre cento e setenta assalariados, cento e trinta e cinco são leitores reais, na sua maioria operários, com um aumento anual de vinte livros por pessoa. Seria muito útil um movimento de incentivo de outras experiências desse gênero e também iniciar-se um controle dos resultados obtidos a fim de se chegar a avaliar as possibilidades de integração da leitura nos lazeres populares. Esse é um aspecto importante da formação permanente dos trabalhadores e do incremento da cultura operária.

No meio rural, o acontecimento mais importante é a existência de bibliotecas centrais importantes, criadas pela *Direction des Bibliothèques*. Esse tipo de biblioteca localiza-se na capital do Departamento e funciona como um serviço do governo: uma delas, com ônibus-biblioteca, instala subcentros nas comunas com menos de quinze mil habitantes. A biblioteca é em geral instalada num local do governo, a maior parte das vezes em escolas, sendo responsável por ela um professor; outras são instaladas nas sedes das prefeituras. Vinte entre noventa departamentos metropolitanos possuem atualmente bibliotecas circulantes com subcentros em dez mil comunas. Cerca de vinte outras foram criadas sob a iniciativa de conselhos gerais e dos "Services Départementaux de Lecture Publique" que podem receber subvenções da Direction des Bibliothèques. Citamos ainda a existência de serviços ligados ao *Centre Laïque de Lecture Publique,* que dispõe de pessoal e meios mais reduzidos do que as bibliotecas centrais circulantes mas que, graças ao devotamento de seus responsáveis, conseguem fazer com que os livros circulem em cerca de trinta departamentos.

Os progressos no setor de equipamentos foram acompanhados por progressos nas técnicas de difusão do livro e na educação dos leitores. Desenvolveram-se novas tendências com o objetivo de adaptar a apresentação das bibliotecas e a vida dos grupos de leitores aos hábitos de um mundo condicionado pelos meios de comunicação das massas e também pelo da influência das associações locais. Bibliotecas de empresa anunciam a entrada de novos livros, através do alto-falante da fábrica. Alguns bibliotecários organizam exposições periódicas com fotografias e anúncios de livros, por ocasião do início das aulas, do Natal, do período de turismo de verão e assim por diante. Milhares de animadores culturais, utilizando novas técnicas especialmente desenvolvidas por Peuple et Culture, organizam sessões para leitura em voz alta de resumos e interpretações de obras, seguidas de discussão. Somente nos clubes e nas escolas da empresa Charbonnages de France, podemos assinalar quase três mil clubes de leitura, instalados entre 1955 e 1957. Alguns educadores adaptam para o teatro o conteúdo de romances e organizam representações dessas adaptações. Por exemplo, em Nohant, *Les Maîtres Sonneurs* de George Sand foi encenado por Nazet, um professor de arte dramática e representado perante milhares de espectadores. Podem ser citados outros exemplos: *Notre-Dame de Paris, Le Père Thibault, Maria Chapdelaine,* são romances que receberam o mesmo tratamento. Há estágios destinados especialmente a esse tipo de bibliotecários e animadores de educação popular e começam a aparecer os resultados desses esforços. Finalmente, assinalamos a recente criação na Association des Bibliothécaires Français de uma secção de bibliotecas — pequenas e médias — com função educativa.

c) *Os clubes*

Ultimamente, um outro meio de difusão vem se desenvolvendo fora dos circuitos das livrarias e bibliotecas — é o dos clubes do livro (15). Este tipo de organização surgiu na Alemanha, em 1918, mas foi nos Estados Unidos que mais se expandiu, assumindo as mais diversas formas. Na França, os clubes do livro surgiram por ocasião da Libertação e tomaram corpo nestes últimos anos. O Club Français du Livre, cujos serviços ocupavam em 1946 uma salinha, possui agora um imóvel próprio onde trabalham mais de cem empregados e conta com cerca de trezentos mil membros. Um tal sucesso não demorou por despertar o interesse de concorrentes e o número de aderentes a esse gênero de organização subiu a dezenas de milhares. Em 1956, o Club du Meilleur Livre e a Guilde du Livre apresentavam, cada um deles, setenta mil inscritos [8]. Os editores e livreiros profissionais retrucaram criando outros clubes, como o Club des Libraires de France, Livre-Club du Libraire, Club des Éditeurs e outros. Não temos conhecimento da extensão exata da venda de livros através dos clubes, mas na cidade *A*, se deixarmos de lado a compra de livros de atualidade literária, as obras adquiridas através dos clubes representam quase a terça parte da venda dos livros de literatura geral, na principal livraria da cidade. De acordo com as sondagens feitas no vigésimo distrito da cidade *A*, com o objetivo de conhecer o conteúdo das bibliotecas domésticas, são membros de um clube desse tipo quase 20% daqueles que compraram ou compram livros.

Na França, ainda não constituíram objeto de estudo científico as causas do sucesso dessa nova modalidade. No entanto, um artigo muito bem documentado, escrito por P. Riberette (14) sobre os clubes de livro, apresenta algumas indicações a respeito da atração que o público sente pela beleza desses livros-objeto, bem encadernados e bem ilustrados. "O interesse despertado pelo aparecimento do volume de clube atende ao gosto de um público culto que sempre gostou do livro

---

(8) O caso do clube do *Reader's digest* é um pouco especial, mas contaria com mais de trezentos mil membros...

219

encadernado e bem apresentado. Esse público, porém, nem sempre foi capaz de formar sua própria biblioteca preferida, devido às constantes desvalorizações do dinheiro, à sempre presente diminuição do poder aquisitivo desse mesmo dinheiro e ao alto preço das encadernações artesanais." Porém, tal explicação se aplica somente a uma parte do público. Os jovens, ao contrário, parecem preferir essa modalidade devido às suas ligações com as modernas técnicas de expressão. Em geral, os clubes de livros apresentam livros sobre arte moderna, novas técnicas de publicidade, regras de montagem cinematográfica e assuntos como esses que assim modificam o livro e emprestam a esse tradicional meio de conhecimento os novos atrativos da civilização da imagem. Uma outra vantagem do clube parece ser o sentimento de pertencer a uma associação. Ao escolher um clube, cada pessoa escolhe um gênero de literatura e de apresentação. Alguns clubes são mais clássicos, outros mais modernos. Na apresentação dos livros, uns são moderados, outros audaciosos e assim, ao entrar para um clube, cada pessoa se liga a uma equipe dirigente, cuja escolha lhe inspira confiança. O boletim expedido pelo clube desempenha o papel de uma crítica literária não submetida à atualidade e que faz seus julgamentos a uma certa distância. Cada membro do clube, submerso na massa de informações que o domina, proveniente de jornais, rádio e cinema, sente-se freqüentemente perdido, desorientado, incapaz de escolher por si próprio. O clube o exime da dificuldade de escolha e o leitor sente-se encorajado a adquirir o livro por pensar que a escolha do clube constitui uma garantia da qualidade que lhe convém.

d) *Resistências à difusão de livro*

Apesar dos progressos conseguidos na França, a partir de 1900, no setor da difusão dos livros de qualidade, persistem ainda certos obstáculos de ordem cultural e barreiras sociais. Em primeiro lugar, o Centre de Productivité de la Librairie é ainda fraco na ação que deve exercer, visando à melhoria da situação do livro. A maioria das livrarias, pequenas e médias, utiliza técnicas antiquadas de venda e não apresentam qualquer espírito de conquista de um público novo. Freqüentemente permanecem isoladas com relação às instituições locais que se esforçam por levantar o nível cultural dos vários meios sociais, em especial do meio social popular. Em geral, quando os livreiros são homens cultos, desinteressam-se pela conquista de um público novo. Alguns dos melhores livreiros oferecem, às vezes, resistência às modernas técnicas de venda por considerarem serem elas incompatíveis com a dignidade de sua profissão. Quanto aos demais — que constituem a maioria dos gerentes e proprietários das dezessete mil livrarias ou "postos de venda de livros" — amiúde não possuem formação e cultura: são incapazes de orientar o público culto e também de agir no setor da educação do público popular. Vendem livros como se vendessem fumo ou gêneros alimentícios. Ainda não mereceu tratamento adequado o problema da qualificação social, cultural e técnica do livreiro moderno. Existe um exercício ilegal da Medicina, porém ainda não há o exercício ilegal do livreiro. Vende quem pode fazê-lo, o público que agüente com as conseqüências [9].

E quanto ao bibliotecário? Estará ele sempre adaptado à sua função de animador popular? Como o livreiro, tem ele uma grande responsabilidade em atrair e orientar os leitores. Lemaire, bibliotecário municipal de Beauvais, fez observações sistemáticas sobre as atitudes de pessoas com as quais tinha contato. A grande maioria dos leitores não têm uma idéia precisa sobre o livro que escolhe... Esses visitantes têm confiança no bibliotecário que deve ser antes um guia do que um agente de distribuição de livros. Quantos bibliotecários terão a necessária qualificação social, cultural e pedagógica para assumir a responsabilidade em casos tão diversos? Muitos dos profissionais possuem sólida formação téc-

(9) Cerca de dois terços dos habitantes da cidade A nunca ou quase nunca compram um livro. Seguem-se algumas das sugestões que eles próprios deram para melhorar essa situação: em 423 respostas, 156 são de ordem econômica (as obras deveriam custar menos); 63 são de ordem psicológica (os livreiros deveriam deixar os possíveis compradores mais à vontade, estes precisam ter acesso direto ao livro, os livreiros deveriam aconselhar mais e mostrarem-se mais preparados); 23 de ordem técnica (os livreiros deveriam fazer mais publicidade, ocuparem-se mais com o público). Essas respostas mostram um sério afastamento entre o comportamento dos livreiros e as expectativas dum certo público, ainda refratário à compra de livros.

nica, mas acompanhada de uma concepção demasiadamente dogmática de sua missão; estão sempre preocupados com a "qualidade", mas freqüentemente colocam-se à margem da vida popular; possuem boas técnicas de apresentação porém muitas vezes desinteressam-se por estabelecer um contato permanente com as associações de lazer do tipo recreativo e cultural, que poderiam exercer o papel de intermediário entre eles e os vários tipos de público de uma localidade. Apesar de possuírem excelente cultura, talvez não sejam pessoas iniciadas nas modernas técnicas de animação dos meios populares. Quanto aos bibliotecários voluntários, talvez vinte vezes mais numerosos do que os profissionais, caso a proporção seja a mesma que a verificada na cidade *A*, sua formação social, cultural e pedagógica nunca foi sistematicamente organizada, a não ser a possibilidade de freqüentarem alguns estágios que não têm possibilidade de receber mais do que cem pessoas por ano.

Quanto às instalações, elas são sobretudo precárias. Se comparadas a um grande mercado moderno ou a uma grande loja de preço fixo, inúmeras livrarias e pontos de venda apresentam-se pouco atraentes para o grande público. As pessoas cultas entram nessas livrarias, mas as demais não são atingidas pelo seu aspecto; ainda, quando as lojas possuem instalações modernas, as vitrinas são arrumadas com o objetivo único de atrair as pessoas que conhecem livros e acompanham a atividade literária. Além disso, a maior parte das livrarias situa-se em ruas pelas quais o operário jamais transita habitualmente, como no centro da cidade, nas ruas de negócios ou em bairros elegantes. E as pequenas livrarias, localizadas na periferia ou nas ruas que fazem parte do caminho habitual dos operários, apresentam livros que perpetuam a tradição sentimental e melodramática do romance popular.

Não chegaríamos a afirmar que existem dois circuitos — o circuito culto e o circuito popular. Afirmamos porém que a possibilidade de distribuição das obras além do círculo de pessoas cultas é dificultada pela incompetência de muitos livreiros e pelo erro de instalar lojinhas de difusão de livros de qualidade, em qualquer meio social.

Quanto às bibliotecas, todas ressentem-se de pobreza nas instalações. A ação desenvolvida pela Direction des Bibliothèques choca-se com a costumeira incompreensão dos poderes públicos e municipais, que não incluem o desenvolvimento das bibliotecas entre as suas maiores preocupações [10]. São poucas as bibliotecas municipais que possuem instalações adequadas. Há cidades importantes onde se encontra ainda em estágio embrionário a organização da leitura pública, apesar de que o número de bibliotecas municipais (cerca de quinhentas) controladas corresponda aproximadamente ao número de comunas de mais de dez mil habitantes. Os subúrbios são também muito pobres em bibliotecas e livrarias e não teve continuidade o esforço que visava a aumentar o número de bibliotecas rurais, instaladas em ônibus, na mesma intensidade do que o verificado logo após a Libertação [11]. A situação atual das bibliotecas na França coloca-se abaixo da registrada em inúmeros países estrangeiros, como a Austrália, o Canadá, a Dinamarca, os Estados Unidos, a Inglaterra e a Suécia. Neste último país, o número de volumes emprestados anualmente pelas bibliotecas públicas é superior ao número total de exemplares editados ou publicados num único ano! Na França, verifica-se o inverso. Ainda que a Direction des Bibliothèques não tenha ainda conseguido levantar a estatística geral de empréstimos, se compararmos dados parciais, verificamos que o número de empréstimos a domicílio feito pelas bibliotecas é muito inferior ao total de seiscentos milhões de exemplares editados num ano, na França. Com relação ao conjun-

(10) Resulta de nossa enquete junto a quinhentos lares da cidade A que a Biblioteca Municipal se encontra longe de satisfazer todos os desejos da população. O primeiro desejo é que a biblioteca tenha maior número de livros modernos; 2) que apresente maior facilidade de acesso (a biblioteca municipal situa-se no último andar do prédio da prefeitura); 3) que ela organize clubes de leitores e forme o público; 4) que esteja aberta, à noite, além do expediente de trabalho; 5) que faça publicidade.

(11) Pode-se calcular que aproximadamente dois terços das aldeias francesas permanecem mal servidos. Entre 45 800 bibliotecas escolares, apenas 23 500 estão realmente abertas ao público, e quantas dentre elas estarão em funcionamento? No Departamento da Seine-et-Oise, conforme P. Breillat, Diretor da biblioteca central circulante, entre 1 095 bibliotecas escolares, recenseadas em 1951, 723 eram exclusivamente escolares, apenas 372 realmente faziam empréstimo aos adultos, embora se tratassem precisamente daquelas mal servidas pela biblioteca departamental.

to dos dados relativos ao interior e à zona rural, a situação da cidade de Paris é boa. Não obstante, as bibliotecas municipais parisienses emprestam, aproximadamente, um único livro por ano e por habitante, enquanto as bibliotecas inglesas emprestam quase oito (trata-se aqui de uma média nacional, na qual se refletem as imperfeições locais, sendo pois mais elevada a média das cidades que têm movimento maior). Deve-se salientar que nem por isso os ingleses deixam de atender aos encantos do cinema e da televisão [12].

Quanto às categorias sociais atingidas pelas bibliotecas, não correspondem elas de modo algum à composição da população francesa. Não possuímos sondagens nacionais sobre o assunto, mas algumas monografias oferecem dados a esse respeito, sendo tais dados concordes [13]. As classes tradicionalmente mais atingidas pelas bibliotecas são a classe média e, particularmente, os empregados e funcionários, os escolares e estudantes; formam, ainda, um grupo numeroso as pessoas sem profissão definida e os aposentados.

Os leitores

Na atual situação de produção e distribuição, ao mesmo tempo favorável e desfavorável ao progresso da leitura de livros, qual o número de franceses que lêem livros e a que categoria social pertencem? Pode-se considerar como únicos leitores os clientes habituais de uma livraria ou os inscritos numa biblioteca? Inúmeras sondagens verificaram que um livro comprado ou emprestado é lido em média por três pessoas. B. Cacérès (19) insiste, com muita razão, sobre esses circuitos de

(12) Com efeito, os ingleses vão ao cinema em média vinte e nove vezes por ano, os franceses, oito vezes (17). É preciso lembrar que, em 1959, havia na França, cerca de 1 400 000 receptores de televisão contra cerca de 10 000 000, na Inglaterra.

(13) Como dados esclarecedores citamos: a biblioteca departamental circulante de Dordogne atinge 8,4% da população adulta do Departamento na qual estão incluídos, 6% de agricultores e 5% de operários enquanto o total dessas duas categorias com relação ao Departamento é de cerca de 42% (18). Em 1957, em Paris, a Biblioteca Municipal do décimo segundo distrito, contava entre seus freqüentadores com somente 9,6% de trabalhadores manuais e artesãos; a do décimo sétimo, 6%; a do décimo oitavo, 11,5%. A biblioteca municipal de Roven conta com cerca de 10% de leitores operários; a da cidade A, um pouco menos, enquanto havia 35% de operários entre os habitantes dessas áreas. Todos esses dados são concordantes.

mão a mão, talvez mais importantes do que todos os demais. Seria interessante estudá-los em função da rede de relações sociais na qual cada indivíduo está envolvido pelo seu meio de trabalho, de moradia, de lazer e assim por diante. Esperando esses estudos, teremos que nos ater às conseqüências globais de todos os modos de compra, empréstimo ou troca de livros, utilizando sondagens realizadas sobre a divisão e a freqüência da leitura entre o público.

A leitura de livros não é um apanágio exclusivo do meio culto, e a realidade é muito mais complexa. Uma sondagem executada pelo Institut Français d'Opinion Publique sobre uma amostra composta proporcionalmente de franceses que vivem nas cidades e nos campos estabelece que sessenta e dois franceses entre cem lêem livros pelo menos uma vez por ano (20). Em 1948, na cidade de Auxerre, liam livros dois terços dos entrevistados [14]. Ainda que numerosos educadores considerem haver um retrocesso na prática da leitura, ninguém pode afirmar que essas porcentagens sejam inferiores ou superiores às do começo do século. De acordo com uma enquete realizada entre as pessoas de idade da cidade *A*, parece que nessa área etária a evolução é positiva. De qualquer modo, as bibliotecas familiares não são encontradas unicamente entre os "letrados" [15].

Estima-se em cerca de dois milhões o número de pessoas que, na França, formam o meio de "letrados", interessados pela vida literária e seus problemas, seguidores da luta pelos prêmios literários e que periodica-

(14) Desde que este capítulo estava escrito (1961), surgiram os resultados de uma grande enquete realizada pelo Syndicat National des Éditeurs. sobre uma amostra nacional representativa de todas as camadas na população: 42% de franceses lêem livros. Cerca de 25% declararam que no momento da enquete estavam lendo um livro. Foram dadas as seguintes respostas a uma questão comparável apresentada a amostras nacionais representativas de vários países: 21% de norte-americanos, 33% de suecos e 55% de ingleses deram a mesma resposta que os 25% de franceses.

(15) Com efeito, 65% dos lares da cidade *A* possuem livros, 55% possuem uma biblioteca pequena de pelo menos cinco livros (exclusive os livros escolares infantis) e dentre eles mais da metade possuem, na sua biblioteca, mais de vinte e cinco livros.
9% dos lares possuem de 1 a 5 livros.
19% dos lares possuem de 6 a 15 livros.
10% dos lares possuem de 16 a 25 livros.
24% dos lares possuem de 26 a 75 livros.
13% dos lares possuem de 76 a 150 livros.
6% dos lares possuem de 151 a 250 livros.
10% dos lares possuem de 251 a 500 livros.
4% dos lares possuem mais de 500 livros.
4,5% dos lares — dados incertos.

mente compram obras literárias modernas, porque gostam ou por pedantismo. Nesse país, um outro grupo composto por pessoas que após terminarem sua escolaridade continuam a ler livros regularmente ou às vezes pode ser calculado em cerca de vinte milhões. Essa parte da população que lê menos é em compensação dez vezes mais numerosa.

Poder-se-á argumentar que 60% dos leitores franceses pertençam talvez às classes dirigentes e às classes médias. Será que os operários lêem livros?

Uma sondagem executada pelo Institut Français d'Opinion Publique diz o seguinte: o número de operários que lêem pelo menos um livro por ano compreende 53% (contra 42% de agricultores) (20). Acabamos de relatar que na cidade *A* dois lares entre três possuem livros. Esses dados nos capacitarão a concluir que já existe uma igualdade de cultura? Absolutamente não. Mesmo que nos limitemos ao critério primário resultante do número de livros existentes no lar, persistem desigualdades que exigem e justificam a intensificação de providências econômicas e culturais visando a diminuí-las. Na cidade *A*, por exemplo, os empregados possuem proporcionalmente mais blibliotecas do que os operários (três lares em quatro, em lugar de dois em três). Não encontramos um único lar de industriais, de pessoas ligadas aos quadros ou de membros das carreiras liberais, que não possuísse uma biblioteca. Constituindo-se um instrumento de cultura ou de prestígio, a biblioteca nesses meios é tão importante quanto o certificado de conclusão do curso secundário ou a posse de um automóvel. Finalmente, quando se leva em consideração somente as bibliotecas compostas de pelo menos vinte e cinco livros, a porcentagem dos lares operários cai de 50 para 20%. Persistem pois as desigualdades em detrimento dos operários, sobretudo especializados, e trabalhadores braçais.

Que lêem, durante suas horas de lazer, esses leitores de várias classes sociais e vários níveis de instrução? Quais os gêneros de obras literárias que mais contribuíram para diminuir a distância social e cultural que separa o público culto do público em geral? Será que algumas obras conseguiriam sair do circuito das pessoas cultas e penetrar no largo circuito dos leitores populares? Ou então, dominam esse circuito obras menores que na realidade dificultam a penetração das obras literárias no seio desses novos públicos?

Reunimos uma documentação provinda de várias fontes [16] relativa às maiores tiragens de obras entre 1945 e 1955. Durante esse período, apareceram cerca de trinta mil títulos de literatura mas somente cento e cinqüenta deles tiveram uma tiragem superior a sessenta mil exemplares e 90% das obras editadas conseguiram vender pelo menos três mil exemplares.

A nossa primeira observação será sobre os *best sellers* literários. Segundo alguns editores, a partir da última guerra, registrou-se um aumento tanto no número de livros considerados *best sellers* quanto na tiragem. Qual terá sido o aumento? Esse progresso só pode ser calculado recorrendo-se ao movimento de casas editoras mais antigas. Quanto à qualidade, a opinião de Charensol é bastante incisiva: "É de excelente qualidade literária a maioria dos livros que depois da Segunda Grande Guerra conseguiram alcançar tiragens altas. Estamos bem distantes dos romances de Clément Vautel, Maurice Dekobra e Victor Margueritte que outrora venciam todos os recordes". Quais as razões do sucesso dos *best sellers?*

Charensol salienta que na França alcançam tiragens acima de cem mil exemplares os livros que receberam os prêmios Goncourt, Renaudot, Fémina, Interallié, aos quais a imprensa confere enorme publicidade [17]. Como exemplos citamos: *Week-end à Zuydcoote* (260 000), *Les mandarins* (85 000), *La vallée heureuse* (120 000), *Le rivage des Syrtes* (115 000). Além disso, quando o cinema faz a adaptação de uma obra literária, ela ganha um novo público, duas, três e até cinco vezes mais numeroso [18].

(16) Particularmente informações publicadas por G. Charensol (24).
(17) Lembramos que cerca de seis mil prêmios literários são distribuídos anualmente, ou seja, pelo menos três vezes mais do que o número de romancistas de grande e pequeno valor. Por que isso acontece?
(18) Antes de ter sido assunto de um filme, o livro *Le Salaire de la Peur* não conseguira atingir quarenta mil exemplares. Após o sucesso do filme, foram vendidos num ano mais de setenta e cinco mil exemplares (1954). A edição do livro *Cela s'appelle l'aurore* inicialmente era de cinqüenta mil exemplares; depois de realizado o filme e graças ao concurso de edições populares e do movimento dos clubes, sua tiragem

227

Há certamente inúmeras obras que não obtiveram prêmios mas não obstante conseguiram enorme venda como *Bonjour tristesse* de Françoise Sagan. O sucesso literário pode ter sua origem no sucesso cinematográfico, como sucedeu com *Le Petit Monde de Don Camillo*, com uma tiragem de cerca de um milhão de exemplares. O editor desse livro calcula que o filme tenha contribuído para o aumento da venda em 50%. A ação dos vários meios de informação de massa, em lugar de prejudicar a difusão das obras, favorece-a com uma eficiência sem precedentes.

Passando a tratar do "assunto" das obras que conseguem ser sucesso literário, verificamos ser ele muito diversificado. Alguns assuntos são de ordem política como *J'ai choisi la liberté* de Kravchenko, *Le Zéro et l'Infini* de A. Koestler (500 000 e 450 000 exemplares). Outros são de ordem religiosa como *Jésus et son Temps* de Daniel-Rops (mais de 300 000 exemplares); há ainda os de caráter social *Les Hommes en blanc* de Soubiran (300 000) que substitui *Corps et âmes;* num estilo inteiramente diferente, há os que se referem à vida íntima das pessoas, como *Un certain sourire* de Françoise Sagan; outros lembram explorações esportivas, como a série de relatos romanceados, entre os quais estão *Le Grand Cirque de Closterman* (550 000), *La Grande Crevasse* de Frison-Roche (350 000) e uma dezena de outras obras do mesmo gênero. Outros *best sellers* devem seu sucesso à poesia como *Le Petit Prince* de Saint-Exupéry (400 000) ou *Paroles* de Prévet (mais de 300 000), ou ainda ao humor como os *Les Carnets du Major Thomson* de Pierre Daninos (350 000) ou *Don Camillo* de Guareschi, já citado. A que conclusão podemos chegar? Nada se poderá afirmar enquanto não forem realizados sérios estudos sobre as motivações dos leitores. Por enquanto limitamo-nos à verificação de que obras dos mais opostos tipos, mas apresentando uma certa qualidade literária, conseguem ultrapassar o círculo do público culto.

A investigação realizada por Charensol, apesar de todo o interesse que desperta, não chega a mostrar as

---

ultrapassou cento e cinqüenta mil exemplares. *Le journal d'un curé de campagne, Barrage contre le Pacifique, Le pont de la rivière Kwai* (vinte mil antes do filme e cento e doze mil depois), fornecem exemplos comparáveis.

possíveis vias que talvez tenham contribuído para a elevação do nível de cultura literária de vinte milhões de leitores franceses. Com efeito, nem todos esses leitores têm seus interesses voltados para a atualidade — muito pelo contrário! Seria necessário juntar também dados relativos à difusão recente das obras dos principais autores modernos, anteriores a 1940, como Malraux, Colette e outros, bem como informações referentes à reedição dos principais autores clássicos. Ora, de acordo com a sondagem feita pelo Institut Français d'Opinion Publique sabe-se que os franceses interessam-se tanto pelos clássicos quanto pelas novidades (22% para cada uma das categorias) (20).

Inversamente seria interessante conhecer os *best sellers* cujo sucesso se baseia em motivos diversos do sucesso típico dos *best sellers* literários. Faremos uma tentativa para completar a enquete de Charensol, utilizando dados referentes às tiragens de romances de qualidade medíocre que, por sua presença, constituem obstáculos à penetração da cultura geral no seio de um público bastante amplo. Alguns desses gêneros menores estão em declínio como, por exemplo, os insossos romances de Delly e de Max du Veuzit. Graças a informações fornecidas gentilmente pelos seus editores, sabemos que a partir de 1928, da obra de Delly, composta de vinte e cinco títulos, foram tirados perto de três milhões de exemplares, mas que, a partir de 1945, a curva de venda apresenta uma baixa constante. O mesmo acontece com os dois milhões e quinhentos mil exemplares das vinte e cinco obras de Max du Veuzit, editadas a partir de 1931 (21). De acordo com informações provindas também dos editores, a partir da Libertação, apresentam declínio, ou pelo menos conservam um nível estacionário, os romances de baixa qualidade publicados pelos editores Ferenczi, Fayard, Del Duca. A tiragem desses livrecos é da ordem de trinta mil exemplares, sendo que alguns conseguiram ultrapassar cem mil exemplares. Em compensação, há dois gêneros em expansão: a fotonovela e o romance policial. Não possuímos dados com relação ao primeiro tipo, em favor do qual Del Duca tem feito grandes esforços de publicidade e apresentação; quanto ao romance policial há uma enquete recente que oferece algumas informações. Talvez cause espanto o fato de citarmos aqui esse gênero de literatura. Sabemos que os romances policiais, graças a Agatha Christie e Georges Siménon, entre outros, conseguiram alcançar um alto nível literário, devido à riqueza de observações e à qualidade de estilo, mas no conjunto esse gênero continua bastante medíocre. O gênero policial não tem a mesma importância quando utilizado como leitura complementar de um intelectual fatigado ou nervoso, ou quando passa a ser a única fonte de alimentação literária de um certo público. Neste último caso, muitas vezes o gênero policial irá constituir, sem dúvida, um obstáculo à descoberta de uma literatura de qualidade e é por esse motivo que a citamos neste ponto. É preciso que se tome conhecimento do total mensal das edições de romances policiais — cerca de dois milhões — e o que esse total representa (sem qualquer reserva), isto é, talvez cerca de um terço da produção literária mensal.

Esses dados estatísticos nos dão uma idéia do volume da produção, mas nada dizem sobre os gostos literários de cada meio social. Conhecemos poucos livreiros que tenham realizado um estudo sistemático das preferências de seus vários públicos, procurando fazer perguntas a uma amostra rigorosamente representativa da clientela. Por outro lado, devido a um modo todo especial de compreender o que significa "segredo profissional", deixam freqüentemente de apresentar informações numéricas sobre esses assuntos, como se de algum modo elas pudessem prejudicar suas empresas.

Em compensação, podemos recorrer às observações estatísticas de alguns bibliotecários que nos permitem tomar um primeiro contato com o gosto dos leitores, segundo os meios sociais. Em todos os meios sociais, as obras que se referem à documentação convêm a uma minoria, cuja dimensão e evolução seria interessante estabelecer. Entre elas, as mais apreciadas são os livros de viagem, as biografias, as obras históricas e geográficas. As obras de ficção são sempre as mais procuradas para empréstimo (de 60 a 90%) [19].

(19) Em 1958, nas bibliotecas de hospitais e de sanatórios, subordinados à assistência pública, em um total de 580 000 volumes emprestados, 421 000 eram romances. Na biblioteca da Empresa Boimondau, pelo menos 80% dos livros emprestados são romances.

Cada meio social aprecia de modo diferente os autores e os gêneros de romance. Na biblioteca municipal de Limoges, freqüentada por um público urbano culto, colocam-se nos primeiros lugares por ordem de preferência: Colette, Cronin e Gide, seguindo-se Balzac e Victor Hugo; Mauriac e Zola; A. Dumas, Dostoiévski, Saint-Exupéry... As preferências dividem-se de modo um pouco diverso no meio rural incluído no âmbito de ação da biblioteca circulante departamental da Haute Vienne: Victor Hugo é A. Dumas, seguidos muito depois por Colette, Cronin, Balzac, Delly, Duhamel, G. Sand e Zola. Sabe-se dos esforços desenvolvidos por uma comunidade como a de Boimondau, com o objetivo de elevar o nível cultural de um meio operário em formação, devido às suas condições especiais de trabalho. Os autores mais procurados nessa biblioteca, de 1951 a 1955, foram pela ordem: Van der Meersch, Collete, Cronin, Pearl Buck, T. Monnier, E. Zola, Mazo de la Roche, Balzac, Slaughter, V. Hugo. Por fim, numa biblioteca municipal, localizada na periferia da região parisiense, em 1957, realizou-se uma enquete, recorrendo a questionários; são as seguintes as preferências assinaladas: Cronin, Siménon, P. Benoit, Duhamel, Pearl Buck, V. Hugo, R. Bazin, A. Dumas, F. Mauriac, Slaughter, A. France.

Essas enquetes oferecem-nos algumas indicações úteis: salientam diferenças e semelhanças de gosto entre o meio rural e o urbano, o meio burguês e os meios operários. Porém, é ainda muito restrito o número dessas enquetes monográficas para que delas possamos extrair conclusões de conjunto. Por outro lado, o público das bibliotecas representa somente uma parte muito diminuta da população.

Como poderíamos tomar conhecimento dos livros que penetram nos lares onde há bibliotecas? Só chegaríamos a isso fazendo sondagens intensivas e sistemáticas em amostras representativas do conjunto das famílias de meios sociais de localidades significativas, selecionadas de acordo com critérios seguros.

Iniciamos esse trabalho na cidade *A* (quarenta mil habitantes), por meio de uma sondagem feita no vigésimo distrito, à qual já nos referimos inúmeras vezes. Recorrendo a uma sondagem nacional sobre a leitura, realizada pelo Institut Français d'Opinion Publique, poderemos comparar nossos resultados com dados nacionais (20).

Na cidade *A,* o que impressiona logo de início é a variedade de gêneros dos livros existentes nas bibliotecas de família [20]. Procuramos conhecer a utilização diferente que homens e mulheres (chefes de família) faziam desses livros. Não encontramos qualquer diferença significativa entre eles quanto aos romances ilustrados, os romances de baixo e alto nível literário, os clássicos, os livros para crianças e adolescentes e os dicionários. Em compensação, as diferenças são muito significativas em favor dos homens, quanto à leitura de romances policiais, livros técnicos, livros escolares, ensaios e obras científicas. Esses resultados não são confirmados pela sondagem nacional do I.F.O.P. quanto ao romance que é preferido por 72% de mulheres contra 51% de homens, mas mantidos no que se refere ao romance policial escolhido por 13% de homens contra 4% de mulheres.

E quanto aos lares operários? Será que a biblioteca aí existente limita-se a um dicionário Larousse? Notam-se importantes transformações, uma vez que nos lares operários encontram-se todos os gêneros enumerados no conjunto das bibliotecas familiares, obedecendo às mesmas proporções, mas constituindo exceção os ensaios, os livros de viagem, os clássicos e os romances literários [21].

Logo de início, ficamos impressionados com a singular mistura existente entre as obras: um romance de Delly ao lado do *Petit Prince* de Saint-Exupéry, um

(20) Há dicionários em 285 lares, ou seja, 57%;
romances literários em 206 lares, ou 41%;
livros técnicos em 167 lares, ou 33%;
obras clássicas em 103 lares, ou 21%;
romances de baixa qualidade em 94 lares, ou 19%;
livros para adolescentes em 89 lares, ou 18%;
livros de viagem em 80 lares, ou 16%;
romances policiais em 75 lares, ou 15%;
ensaios e obras científicas em 46 lares, ou 9%;
fotonovelas ou romances ilustrados em 18 lares, ou 4%.

(21)

	Nas bibliotecas operárias	No conjunto das bibliotecas
Ensaios	7%	15%
Livros de viagem	15%	25%
Clássicos	15%	30%
Romances literários	40%	60%

romance de menor importância ao lado de uma obra de Balzac e assim por diante. Em lugar de Victor Hugo e Alexandre Dumas, encontramos com mais freqüência, Frison-Roche, Rebuffat ou Maurice Herzog. Ao contrário do observado nas bibliotecas da pequena e da alta burguesia, nas bibliotecas do meio operário não aparecem nenhum prêmio Goncourt, nenhum livro de Françoise Sagan. Em compensação, estão sempre presentes livros como *Hommes en blanc, Corps et âmes*. Finalmente, as obras de literatura moderna mais encontradas são traduções de romances norte-americanos e ingleses como *Ambre, Les Clés du royaume, La Citadelle, Autant en emporte le vent, Jane Eyre, Les Hauts de Hurlevent, La Mousson*. Verifica-se esse predomínio nas bibliotecas de todas as categorias, bem como o de relatos romanceados de aventuras.

Partindo dessas informações, estaríamos habilitados a concluir que, apesar das particularidades de cada meio, é idêntica em todos os meios sociais a difusão das obras literárias? Pensamos ser muito apressado chegar a essa conclusão. Em primeiro lugar, os resultados de nossa enquete deveriam ser submetidos a um tratamento estatístico e a uma interpretação sistemática. Temos o propósito de fazê-lo em outra oportunidade. Quando procuramos saber não mais quais as obras literárias que penetram em cada biblioteca, mas o gênero dominante em cada uma delas, surgem disparidades e desigualdades que se estabelecem em detrimento das bibliotecas operárias [22].

São essas na França as atuais tendências de dimensões da produção, distribuição e divisão do livro, em especial da obra literária, de acordo com as categorias sociais. Apesar da influência crescente exercida pela imprensa, cinema, rádio e televisão, e muitas vezes como

(22) A categoria "romance literário" apresenta-se dominante em 30% das bibliotecas da cidade *A* (na sondagem do I.F.O.P., 32% dos franceses possuem uma biblioteca formada unicamente de romances). Essa dominância só é notada em 15% das bibliotecas operárias. Caso juntemos as bibliotecas nas quais predominam romances policiais vulgares, podemos assinalar que se encontram nessa categoria 26% das bibliotecas familiares da cidade *A* (29% das bibliotecas na sondagem do I.F.O.P.). A proporção dessa categoria, porém, não é a mesma em todos os meios sociais: 37% das bibliotecas operárias contra 12% das bibliotecas de empregados, 14% das bibliotecas de comerciantes, 15% das bibliotecas das pessoas consideradas como pertencentes aos quadros.

uma conseqüência de sua própria atividade, a leitura de obras literárias coloca-se em situação sempre crescente nos lazeres de camadas sociais cada vez mais numerosas. Todavia, essa progressão encontra pela frente inúmeros obstáculos culturais e sociais e a situação real permanece bem distante das necessidades ideais de uma sociedade democrática que se baseia na igualdade do direito à cultura.

Os aspectos ambíguos dos conteúdos do lazer popular condicionam diretamente a prática da leitura, como acontece com o cinema ou com a televisão entre as massas. Voltamos mais uma vez ao mesmo problema fundamental: quais as condições e os processos mais eficientes para se obter a elevação do nível de cultura geral do lazer dos diferentes meios sociais? Os executivos costumam ter um conhecimento intuitivo dessas soluções. Uma das condições urgentes, mas não a única, é o aumento das verbas destinadas aos equipamentos. Será que a produção literária em si mesma está bem adaptada às novas necessidades das massas? Quais os programas de rádio, cinema e televisão mais adequados ao desenvolvimento de atitudes ativas em relação à leitura? Quais os tipos de obras literárias que podem contribuir de modo mais positivo para a penetração da prática da leitura nos lares populares? Quais as relações a serem desenvolvidas entre as bibliotecas e os inúmeros agrupamentos recreativos e culturais, localizados no meio rural ou urbano? Quais os programas e métodos escolares mais eficientes para estabelecer o gosto durável e espontâneo pela leitura, durante o tempo livre? Esses problemas e muitos outros, igualmente complexos, não poderão ser resolvidos com base unicamente na intuição dos executivos [23].

---

(23) Constituiu-se, em 1961, um grupo de estudos do livro, subordinado ao Commissariat Général au Plan et à la Productivité. Esse grupo pretende trabalhar em colaboração com o Groupe de Sociologie du Loisir et de la Culture Populaire du Centre d'Études Sociologiques. Esperamos que esses Grupos consigam executar as pesquisas que sugerimos.

O LAZER, A INSTRUÇÃO E AS MASSAS

Jean Fourastié salienta que a passagem da vida tradicional para a vida terciária já se caracteriza e cada vez mais se caracterizará pelo "acesso do homem médio à vida intelectual" (23). Depois que o indivíduo deixa a escola, qual será o sentido da cultura do espírito no lazer popular de nossa sociedade? Defrontar-nos-emos com um problema ainda mais difícil, caso passemos da leitura dos livros para o problema de como as massas poderão permanentemente desenvolver seus conhecimentos. Como conseguir que em cada meio social surja o gosto espontâneo de aprender? O "adolescente intelectual" ignora a existência de fronteiras sociais? Há quem afirme que os temas culturais de nossa sociedade tendem a uniformizar-se e que são iguais em todos os meios sociais as possibilidades de ascensão cultural. Outros, ao contrário, são de opinião de que isso de modo algum acontece e que persistem, tanto no domínio cultural quanto nos demais, as categorias e as classes sociais.

Nesta área deverão também ser realizadas grandes enquetes sociológicas, visando tanto à reforma da escola quanto à elaboração de uma ação cultural que englobe e prolongue a escola, promovendo ao mesmo tempo sua renovação [1]. Tais pesquisas são necessárias a fim de que se estabeleça uma relação entre a orientação do desenvolvimento cultural e do desenvolvimento econômico e social de um país. Somente elas possibilitarão a colocação do problema da cultura popular, apropriada às necessidades de uma sociedade moderna e democrática.

Limitar-nos-emos a comentar aqui os primeiros resultados do tratamento de três questões apresentadas a uma amostra representativa composta de chefes de família, selecionados por meio de um sorteio sistemático de habitantes do Vigésimo Distrito da cidade *A* que alcançou o total de cerca de quinhentos indivíduos. A primeira dessas questões preocupa-se em descobrir as "atitudes autodidáticas" na população dessa cidade: "Há assuntos sobre os quais você adquiriu ou tentou adquirir conhecimentos reais, procurando documentar-se regularmente ou não? Se a resposta for positiva, quais são esses assuntos?".

Os temas de autodidatismo

A *indiferença* é o traço dominante da população francesa quanto à aquisição sistemática de conhecimentos. Tentamos medir essa indiferença, apresentando aos entrevistados um conjunto de quinze categorias de assuntos; um pouco mais da metade desses indivíduos não conseguiu assinalar um interesse real em doze das quinze categorias de assuntos que lhes foram apresentadas. As abstenções representam em geral mais de

---

(1) Cf. *Peuple et Culture*, Planification et Éducation Populaire, Revista nº 56, 1960. Sciences Sociales et Éducation Populaire, Revista nº 58, 1961.

60% dos indivíduos. Somente três categorias de assuntos conseguem suplantar essa indiferença: as questões práticas, as questões técnicas e a geografia. Essa situação poderá ser esclarecida por meio de uma análise dos resultados por categoria socioprofissional. Alguns grupos manifestam uma verdadeira atonia cultural devido à probreza de seus interesses e ao grande número de não-respostas. Até nos meios onde se manifestam atitudes ativas com relação ao conhecimento, uma alta porcentagem de entrevistados raramente escolhe assuntos. Em seguida verificamos que somente dois centros de interesse foram escolhidos por mais de um quarto das pessoas interrogadas — a profissão e a geografia.

No entanto, nos vários meios sociais, existe uma minoria de indivíduos que possui um real desejo de adquirir novos conhecimentos. Segue-se a relação dos principais assuntos pelos quais mais de 15% das pessoas interrogadas se interessam ou se interessaram por eles, ativamente:

Assuntos	Número de escolhas	Porcentagem relacionada com o número de pessoas interrogadas
1. Geografia	140	28%
2. A profissão de cada um	128	26
2. Medicina	113	23
4. História	100	20
5. *Bricolage*	97	19
6. Educação	96	19
7. Mecânica	96	19
8. Cozinha	94	19
9. Relatos de viagem	91	18
10. Cálculo	91	18
11. Arte e Literatura	90	18
12. Jardinagem	89	18
13. Questões econômicas e políticas	84	17
14. Filosofia e Religião	84	17
15. Língua francesa e língua estrangeira	84	17
16. Moral e Arte de viver	83	17

a) Vê-se de imediato que os temas privilegiados ligam-se freqüentemente a preocupações *utilitárias,* correspondentes a uma necessidade de informação sobre problemas ligados diretamente à vida cotidiana.

Assim como seria de esperar, a *profissão* constitui um dos interesses dominantes do homem. Este naturalmente procura aperfeiçoar-se e não causa admiração que o segundo lugar seja ocupado por essa preocupação; esse caráter predominante torna a se apresentar no estudo que se fez da utilidade que possam ter as férias culturais. São necessários conhecimentos de mecânica para os indivíduos que trabalham nas fábricas e esses interesses ligam-se estreitamente à prática de uma determinada profissão. Em seguida veremos que o próprio cálculo é escolhido por proporcionar conhecimentos indispensáveis ao aperfeiçoamento da formação profissional.

Por outro lado nota-se a importância das preocupações diretamente ligadas ao exercício de outras atividades da vida cotidiana. A Medicina e a Educação interessam muito à vida familiar; o *bricolage,* a cozinha e a jardinagem são ocupações práticas de utilidade imediata; em suma, deve-se assinalar o interesse pelas questões práticas e técnicas, categorias que aliás receberam o menor número de não-respostas.

b) Classifiquemos agora os conhecimentos incluídos na folha submetida às pessoas interrogadas, segundo um outro critério. Ao lado dos conhecimentos práticos e técnicos, assinalamos noções científicas: matemática (Cálculo); ciências da matéria (Física e Química); ciências da vida (Medicina e Ciências Naturais); disciplinas provindas das ciências humanas (Geografia, História, Economia e Política, Educação e Psicologia); os meios de expressão (Arte e Literatura, línguas); os problemas da destinação (Filosofia e Religião, Moral).

As ciências humanas, com exceção da Psicologia, interessam a muita gente. Num mundo em rápida transformação e no qual as viagens tornam-se cada vez mais acessíveis, a *Geografia* se apresenta como o elemento mais difundido de cultura geral. Situar-se no espaço constitui uma necessidade cotidiana. O francês não é mais "o homem que ignora a Geografia". Os meios sociais mais diferentes participam desse interesse, colocando-se assim a Geografia como o ponto mais avançado de uma cultura comum mais ampla. A História também é muito apreciada, apesar de o interesse por esse assunto ser menos geral e uniforme. O homem sente a necessidade de situar-se no tempo, quase tanto quanto no espaço.

A modernidade e o caráter essencial dessas duas disciplinas surgem desse modo com muito realce na vida do homem adulto. Consideram-se como suas expressões a moda de certas revistas de vulgarização e o interesse demonstrado por esse gênero pelos freqüentadores de livrarias e bibliotecas. Interessam também a um número apreciável de pessoas as questões econômicas e políticas. Os problemas educacionais que influem diretamente na vida familiar despertam mais interesse do que a Psicologia, pela qual alguns meios sociais não se interessam.

Os modos de expressão e os problemas da destinação interessam a uma minoria, não desprezível. Em compensação, fica-se impressionado ao verificar que são deixadas de lado as ciências puras e aplicadas. As Ciências Naturais colocam-se no décimo nono lugar com setenta e um sufrágios e depois surgem a Física e a Química com cinqüenta e sete sufrágios. Somente a Medicina consegue escapar a esse relativo descrédito; sendo ela um assunto de interesse imediato, é apreciada em todos os meios sociais. Existe até um tipo de romancista que explora o tema médico, como Cronin, Slaughter, Soubiran.

Numa época na qual a ciência desempenha um papel importante, causa estranheza que os assuntos científicos despertem um interesse relativamente fraco. O interesse demonstrado por alguns meios com relação aos problemas técnicos e pelo cálculo neles implicado não se expressa por uma atitude favorável com relação às ciências experimentais no seu conjunto, talvez porque as pessoas as considerem como distantes e um tanto difíceis.

A diferenciação dos temas de acordo com os meios sociais

Em que medida se processa um crescimento homogêneo da cultura? Os vários grupos sociais participam em igualdade de condições dessa cultura ou pelo contrário possuem traços culturais que lhes são próprios? A análise revela a existência de uma apreciável diferenciação em função dos meios sociais diversos. E, assim, a cultura está bem longe de uniformizar-se ou padronizar-se.

Surge aqui um fato com duas faces: de um lado, as escolhas feitas pelos indivíduos pertencentes a certas categorias sociais são muito menos numerosas do que as realizadas pelos membros de outros meios sociais. Em certos casos, a indiferença é considerável. Por outro lado, os meios sociais mais indiferentes e menos curiosos demonstram igualmente as escolhas mais diferenciadas com interesses predominantemente prático e técnico.

Caso façamos o cálculo do número médio de assuntos escolhidos por indivíduo, veremos que esse número é fraco no setor dos operários profissionais (6,8), apesar das numerosas escolhas conferidas às categorias práticas e técnicas (mais de um terço das escolhas). Entre os artesãos (8,4) e os pequenos comerciantes (8,2) esse número é médio; ele se apresenta mais alto nos grupos formados por elementos dos quadros médios (14,4), um grupo de formação toda especial que apresenta preocupações variadas. Uma análise comparada das respostas e não-respostas fornece resultados análogos.

Se estudarmos a variação do número de centros de interesses apresentados por 20% e mais dos membros de cada categoria, verificamos desvios importantes. Assim, vinte e dois assuntos são escolhidos por mais de 20% dos elementos dos quadros médios, enquanto somente quatro assuntos são preferidos por mais de 20% dos operários especializados e trabalhadores braçais.

A análise das listas de assuntos escolhidos por 20% e mais de indivíduos pertencentes a cada categoria socioprofissional leva facilmente a estabelecer a variação dos interesses de acordo com os meios sociais.

Os industriais e os comerciantes atacadistas interessam-se pelas questões práticas e técnicas. A profissão e a mecânica ocupam o primeiro lugar; a jardinagem, o sétimo lugar. É considerável, porém, a diversidade de interesses. A Economia Política, as Ciências Naturais, a Filosofia e a Religião precedem a História e a Geografia... A curiosidade desse grupo é vasta e rica.

Os artesãos demonstram um interesse predominante pela profissão, muito na frente das demais categorias de interesses; em seguida vem a técnica (mecânica, motores). Não obstante, a cultura geral está presente através de certos elementos, como Geografia e História e também Filosofia, Religião e Medicina.

PORCENTAGEM DAS RESPOSTAS RELACIONADA COM O TOTAL REAL DE CADA CATEGORIA [2]

	Média-Homem	Operários[3]	Empregados	Quadros[4]	Artesãos	Comerciantes
Bricolage	19%	21%	29%	15%	13%	15%
A profissão de cada um	29	26	29	34	47	25
Mecânica	23	27	22	18	29	19
Cálculo	20	23	33	14	21	11
Física e Química	13	7	18	23	13	6
Medicina	22	16	29	24	23	31
Ciências Naturais	15	5	22	23	18	19
Geografia	29	24	35	36	23	31
História	22	13	22	32	21	25
Economia Política	18	11	13	29	13	25
Educação	19	12	22	26	16	23
Psicologia	14	6	13	25	10	17
Francês e línguas estrangeiras	17	13	20	18	16	15
Arte e Literatura	17	6	15	33	16	17
Moral	17	8	24	24	18	19
Filosofia e Religião	17	7	16	28	21	17

Os pequenos comerciantes têm uma atitude consideravelmente diferente da apresentada pelos artesãos. Interessam-se menos pelas questões técnicas: Geografia, História, Medicina e Educação são elementos de uma

(2) Não apresentamos todas as categorias da população francesa e em cada categoria estão incluídas as respostas múltiplas.
(3) Operários: contramestres, operários profissionais, operários especializados e trabalhadores braçais.
(4) Quadros: termo empregado para designar o reagrupamento de carreiras liberais, quadros superiores, docentes, quadros médios e assimilados.

cultura geral que se orienta igualmente para problemas de ordem econômica e política.

As questões práticas e técnicas pelas quais certas categorias demonstram muito interesse, especialmente entre operários, são quase ignoradas pelos membros das profissões liberais. Ao lado da História e Geografia concorrem em dominância a Arte e a Literatura. Em compensação eles têm outros interesses: Ciências, Economia e Educação.

Os quadros superiores interessam-se muito pela sua própria profissão. Nota-se o interesse pela Economia Política e Psicologia. Sua cultura aproxima-se da apresentada pelas profissões liberais. Os interesses dos professores primários são próximos dos das duas categorias precedentes.

Os elementos dos quadros médios têm um comportamento bastante original. Interessam-se por um grande número de assuntos e formam o grupo mais vivo e mais curioso. Esse é o único grupo que manifesta um real interesse, tanto pelas Ciências quanto pela Arte e Literatura. Colocam-se em segundo plano as questões práticas e técnicas.

O comportamento dos empregados aproxima-se em parte do apresentado pelos operários. Os interesses práticos são, com efeito, importantes. Nota-se o excelente lugar ocupado pelo Cálculo, porém a cultura dessa categoria é mais vasta, aproximando-se da dos quadros. Ao lado da Geografia e História, colocam-se a Medicina e Educação, Moral e Ciências Naturais.

Os contramestres possuem interesses múltiplos que recaem sobretudo sobre questões práticas e técnicas. Interessam-se pelo seu ofício e parecem desejar conhecer seus vários aspectos. Nota-se ainda alguns elementos de cultura geral.

Os operários qualificados interessam-se muito pelo lado prático da vida cotidiana (pesca, *bricolage,* jardinagem), pelos problemas técnicos (mecânica, eletricidade) e pelo cálculo útil ao trabalho que executam. Os interesses são pois muito pouco diversificados. O único elemento de cultura geral com algum valor é a Geografia. Algumas vezes são citados assuntos como Medicina, Esporte, História e Economia. Observa-se o pouco interesse demonstrado com relação às Ciências, Arte e Literatura e também aos problemas filosóficos.

Os operários especializados e os trabalhadores braçais têm uma cultura análoga, porém muito mais pobre. Salientam-se unicamente alguns interesses práticos e técnicos. Deve-se observar o lugar de destaque ocupado pelo Cálculo. No domínio da cultura geral, só despertam algum interesse a Geografia e a História.

O pessoal que presta serviços apresenta interesse pelo Cálculo e pelas línguas, dois elementos necessários a uma profissão de relacionamento com o público. Como contrapeso, do lado prático surgem a Medicina, a História e os problemas da destinação. É de se notar a ausência da Geografia.

Caso façamos um reagrupamento de categorias obteremos conclusões mais importantes.

Apresentam-se opostos o comportamento do meio operário e dos elementos pertencentes aos "quadros". Entre os operários, é mais alto o interesse pelas questões práticas e técnicas e pelo Cálculo. A Geografia e a Medicina são objeto de uma porcentagem apreciável. Em compensação, verifica-se um interesse muito fraco pelas ciências, Psicologia, Arte, Literatura e pelos problemas da destinação... Pela Arte e pela Literatura interessam-se proporcionalmente quase cinco vezes mais os membros dos quadros do que os do grupo dos operários.

O comportamento demonstrado pelos artesãos, comerciantes e empregados coloca-se intermediariamente entre o comportamento dos operários e o dos indivíduos pertencentes ao grupo dos quadros. Os artesãos e empregados aproximam-se dos operários devido a seu interesse pelas questões técnicas. Em compensação, são mais desenvolvidos, sobretudo entre os comerciantes, os interesses de ordem geral, sem no entanto atingir o nível do grupo dos quadros.

A diferenciação cultural associa-se indiscutivelmente à estratificação social. Notam-se igualmente diferenças consideráveis entre a cultura masculina e a cultura feminina.

Entre as mulheres, o interesse pelas *artes domésticas* corresponde ao interesse que os homens têm pelos conhecimentos relativos à sua profissão. Nos dois casos, o trabalho cotidiano é a preocupação dominante.

CENTROS DE INTERESSES PELOS QUAIS MAIS DE 15% DE HOMENS E MULHERES SE INTERESSAM OU SE INTERESSARAM

Homens — Total 415　　*Mulheres — Total 75*

Assuntos	Número de escolhas	Assuntos	Número de escolhas
1. A profissão de cada um	123	1. Cozinha	37
2. Geografia	120	2. Costura	36
3. Mecânica	95	3. Artes domésticas	31
4. Medicina	92	4. Medicina	21
5. História	91	5. Geografia	20
6. Cálculo	86	6. Arte e Literatura	19
7. *Bricolage*	81	7. Educação	18
8. Relatos de viagem	81	8. *Bricolage*	16
9. Jardinagem	80	9. Dietética	16
10. Educação	77	10. Higiene	15
11. Economia Política	74	11. Câncer	15
12. Moral	74	12. Psicologia	15
13. Filosofia e Religião	72	13. Medicina à base de ervas	14
14. Arte e Literatura	71	14. Descobertas da cirurgia	13
15. Línguas	71	15. Línguas	13
16. Pesca	65	16. Filosofia e Religião	12
17. Relatos de descobertas	65		
18. Ciências Naturais	63		

A Medicina ocupa o quarto lugar nas duas listas, mas nota-se que inúmeros outros assuntos médicos surgem na lista feminina. A mulher, responsável pela vida familiar, preocupa-se com problemas de saúde.

Enquanto, entre os homens, a História se apresenta acompanhada pela Geografia, as mulheres tendem mais para a Arte e a Literatura; estas interessam-se mais pela Psicologia e menos pela Economia e pela Política.

Estará em rápida evolução essa cultura, cujos traços principais acabamos de salientar? Será possível assinalar tendências novas ou inovadoras entre as gerações mais jovens? Participarão essas novas gerações das grandes correntes da cultura contemporânea?

Ao contrário do que *a priori* seria possível pensar, uma análise dos resultados indica que as principais orientações autodidáticas *não variam muito de acordo com a idade*. Nota-se somente que as pessoas idosas (cinqüenta e um anos para mais) parecem interessar-se pelo *bricolage* e que o interesse pelas questões econômicas alcança um máximo entre trinta e quarenta anos, sendo que os adultos de menos idade (abaixo dos quarenta anos) parecem mais interessados em Arte e Literatura do que os de mais idade. Esses fatos deveriam ser alvo de estudos minuciosos, mas em si mesmos não alcançam a importância do resultado principal, isto é, a relativa homogeneidade cultural assinalada em todas as idades. Será esse um fato particular de uma cidade média, onde as atitudes só evoluiriam lentamente? Será ele uma confirmação da crença popular de que "se aprende em qualquer idade"?

Em que medida a influência escolar terá condicionado a atitude autodidata do adulto? Os interesses do adulto surgem como prolongamento de um ensino que se deseja aprofundar ou ao contrário existe o desejo de completar as lacunas de uma instrução que não teria sido suficiente para atender às necessidades culturais encontradas na vida real? Nota-se *uma correspondência relativamente fraca entre os interesses expressos pelos adultos e os conhecimentos ensinados na escola*.

As disciplinas que ocupam um lugar preponderante no ensino, devido a uma carga maior nos horários e programas, não são as que mais interessam aos adultos. O Francês e a Matemática despertam menos interesse do que a Geografia e a História. As ciências recebem um pequeno número de votos. Em compensação, nota-se um grande interesse pelas questões econômicas e políticas e por outros assuntos, como educação, medicina, etc. Esses assuntos ocupam um lugar diminuto nos programas da escola primária e até nos dos estabelecimentos de ensino secundário. Será que poderiam passar a ocupar um lugar maior nesses programas? Ou deverão ser reservados para uma educação pós-escolar?

O adulto parece estimulado por duas preocupações: compreender melhor o mundo onde vive e tentar resolver os múltiplos problemas com os quais se defronta na sua vida diária. É pouco provável que a influência escolar o tenha preparado completamente para essa tarefa. Em todo o caso, sabemos estar a escola longe de ter conseguido criar nos diversos meios sociais aquelas atitudes comuns, cuja função seria possibilitar a distribuição de uma cultura comum entre todas as crianças de um mesmo país.

Desse modo, a porcentagem de operários que se interessam pela Arte e pela Literatura é cinco vezes menor do que a apresentada pelo grupo de elementos dos quadros, quando estes manifestam interesse por esses mesmos problemas. Sabemos das intenções igualitárias do ensino francês. A extensão da escolaridade obrigatória surge nessa perspectiva como condição imprescindível para o progresso de uma cultura comum que contribuiria para a redução dos desequilíbrios (o interesse pelo Cálculo, muito alto entre os empregados e operários, é bem menor nos grupos formados pelos funcionários e dirigentes ou ainda pelas profissões liberais). Cada profissão tem suas próprias exigências. A evolução divergente de cada meio poderá, porém, levar a uma diferença de formação que em certos casos poderia ser compensada. Assim, a participação de todos na cultura, a cultura popular, seria uma conquista permanente.

O conhecimento dos interesses reais do adulto possibilitaria o estabelecimento das bases de uma pedagogia da educação popular. A educação dos adultos deve ser adaptada às preocupações que lhes são próprias e levar em consideração principalmente o interesse demonstrado pela reflexão sobre as atividades da vida cotidiana. Para os adultos, a cultura popular é principalmente uma reflexão sobre os problemas da vida cotidiana.

O interesse que certos assuntos despertam poderia ser explorado com vistas ao alargamento de uma cultura demasiadamente estrita. A Geografia, tão apreciada, poderia ser utilizada como meio introdutório a outros temas históricos, econômicos, políticos, literários e artísticos. O interesse pela Medicina levaria o indivíduo para o campo das ciências da vida. No momento atual, esses centros de interesse são relativamente pouco explorados pela educação popular.

Como se adquire novos conhecimentos?

a) Os meios de autodidatismo

Na entrevista já citada, havia a seguinte pergunta: "Quais os meios que você usou para documentar-se seriamente sobre um determinado assunto?" Dentro de cada rubrica geral escolhida, a enquete poderia tomar assim conhecimento do meio ou dos vários meios usados.

Logo de início, nota-se a *predominância da leitura*: 68% das respostas indicam a leitura, sendo que 53% delas referem-se à leitura em geral, 47% a certas categorias precisas de publicações, tanto no setor das obras quanto dos periódicos. As demais formas de transmissão de conhecimentos são pouco mencionadas.

Os entrevistados consideram como pouco importantes as lições provindas da prática, que são mencionadas somente em 12% das respostas. Declaram aprender através da prática sobretudo na área das atividades manuais e da educação. A conversação — fora do campo da prática — será um dos meios a que as pessoas recorrem para se documentarem? Essa rubrica só foi mencionada por 7% dos entrevistados. Quanto às conferências, cursos, círculos de estudos que correspondem às práticas escolares, não são de modo algum adotadas, tendo recebido somente 8% das respostas. Essa forma tradicional de transmissão de conhecimento é pois nitidamente minoritária, sendo ao contrário preferido o estudo pessoal, isto é, a leitura. Quanto aos meios audiovisuais, cujo grande desenvolvimento atual e forte atuação são por todos reconhecidos, sua influência nesse setor é ínfima, só tendo sido citados em 5% de respostas.

Considerando as respostas que indicam a leitura de uma categoria precisa de impressos, verifica-se a predominância do periódico (59% de respostas deste tipo contra 41%, relativamente aos livros). Deve-se notar o lugar relativamente importante ocupado pelo jornal diário, ainda quando o consideramos no plano da instrução: rubricas especiais, páginas especializadas, documentos (25% das respostas reportam-se aos periódicos).

Entre as obras usadas pelos adultos, o manual escolar desempenha ainda um papel importante. É ele utilizado ou usado novamente no estudo das línguas e da Matemática e também no de História e Geografia. Nessas áreas, apresentam-se como obra de referência indispensável. No futuro, os pesquisadores talvez devessem cada vez mais levar em consideração essa função desempenhada por certos manuais escolares, não somente quanto à educação da criança como também na educação familiar permanente.

b) *Licenças para fins culturais, não pagas*

Os chamados "cursos noturnos" obtiveram grande êxito tanto na União Soviética quanto nos Estados Unidos e nos países escandinavos. Na França, porém, não são muito numerosos e parecem ter mais sucesso outros meios de autodidatismo, como as reuniões e os estágios. A lei de 22 de julho de 1957, que trata das licenças para fins culturais, não pagas, de 12 dias, aplica-se à educação sindical, mas uma extensão mais recente dessa lei oferece novas possibilidades de aperfeiçoamento nas várias áreas da cultura popular.

Seria interessante verificar se as pessoas passariam a ter um maior interesse por essa modalidade e dela desejariam beneficiar-se, caso ela passasse a *ser remunerada*. Por esse motivo, na cidade *A,* fizemos uma pergunta relacionada com essa circunstância: "Caso lhe tenha sido oferecido ou lhe fosse oferecido um período de licença remunerada, compreendendo 12 dias úteis, em separado das férias regulamentares pagas e destinado a seu preparo para tarefas de administrador de um grupo sindical, político, esportivo ou cultural ou para que você pudesse se preparar para um exame ou fazer estudos mais aprofundados sobre uma questão de sua escolha — você aceitaria ou não?".

Uma parte dos homens que trabalham responde favoravelmente, 34%; os que não aceitam apresentam objeções de várias naturezas, que mais adiante analisaremos, como falta de interesse ou de tempo, idade já um pouco avançada, etc. O interesse varia de acordo com as categorias socioprofissionais em relação direta com a intensidade dos interesses autodidáticos do meio interessado.

Desejariam poder beneficiar-se das licenças para estudo 61% dos integrantes dos quadros médios, uma porcentagem relativamente elevada. Confirma-se desse modo a característica de ser essa a categoria mais curiosa e a mais evoluída. De um modo geral, apreciam mais essa modalidade os quadros da indústria e da administração: 46% dos quadros superiores e 43% dos contramestres gostariam de poder dela se beneficiar. Aproxima-se do comportamento dos elementos pertencentes aos quadros o das profissões liberais (37% de respostas afirmativas) e o dos empregados (com 42% de respostas afirmativas).

Dois grupos são reticentes: o dos artesãos e comerciantes e o dos operários. A indiferença dos artesãos (13% de respostas afirmativas) contrasta com o relativo interesse dos comerciantes (31% de respostas afirmativas). Os operários profissionais (35% de "sim") demonstram um maior interesse do que os operários especializados e os trabalhadores braçais (23% de "sim"). Esses resultados reafirmam nossa análise anterior, na qual demonstramos existir nesses meios sociais uma certa atonia cultural.

Poder-se-ia talvez pensar que os homens jovens, preocupados em aumentar sua cultura e possuidores de um espírito ainda mais flexível e aberto, demonstrassem um interesse maior pela licença para fins culturais. Isso acontece, mas não na intensidade em que *a priori* seria razoável supor. Observa-se que a mais alta porcentagem de partidários de uma licença para fins culturais localiza-se não entre os que têm menos de trinta anos (46% de respostas afirmativas), mas entre os homens de trinta e quarenta anos (51% de respostas positivas entre trinta e um e trinta e cinco anos, 53% de "sim" entre trinta e seis e quarenta anos); em seguida, a porcentagem diminui rapidamente: 25% de "sim" entre quarenta e cinqüenta anos, 16% entre os homens de mais de cinqüenta anos.

Quais os assuntos que desejariam estudar durante essas licenças culturais? A preocupação dominante é a formação profissional (40%). Deve-se lembrar que a profissão já se revelou anteriormente como um importante centro de interesse. O mesmo número de homens interessa-se por questões técnicas e científicas (18% de respostas) e pelas questões econômicas, sociais e políticas (18%). Finalmente, 26% das respostas positivas ligam-se ao desejo de aumentar a cultura geral.

A cultura das massas não se limita ao divertimento, recreação e entretenimento. Em todas as camadas sociais encontram-se pessoas que não perderam o gosto de se informar seriamente e se instruir sobre assuntos diversos que exigem um aperfeiçoamento de conhecimentos e aptidões. Parece que a reflexão sobre as responsabilidades profissionais constitui a origem mais freqüente da necessidade de obter conhecimentos.

Apesar do enorme esforço desenvolvido pelos grandes meios de informação de massas, como a diversão, nos seus vários aspectos, a difusão do acervo cultural e o ensino audiovisual, deve-se salientar que a leitura, e especialmente o livro, continua a ser o meio mais utilizado para o desenvolvimento de conhecimentos. Se comparada à diminuta parte atribuída às conferências e cursos, a modalidade "licença para fins culturais" parece corresponder a uma real necessidade. Entre 25 e 40 anos é que mais se nota essa necessidade. Talvez seja essa uma importante modalidade a ser incluída nas medidas a serem tomadas para intensificar o conhecimento no conjunto da cultura popular.

Será que esse apetite de saber refere-se aos mesmos assuntos espalhados igualmente em todas as camadas da sociedade? Será possível falar em "unificação de cultura"? Apesar das diferenças de meios sociais, a proporção em que se apresentam os centros de interesse varia dentro de limites muito estreitos, surgindo raramente uma variação que proporcionalmente se estende do simples ao dobro. Assim, a profissão, a Geografia, a Mecânica e a Medicina ocupam os primeiros lugares na preferência de quase todas as classes sociais. Com relação aos mesmos assuntos, entre os quadros médios e os trabalhadores braçais, as diferenças de atitude, frente ao desenvolvimento cultural, podem variar de um a três (necessidade de licenças culturais). Finalmente, alguns temas variam de acordo com as culturas particulares a cada meio social. Lembremos ainda que as preocupações artísticas e literárias apresentam-se cinco vezes mais fortes entre os elementos pertencentes aos quadros do que entre os operários. Estamos pois longe de ter eliminado as disparidades culturais entre os vários meios sociais.

Finalmente, obtivemos a confirmação de que no atual contexto social francês, a indiferença pela instrução constitui o traço dominante do público. Será que a escola não deveria reestudar seus programas e sua organização? Bastará que a escolaridade seja prolongada para todos? Esse prolongamento não deveria levar em consideração a variação na necessidade cultural das várias áreas etárias?

Em seguida, dever-se-ia talvez pensar em estabelecer um novo equilíbrio entre as funções de recreação, informação e formação que os grandes meios de difusão estão aptos a proporcionar. Haveria necessidade também de reforçar os meios de ação das associações culturais e procurar instituir uma nova legislação que beneficiasse com licenças culturais todos aqueles que devam melhor desempenhar uma função na sociedade.

Tentamos pois demonstrar que a cultura vivida pelas massas é em grande parte determinada pelos conteúdos de um lazer, cujas funções são múltiplas e ambíguas e cuja duração, prestígio e valor são sempre crescentes. As sociedades atuais, até as mais liberais, a fim de não passarem por incoerentes e impotentes, serão levadas a confrontar o efeito dos conteúdos culturais impostos pela escola e os propostos pelas associações e pelos grandes meios de comunicação de massa, públicos e particulares, atuantes durante o tempo livre. As instituições variam, mas o Homem é um só. Com relação a ele, cada um desses três tipos de ação cultural possui certamente responsabilidades peculiares, mas comparáveis. Ainda que a democratização da cultura seja um direito garantido pela Constituição Francesa, *continua a ser ele um problema sem solução*. Numa sociedade cada vez mais complexa e de evolução muito intensa, na qual o desenvolvimento cultural não pode completar-se na infância, a escola, ainda que reorganizada, não será capaz de por si só resolver tal problema. Que fazer então? Impõe-se a realização de uma longa e difícil pesquisa a fim de estabelecer o relacionamento *optimum* entre a ação cultural exercida pela escola e depois da escola, pelos agrupamentos ou ainda pelos vários meios de telecomunicação, públicos e particulares. Possivelmente o desenvolvimento do lazer acabe por obrigar a educação, sob a responsabilidade do Governo, a assumir novas formas de intervenção contínua ou periódica, imposta ou proposta, semilivre ou livre a fim de difundir uma cultura geral, ao mesmo tempo permanente e renovada, mas adaptada às necessidades cambiantes da sociedade e aos interesses espontâneos dos indivíduos de seis a quarenta anos. Será essa talvez a futura condição daquilo que Bachelard denomina de "cultura permanente". A educação só terá condições de ser contínua, após a escola, para um número crescente de indivíduos de todos os meios sociais, caso consiga identificar-se, em certos aspectos, com as complexas funções do lazer vivido. Essas idéias não passam, porém, de hipóteses que a sociologia do lazer não teve ainda possibilidades de comprovar.

QUE MEIOS DE PREFERÊNCIA VOCÊ UTILIZOU PARA DOCUMENTAR-SE SÉRIA E REGULARMENTE?

	Prática	Conversações	Conferência Círculo de Estudos	Cinema	Rádio	Jornal Diário	Revista Técnica	Outros Periódicos	Livros Escolares	Obras	Dicionário	Literatura	Leitura em Geral inclusive Livros	Total
Questões práticas, técnicas	150	50	38	14	9	22	55	28	3	35	4	1	134	543
História, Geografia	19	6	14	14	9	13	11	25	23	14	3	5	115	271
Medicina	11	13	7	2	5	16	12	15	3	13	5	0	77	179
Educação	31	12	18	0	0	6	15	11	2	16	2	0	50	163
Física, Química, Ciências Naturais	12	8	10	4	2	7	12	21	6	13	3	1	67	166
Psicologia, Moral. Economia	9	16	27	1	18	23	15	25	0	22	2	2	82	242
Filosofia e Religião	1	7	18	0	0	3	6	15	0	14	1	1	77	143
Arte e Literatura	5	7	12	14	4	4	6	13	0	12	1	4	74	156
Línguas	6	11	13	0	2	1	3	8	19	9	5	2	61	140
Cálculo, Geometria, Álgebra	9	3	13	1	0	1	2	6	22	6	2	0	41	106
Diversos	9	9	6	5	6	8	1	5	5	4	1	3	4	59
TOTAL	255	142	176	55	55	104	138	172	83	158	29	19	782	2168
	18%		8%	5%		19%			49%					100%

ATITUDES ATIVAS E ESTILO DE VIDA

Atitudes ativas

Depois de ter recordado os vários tipos de comportamento assumidos com relação à viagem turística, à televisão, ao cinema, aos livros e ao autodidatismo tentaremos esclarecer algumas das noções sobre "atividade" e "passividade" que freqüentemente empregamos. Ao estudar o desenvolvimento da mecanização dos meios de transporte e da difusão, levando em consideração suas obrigações profissionais, familiares e sociais, no seu conteúdo ligado à prática do turismo, do cinema, da televisão e do livro, consideramos o lazer moderno temível, devido à passividade que poderá vir a manter e desenvolver.

Juntamente com muitos outros autores, salientamos que o problema central de uma civilização do lazer reside na possibilidade de suscitar atitudes ativas, durante a utilização do tempo livre. Georges Friedmann já falava de um lazer ativo. Há alguns anos, David Riesman concluía seu estudo crítico de nossa civilização com uma crítica contra o conformismo dos lazeres norte-americanos e com um apelo em favor da autonomia (*autonomous man*). Max Kaplan (2), recentemente insistiu sobre a necessidade de definir, recorrendo à pesquisa, as normas do lazer que poderão propiciar o desenvolvimento do homem, na civilização contemporânea. Tanto nos Estados Unidos quanto na Europa, o perigo da passividade é denunciado por todos os pesquisadores. Essa unanimidade repousa porém em equívocos quando a passividade ou a atividade são tratadas ao nível das atividades de lazer.

Que é um lazer ativo? Que é um lazer passivo?

Para uns, a participação num espetáculo cinematográfico é uma atividade passiva enquanto a participação no espetáculo dramático seria um "lazer ativo". Muitos especialistas de cinema consideram a atitude do espectador como uma hipnose. Mas para P. Francastel "o espírito do espectador é tão ativo quanto o do cineasta". Outros afirmam que a participação num espetáculo de qualquer tipo será sempre passiva, quer seja um espetáculo esportivo, de teatro ou de cinema. Porém, para a formação do homem, só teria valor a realização cinematográfica, a prática do esporte ou do jogo dramático. Alguns teóricos dos movimentos da juventude estabelecem uma oposição entre atividade e trabalho intelectual. Construir uma obra material, bela ou feia, útil ou não, "é pensar com as próprias mãos", constituindo um verdadeiro lazer ativo. Outros acham que o lazer ativo alcança a reflexão, graças sobretudo ao esforço da leitura. O livro, mais do que um instrumento de cultura, seria um mito gerador de espírito... e os meios audiovisuais não passariam de uma fonte de passividade generalizada. Poderíamos continuar a citar exemplos das várias concepções de lazer ativo. Elas compreendem uma parte de verdade, mas esta parte é sistematizada. Ela "se torna um absoluto que não leva em consideração as verificações experimentais e *a priori* exclui todas as demais concepções.

Inicialmente é preciso esclarecer que a atividade de lazer em si mesma não é passiva ou ativa, mas o será pela atitude que o indivíduo assumir com relação às atividades decorrentes do próprio lazer.

Por outro lado, a atitude ativa e a atitude passiva não se opõem de modo absoluto. Existem, sim, situações nas quais há pontos dominantes que variam de acordo com os indivíduos e as circunstâncias, obedecendo a um *continuum*, que deveria poder ser medido por escalas de intensidade. Finalmente, os critérios de apreciação teriam ser de tal forma amplos que possibilitassem a mais larga flexibilidade, levando em consideração as *várias* exigências, próprias a cada meio social, grupo ou indivíduo. Assim, em cada situação, seria possível determinar empiricamente, em função das necessidades tanto sociais quanto individuais, uma atitude ativa *optimal*. Talvez fosse possível criar um acordo entre os agentes da ação cultural e os observadores dos efeitos dessa ação sobre o público, com base em três traços fundamentais [1]:

1. A atitude ativa implica, aos menos periodicamnte, uma participação consciente e voluntária na vida social. Opõe-se ao isolamento e ao recolhimento social e ao que Durkheim chama de "anomia". Não será uma adaptação conformista às normas culturais do meio social, mas a participação acompanhada do desejo de assumir, em todos os níveis, um grau variável de responsabilidade na vida de um grupo, de uma classe e de uma sociedade, sempre determinada por todos eles. Essa participação diz respeito à família, à empresa, ao sindicato, à vida civil, a todos os grupos e modos de vida.

2. Ao menos periodicamente, a atitude ativa implica uma participação consciente e voluntária na vida cultural. Opõe-se à submissão às práticas rotineiras,

---

(1) Essa é a nossa hipótese — temos o propósito de verificá-la de acordo com os princípios de Thurstone, recorrendo a um Comitê de especialistas, representantes de todas as tendências da ação e da pesquisa culturais, da França e de inúmeros países europeus de tradição cultural, nível econômico e regime político diferentes.

às imagens estereotipadas e às idéias preconcebidas de determinado meio social. A atitude ativa implica um esforço para levar em consideração, compreender, explicar e utilizar os produtos da técnica, das ciências, das artes e, em certos casos, recorre à criação e invenção para enriquecê-los.

3. Finalmente, a atitude ativa exige sempre um progresso pessoal livre pela busca, na utilização do tempo livre, de um equilíbrio, na medida do possível pessoal, entre o repouso, a distração e o desenvolvimento contínuo e harmonioso da personalidade.

Assim para nós, a atitude ativa é *um conjunto de disposições físicas e mentais suscetíveis de assegurar o desabrochar "optimum" da personalidade, dentro de uma participação "optima" na vida cultural e social.*

Como reconhecer os vários tipos de atitude ativa num certo meio ou num certo gênero de atividade? Como exemplo, limitar-nos-emos a esclarecer nosso pensamento recorrendo a uma análise de certas atividades ativas, diante da exibição de um filme cinematográfico.

Espectadores ativos

Que é um "espectador ativo"? Há um *número infinito de maneiras* de reagir a um filme, de acordo com o meio social, as situações e os indivíduos. Seria perigoso procurar extrair de análises da crítica cinematográfica modelos culturais, resultantes da imitação de uns pelos outros, sem levar em consideração os hábitos culturais dos diferentes meios sociais. Não subestimando a importante contribuição dos críticos à compreensão estética de obras cinematográficas, precisamos levar em consideração o fato de que a crítica em geral é feita por intelectuais pouco familiarizados com as condições e os processos que visam à elevação do nível cultural dos vários tipos de população. Por outro lado, num determinado meio social, será importante *observar* as reações dos espectadores mais críticos, as dos vários tipos de autodidatas do cinema, especialmente daqueles que desempenham o papel de líderes de opinião (3). Quando existirem grupos inovadores como os cineclubes seria interessante observar a reação dos animadores e analisar aquilo que pretendem suscitar no seu público, quer seja de operários, empregados ou dirigentes. Esses elementos possuem um conhecimento intuitivo das condições assumidas e do processo de passagem de seu público das atitudes passivas para as ativas. Finalmente, a análise dos modelos culturais ideais e reais explícitos ou implícitos que se formam num cineclube (quando não resulta do estetismo de um grupo fechado) e num grupo de cinema educativo (quando não resulta de um dogmatismo moral) poderá oferecer interessantes pontos de referência [2]. O número de entradas vendidas por semana nos cinco cinemas da cidade A eleva-se a cerca de dez mil, incluindo crianças e adultos; o número de membros dos cineclubes e dos grupos de cinema educativo, incluindo crianças, soma cerca de dois mil. Foi o estudo qualitativo dos modelos desses clubes e do comportamento cultural apresentado pelos seus líderes que nos levou a esta primeira análise da atitude ativa no cinema. O conjunto dos traços que vamos citar raramente estão reunidos nas atitudes de um mesmo indivíduo. No entanto, na sua maioria, eles se apresentam nas várias maneiras de um indivíduo comportar-se de modo ativo, diante de um filme.

De acordo com esses modelos, parece que a atitude ativa, em princípio, é *seletiva*. O espectador não vai ao cinema somente porque não tem o que fazer, ou porque a sala de exibição é perto de sua residência ou porque é noite de sábado. Ele escolhe um certo filme e rejeita outro e essa escolha não se baseia unicamente no nome da artista principal. Na França, a escolha baseada no nome da "estrela" apresenta-se na proporção de 62% (4). O espectador francês leva em consideração a qualidade da obra, seu assunto e forma; dá importância não somente à "estrela", mas também ao ator, ao realizador e à equipe de realização. Além disso, escolhe suas fontes de informação; nestes últimos vinte anos, o uso da imprensa e do rádio para ajudar a esco-

---

(2) Na nossa opinião, o estudo das reações do público médio é necessário mas insuficiente para um estudo dinâmico da cultura popular. Ele precisa ser completado pelo estudo dos inovadores culturais do meio popular, por serem estes fermentos de evolução. Torna-se necessário o estudo dos efeitos de sua ação para que se chegue ao conhecimento dos modelos de criação cultural, reais ou possíveis, das massas.

lher um filme apresentou um certo progresso, 26% do público faz referência a esse fato e 33% recorre à crítica falada. Parece que o espectador ativo, mais do que os demais, escolhe seus informantes, não se satisfazendo com opiniões imprecisas e procurando aconselhar-se com pessoas que julga competentes, pertencentes a seu meio imediato.

Tratando-se do filme propriamente dito, no que consiste a atitude do espectador ativo? Basicamente, ele é *sensível* às imagens, ao movimento, às palavras, aos sons, ao filme no seu conjunto. Ele procura livrar-se das idéias preestabelecidas, dos preconceitos morais e sociais que possam prejudicar sua sensibilidade direta à obra cinematográfica. A atitude ativa, em primeiro lugar, consiste em criar um estado total de disponibilidade para viver integralmente a vida imaginária que lhe é oferecida, a fim de que sejam inteiramente liberados os mecanismos de projeção e identificação, sem o que não haverá uma participação efetiva. Esse é o momento do "sonho acordado". Não são somente os intelectuais os únicos que correm o risco de não apresentarem essa capacidade de receptividade; muitas vezes acontece que o público típico dos cinemas populares, orientado por normas morais, alheias à obra, ria ou assobie fora de hora e reaja com relação a uma obra sem ser atingido pelo sentido geral do espetáculo. Ao se comportar assim, o espectador deixou de se encontrar com a obra por lhe faltar sensibilidade ou por um excesso de condicionamento. Como a inteligência, a sensibilidade pode ser passiva ou ativa e também é suscetível de aperfeiçoamento e requinte.

O espectador ativo é ainda *compreensivo*. O filme possui sua linguagem específica e também vocabulário, gramática e sintaxe que lhe são próprios. O espectador ativo procura decifrar o filme durante ou depois do espetáculo: não somente aproveita a boa linguagem, como se ela for pobre o impedirá de apreciar a história, a cena, o sentimento e a idéia. Através da forma, sua compreensão penetrará até o âmago; conseguirá distinguir o verossímil do inverossímil, enfim não chorará com os melodramas vulgares, apesar de mostrar-se sensível a todas as verdades humanas.

Após a projeção do filme, o espectador procura analisar, de modo mais ou menos profundo, o sentido dos atos praticados e dos caracteres que lhe são apresentados, as concepções artísticas e filosóficas subjacentes, pelo menos quando o filme tem pretensões de ser uma mensagem. Em resumo, o espectador faz um esforço para apreender a significação estética, psicológica, social e filosófica de uma obra, de acordo com as intenções do Autor. Partindo dessas sensações e e impressões, ele refaz o movimento de criação cinematográfica, "da imagem ao sentimento, do sentimento à idéia".

A compreensão interna da obra não marca, porém, o término da atitude ativa. O espectador ativo distancia-se da obra a fim de poder *apreciá-la;* faz sua comparação com outras e procura aproximá-la da realidade por ela expressa. E. Morin salienta que até o realismo "não é o real, mas sim a imagem do real". Essa imagem estará ou não de acordo com a realidade? Quais os elementos eliminados por ela? Qual a situação, o valor e o significado do fenômeno, tanto sobre a tela quanto sobre a vida real? A visualização dos sonhos constitui uma das funções do cinema, mas o espectador procura tomar cuidado para não considerar tais sonhos como realidades, o modo de atuação das "estrelas" como a atividade da "mulher eterna" e o mundo "dos espíritos e fantasmas" como o mundo de todos os dias. Os fenômenos de identificação às "estrelas" e de projeção em certas situações fílmicas são característicos dos jogos de ficção proporcionados pelo olho mágico. Se essas atitudes forem pouco duradouras talvez sejam fatores de equilíbrio, mas, se muito prolongadas, levarão a inadaptações sociais. É bastante controvertida a influência do cinema sobre o delinqüente, mas ela se dará caso o jovem não esteja preparado para separar os fantasmas daquilo que é real. Desse ponto de vista, as atividades de censura de filmes parecem-nos menos importantes do que a da faculdade de apreciação crítica dos espectadores que depois de um certo treino saberão isolar a obra para confrontá-la com situações da vida real. Com relação a uma atitude ativa, a medida última da ficção será a realidade realizada ou em potencial.

O espectador ativo procura também a explicação. Não se limita a apreciar as forças ou as fraquezas da obra, mas conhecer quais os motivos que as determinaram. A obra é produto de uma concepção artística e, assim, qual será sua relação com a arte do Autor? Uma determinada concepção artística baseia-se freqüentemente em idéias psicológicas, sociais e filosóficas. Quais serão as do Autor? Essas idéias poderão ainda ser explicadas pela personalidade, família, meio social do criador e pela época na qual ele realizou seu filme. Para o espectador ativo, a obra poderá constituir o ponto de partida de uma apaixonante pesquisa sobre a cultura, a sociedade e o homem. A obra de A. Bazin e a de E. Morin, críticos franceses de cinema, são ótimos exemplos dessa atitude.

Assim, o conhecimento de uma obra cinematográfica poderá ser uma oportunidade de melhorar o gosto, estimular a compreensão, o espírito crítico, o conhecimento e a ação cultural e social. A atividade cinematográfica, isto é, ver filmes, ao mesmo tempo que diverte poderá tornar-se um meio de elevação do nível cultural, como aconteceu com uma parcela do público, nestes últimos quinze anos. Dentro de certas condições, o público pode ir ao encontro do criador, como este vai ao encontro do público. O espectador ativo é aquele que reúne todas as possibilidades de sua sensibilidade e inteligência para refazer, do melhor modo possível e a seu modo, o caminho percorrido pelo criador.

Desejamos lembrar ainda que o espectador ativo não guarda para si mesmo essas aquisições culturais. Poderá *comunicá-las* a outras pessoas, vir a exercer o papel de informante ou animador de seus amigos, da família, de seus companheiros de trabalho, em seu meio imediato e mediato. Os grupos evoluem através dos líderes de opinião. Os elementos que agem como intermediários fixam o sentido do filme, sendo talvez sua ação mais importante do que a ação direta do filme. Assim, contribuem para mudar as atitudes do público e para preparar um ambiente que poderá agir **sobre os próprios criadores.**

O estilo de vida

Em todos os campos do lazer, as atitudes ativas deveriam ser observadas e analisadas sem dogmatismo. O conjunto dessas atitudes ativas contribuiria para formar em cada grupo e para cada indivíduo um estilo de vida. O estilo de vida poderia ser definido como o modo pessoal pelo qual cada indivíduo ajeita sua vida cotidiana. Como já estudamos, a individualidade de inúmeros trabalhadores tem mais oportunidade de afirmar-se nas atividades livres e cada vez menos no trabalho como atualmente é concebido. Recorrendo a essas atividades, o indivíduo terá tempo e oportunidade para encontrar e desenvolver o estilo de sua própria vida, mesmo com relação ao trabalho. A procura e a realização de um estilo de vida conferem ao lazer seu mais alto significado.

Impõe-se aqui esclarecer a noção de originalidade. Linton, etnógrafo norte-americano, ao examinar as relações do indivíduo com a cultura de seu meio social, estabelece uma distinção entre os universais ou crenças e as atitudes comuns a qualquer membro normal de uma sociedade; as especialidades, que são crenças e atitudes diferentes segundo os ofícios e as profissões, os sexos, etc.; as alternativas, que podem ser compreendidas como os modelos peculiares a cada indivíduo de pensar e executar, a seu modo, tudo o que os demais pensam e executam, em suma, as peculiaridades individuais.

A verdadeira originalidade não reside somente nas peculiaridades próprias a cada indivíduo, mas é encontrada também nos vários modos a que cada pessoa recorre para conseguir viver as normas de seu grupo, de sua classe social e da sociedade global à qual pertence.

Para se chegar a distinguir um estilo de vida, ter-se-ia de início de proporcionar a tomada de consciência de tais normas e dos fatores e circunstâncias que as determinam. Em especial, será o modo de compreender tudo aquilo que modela a parte aparentemente mais livre das atividades cotidianas, isto é, os lazeres. É dessa nítida tomada de consciência que resultará uma escolha válida de alternativas e a mais completa realização, ao mesmo tempo a mais adaptada e autônoma, das peculiaridades de cada indivíduo. Não existe uma técnica esportiva especial, um certo modo de viajar ou uma determinada explicação de um filme, mas sim comportamentos coletivos no modo de utilizar o próprio corpo, de percorrer uma distância ou de ver um filme. Recorrendo aos comportamentos e não fora deles é que o operário e o lavrador chegarão a adquirir uma arte de viver os lazeres de modo peculiar.

A busca de um estilo de vida é pois inseparável de uma tomada de consciência dos problemas da vida social, isto é, dos condicionamentos a serem dominados. O comportamento não será então o resultado mecânico de um condicionamento e utilizará os recursos do meio, em função das necessidades e aspirações da personalidade. Não se trata de um exaustivo esforço de auto-educação permanente, mas cada indivíduo passará a prestar mais atenção ao justo equilíbrio entre as atividades de recuperação, recreação e desenvolvimento, determinados pelas situações da vida cotidiana. Essa escolha levará o indivíduo a estabelecer uma *hierarquia* nas suas atividades físicas, manuais, intelectuais e sociais e em todas as oportunidades a fortalecer a autonomia e a estrutura de sua personalidade, procurando ao mesmo tempo alcançar uma melhoria na sua participação consciente e voluntária na vida da sociedade.

Assim definida, a procura de um estilo de vida levará a "colocar no mais alto grau algumas de nossas qualidades naturais, visando sempre a estabelecer o equilíbrio entre todas elas..." (Valéry). Essa será uma tentativa de organizar o tempo livre e de orientar a reflexão, tomando como base um lazer predileto: *dada, hobby, violon d'Ingres*, trabalho social voluntário, sem contudo esquecer o resto da vida*. Essa tentativa implica a revolta contra tudo que é imposto e a preferência pelos elementos que contribuem para a expansão. O estilo de vida é uma resposta ao meio conformista ou deprimente. É por isso que nossa civilização urbana e industrial é uma civilização ao ar livre e uma volta à natureza; e também porque a nossa civilização do "tudo pronto", do trabalho em cadeia, é a civilização do *bricolage,* do mecânico amador, do in-

(*) Ver nota da p. 29 (N. da T.)

ventor e do criador. Assim, as contradeterminações do mundo contemporâneo são parcialmente criadas pelo lazer que foi possibilitado por esse mesmo mundo determinado.

Nessa perspectiva, o tempo de lazer apresenta-se como o sustentáculo de uma atitude que não será considerada marginal, mas mediadora entre a cultura de uma sociedade ou de um grupo e as reações de um indivíduo às situações da vida cotidiana. Esse papel mediador é exercido em primeiro lugar com relação às próprias atividades de lazer, fazendo com que essas atividades assumam dimensões de uma cultura física ou manual, artística ou intelectual, individual ou social e assim por diante, e alcançando ainda outras atividades profissionais e extraprofissionais. O tempo de lazer, enquanto um tempo de fruição, torna-se também um tempo de aprendizagem, aquisição e integração, diverso dos sentimentos, conhecimentos, modelos e valores da cultura, no conjunto das atividades nas quais o indivíduo está enquadrado. O lazer poderá vir a ser uma ruptura, num duplo sentido: a cessação de atividades impostas pelas obrigações profissionais, familiares e sociais e, ao mesmo tempo, o reexame das rotinas, estereótipos e idéias já prontas que concorrem para a repetição e especialização das obrigações cotidianas.

Ao possibilitar essa dupla ruptura não mais para alguns privilegiados mas agora para uma massa de indivíduos, o lazer talvez venha a provocar uma mudança fundamental na própria cultura. Ao popularizar-se, a cultura poderia, mais uma vez, metamorfosear-se. A cultura de origem aristocrática supõe um homem, um "bom homem", que nada faz; é desinteressada e na sua fria nobreza poderá não conferir um interesse ao trabalho que caracteriza a humilde vida cotidiana. No decorrer do século XIX, processou-se uma reação democrática e o trabalho enobreceu-se. De Marx a Mannheim, espíritos reformadores afirmaram que o trabalho poderia e deveria situar-se, nos dias de hoje, na base de uma nova cultura, não mais reservada a uns poucos ociosos, mas comum a todos os que trabalham. Outro grupo, de Condorcet a J. Ferry, recorrendo a uma outra via, tentaram conseguir a democratização da cultura; impuseram a todos os filhos do "povo" um tempo livre de trabalho produtivo, um tempo de escolarização cada vez mais longo, sem antes fazerem um reexame dos próprios fundamentos da cultura por eles difundida, uma cultura herdada do passado.

Atualmente, devido às perspectivas de uma extensão e valorização do lazer entre as massas, somos levados a pensar em novos termos que não contradizem os precedentes, mas os colocam numa nova perspectiva. Com efeito, o homem do lazer tem e terá cada vez mais tempo livre, como o tinha o humanista dos séculos XVI e XVII. No entanto, como esse homem pertence à massa da população ativa, continua e talvez continue a valorizar *a atividade,* manual, física e intelectual, fazendo com que ela seja a base de uma cultura viva. Ainda, em lugar de valorizar somente as atividades de trabalho, talvez chegue a considerar as atividades de lazer como elementos mediadores entre a cultura geral e o conjunto das atividades. Aqui nos deparamos com um passo deveras importante, por serem essas atividades de lazer que correspondem àquele tempo necessário ao processamento da descoberta, da aquisição e da criação livres. Pode ser que as relações com a cultura do corpo e a do espírito, o compromisso e o desinteresse, a seriedade e a atividade lúdica mudem profundamente naquilo que virá a ser a cultura vivida pelas massas, numa civilização cada vez mais marcada pelo lazer. Seguir o caminho dessa nova cultura — mais corporificada do que uma cultura clássica, mais desinteressada do que uma cultura "politécnica", mais complexa do que uma cultura militante — isto é, de uma cultura ligada diretamente às atitudes ativas do Homem do lazer, nas suas relações com os problemas do turismo, do esporte, da televisão, das leituras recreativas e dos agrupamentos sociais voluntários, parece-nos constituir um dos mais importantes objetivos, tanto para os humanistas quanto para os sociólogos de nossa cultura contemporânea.

CONCLUSÃO PROVISÓRIA

Como expusemos, nestes últimos cem anos, cresceu e valorizou-se o lazer. Acha-se ele em plena expansão. Quando circunstâncias como a miséria, a doença e a ignorância limitam as atividades próprias do lazer, sua presença é sempre constante como uma necessidade imperiosa, um valor latente em todos os meios sociais, principalmente entre as gerações mais jovens. Nas sociedades industrializadas, o lazer foi um fenômeno de classe, no século XIX, e tende a tornar-se um fenômeno de massa, no século XX.

O lazer não é um produto secundário, mas prioritário da civilização contemporânea. Com a elevação da renda individual talvez o tempo livre venha a ser a perspectiva essencial para a maior parte da humanidade. O trabalho não mais será vivido como um fim, mas como um meio.

No entanto, os países mais civilizados não tomaram consciência ainda do problema geral do lazer; sua vivência ainda é fragmentada, sob formas diversas, que dificultam a análise e a possível acomodação de seu equilíbrio num certo estilo de vida. O lazer pode ser, ao mesmo tempo, férias e trabalhos voluntários, nada fazer e esporte, prazeres gastronômicos e entretenimentos musicais, práticas de amor e atividades de azar, leitura de jornal e estudo de uma obra-prima, conversa fútil e conversa cultural, *violon d'Ingres* e animação de um grupo e assim por diante. Não obstante, todas estas atividades de lazer encontram-se circunscritas no mesmo tempo livre, não apresentando qualquer caráter de necessidade ou obrigação. Não visam à obtenção de um pagamento, colocam-se à margem das obrigações familiares, sociais, políticas e religiosas. São desinteressadas. Podem completar-se, equilibrar-se e substituir-se umas às outras, segundo normas pessoais e coletivas. São realizadas livremente a fim de proporcionar satisfação aos indivíduos que as praticam. Na maior parte das vezes, alcançam seus objetivos por si próprias. Já demonstramos que apesar de sua diversificação essas atividades podem ter, para os indivíduos e as sociedades, significados muito mais próximos do que se notaria à primeira vista (5). O tempo livre é o tempo preferido para todas as formas de decadência e de florescimento humano.

Sob essas múltiplas formas, o lazer ergue-se como um desafio contra todas as morais utilitárias, as filosofias comunitárias; contra todos os tabus herdados de uma civilização tradicional dominada continuamente pela miséria, ignorância e medo; contra os ritos que constrangem o grupo social (6). Frente a esse desafio, todos se vêem obrigados a reajustar a aplicação de seus princípios. Há cento e cinqüenta anos, afirmou-se: "a felicidade é uma idéia nova, na Europa". Há motivos para fazer a mesma afirmação nos dias de hoje. Essa busca de uma nova alegria de viver, essa nova "fúria de viver", não pertence particularmente a uma nova geração, mas a uma nova civilização e está profundamente enraizada nas conquistas da era da máquina, opondo-se ao mesmo tempo a todos os constrangimentos e coerções físicas e morais, próprias dessa época. As atividades de lazer oferecem terreno privilegiado para as realizações da era da máquina e são um de seus componentes mais disseminados e atraentes.

A maioria dos sistemas de pensamento, surgidos no século passado, que pretendem explicar nosso tempo, desarticula-se diante do conjunto de fenômenos em expansão compreendidos na área do lazer. Inúmeros filósofos do trabalho ainda estudam o lazer como se ele fosse um apêndice complementar ou compensatório do trabalho. A maioria dos especialistas em questões de consumo consideram-no como um elemento do item "diversos", complementar dos itens "alimentação", "vestuário", "moradia" e "saúde". Entre os especialistas de estudos sobre a família, dificilmente encontramos quem ao menos recorra à palavra "lazer"; a organização dos lazeres não figura em nenhuma das atuais análises das funções da família. Quando os jovens tentam afirmar suas aspirações, ainda confusas mas poderosas, exteriorizadas em atividades de bandos e em atos de destruição e de delinqüência, na sua totalidade realizados durante o tempo livre, tais comportamentos são analisados unicamente em termos de direito violado, educação imperfeita, aspirações a uma comunidade diferente daquela a que pertencem ou da busca de uma mística... e quase nunca à luz das novas necessidades de uma civilização que valoriza a idade privilegiada para o lazer, isto é, a juventude, à procura ainda de sua moral, filosofia e direitos. Nenhum autor francês conseguiu até agora fazer a menor tentativa de análise que possa ser comparada à esboçada por Daniel Bell sobre a "delinqüência muscular" no livro *La Fin des idéologies* (7).

Quando há abstenção nas reuniões sindicais ou políticas, não é ela relacionada com as atividades realizadas à noite ou no domingo e nas férias que de certo modo substituem essas reuniões. Sua análise é feita somente em função da crise das ideologias políticas e sindicais. Ficam fora da área de estudos o conteúdo e a forma da participação política, numa civilização do lazer. Quando os sociólogos da religião analisam o crescimento das atividades de fruição e o relaxamento no cerimonial das festas, eles o fazem na maioria das vezes em função de uma ideologia comunitária tradicional. Finalmente, a crise da cultura, o distanciamento entre a arte e o povo, os equívocos da cultura popular, são quase sempre criticados do ponto de vista de uma filosofia intelectualista ou sensualista da cultura e de uma filosofia democrática ou aristocrátcia da era das massas e quase nunca em função do possível conteúdo das atividades livres do repouso, divertimento, recreação, entretenimento ou desenvolvimento, nas quais o esforço cultural poderá vir a se concretizar *realmente* para as massas.

Quase todos os reformadores da educação francesa promovem estudos sobre as novas necessidades da agricultura, do comércio e da indústria, e procuram compensar as desvantagens da especialização pelo incremento da cultura geral mas na sua maior parte reservam um lugar diminuto, para não dizer insignificante, ao preparo das crianças fundamentado no equilíbrio das funções do lazer no mundo que virá. Esses reformadores só pensam recorrendo a subterfúgios de adição ou subtração com relação a um sistema, cuja estrutura geral, na França, não variou desde Napoleão e Jules Ferry; em suma, todos procuram medir fatos novos utilizando um metro anacrônico.

Todavia, o lazer, na conjuntura atual, já possui a força de um fato autônomo. Em primeiro lugar, deve ser considerado em si mesmo, levando-se em consideração sua própria dinâmica e depois suas relações em posição de igualdade com o trabalho, a família, a política, a religião e a cultura. Todos os sistemas relacionados com esses importantes elementos da civilização devem ampliar-se a fim de conseguirem abarcar o conjunto das características e dos fatores de uma civilização do lazer. Podemos afirmar que o lazer representa um conjunto de aspirações do homem à procura de uma nova felicidade, relacionada com um novo dever, uma nova moral, uma nova política, uma nova cultura. Prepara-se uma mutação humanística que talvez venha a ser mais fundamental ainda do que a acontecida na Renascença. Ela vem se processando lenta e quase imperceptivelmente "de mansinho", a partir do século XIX, quando os sindicatos operários reclamaram, pela primeira vez, não só um aumento de salário, mas também a diminuição das horas de trabalho. É uma conseqüência lógica da revolução democrática e industrial do último século e um dos maiores componentes do "gigantesco teste de resultados incertos" que é a aplicação na escala da Humanidade das invenções prometéicas do Homem. Essa é a hipótese central resultante de nossas pesquisas sociológicas e do estudo crítico de trabalhos de colegas europeus e norte-americanos realizados sobre o lazer e os lazeres.

Terá o mundo entrado na civilização do lazer?

Há disparidades profundas entre os indivíduos e os meios sociais. Um grande número de indivíduos permaneceu oprimido pelo trabalho [1*]. Muitos outros continuam demasiadamente ligados a seu trabalho, ainda que desempenhem tarefas executivas. Para estes, a técnica do trabalho é menos importante do que o ambiente em que trabalham e a rede de suas amizades. Para alguns, porém, o trabalho constitui uma ocupação especial que impõe uma disciplina da qual necessitam e que é para eles um fator de equilíbrio, sobre o qual Freud já falava. Finalmente, para um certo número de indivíduos, o trabalho extravasa o tempo livre, quer executem trabalhos agradáveis, tarefas suplementares, trabalho de baixo nível, sobre os quais, no decorrer deste livro, escrevemos abundantemente, tanto com relação à França, à Iugoslávia quanto com relação aos Estados Unidos. É também do conhecimento de todos que os casebres e a moradia demasiadamente pequena dão origem a problemas, cuja solução é mais premente do que como saber o modo de empregar o tempo livre. Na França a metade das moradias deveria ser reconstruída. E, finalmente, nos países em vias de desenvolvimento, os problemas do lazer colocam-se depois dos que são próprios à luta contra a fome e a ignorância. Dois terços da população do mundo não se alimentam suficientemente a ponto de saciar a fome e a metade dela não

---

(1) Na França, dois terços dos trabalhadores não percebem por mês cinqüenta e oito mil francos antigos, e a metade dentre eles só consegue ganhar, mensalmente, trinta e nove mil francos antigos (de acordo com as declarações fiscais, apresentadas pelo Bulletin Statistique et Études Économiques, publicado em 1960).

(*) Em termos da moeda corrente na França, essas importâncias correspondem a 580 francos e 390 francos. (N. da T.)

sabendo ler e escrever é incapaz de dirigir seu próprio destino. Esses fatos determinam prioridades.

Pensamos, no entanto, que de agora em diante, com maior ou menor intensidade, o problema do lazer estará presente *no conjunto* da civilização industrial, independente do grau de desenvolvimento técnico e do tipo de estrutura social da sociedade em questão. Não somente estará presente, como reagirá sobre outros problemas de ordem econômica, social e cultural, sofrendo simultaneamente sua influência. Aqueles que não lhe conferem a devida importância comprometem a solução dos problemas adiante citados.

Evidentemente, é no país que alcançou o mais alto nível de vida e a menor semana de trabalho (somente quarenta horas em média, havendo certas indústrias que trabalham regularmente no regime de trinta e duas horas) que se apresentam os sinais mais angustiantes desse problema. Deixando-se de lado 5% de desempregados permanentes e 20% de indivíduos relativamente pobres (cuja renda não ultrapassa a de um empregado francês da menor categoria), todos os norte-americanos estão empenhados na corrida de consumo de objetos que na maior parte das vezes satisfaz menos uma necessidade pessoal do que a imposição do conformismo e do prestígio [2]. Quando se teve um carro durante dois anos, o próximo será trocado depois de um ano e, em seguida, comprar-se-ão dois deles, de uma só vez. Essa corrida não tem fim. De acordo com Riesman, a saturação pletórica do mercado, determinada pela pressão permanente e anárquica da publicidade sobre o consumidor, a longo prazo, levará seguramente à "mais completa loucura". É na área dos lazeres que essa corrida poderá determinar as mais temíveis conseqüências, ao se refletir nas aspirações sociais e culturais das massas. As inúmeras associações que poderiam desenvolver a participação democrática não são incentivadas; dois terços dos norte-americanos não demonstram interesse por elas (8). Os esforços despendidos na educação de adultos, ainda que apresentem um certo progresso, a partir de 1950 (as matrículas nos cursos e círculos passaram de vinte e cinco milhões para cinqüenta milhões) passaram a não ser bem recebidos e somente catorze Estados,

(2) Cf. Galbraith, Riesman, Fromm...

num total de quarenta e oito, apóiam essas iniciativas com subvenções. A maioria dos norte-americanos freqüenta a escola até os dezessete anos e 30% deles chegam à Universidade, porém o meio ambiente lhes impõe de modo brutal outros valores. São raros os programas de televisão de qualidade intelectual e artística, esmagados pela massa de comédias e programas musicais de baixo nível, que são apenas suportes de uma publicidade maçante. Acha-se em declínio a difusão de biografias de sábios, escritores e benfeitores e predominam as histórias de vida das celebridades do cinema e outras do mesmo gênero! Concluindo, apesar da presença de criadores e inovadores, capazes de melhorar os gostos e o pensamento das massas, um sem-número de vias de difusão impõe como imagem da vida ideal o conformismo do homem médio e do homem anônimo[3]. "Não possuímos, afirma Riesman, formas institucionais organizadas que permitam canalizar nossa abundância para serviços que ao mesmo tempo melhorem a qualidade e o conteúdo da vida cotidiana[4]". Desejando uma reforma urgente no conteúdo e no estilo de distribuição, Riesman conclui ser fácil prever para as próximas décadas "uma grande expansão do número e das atividades dos conselheiros de lazer (*avocational counsellors*) que, segundo ele, devem existir nas lojas e clubes que oferecem serviços ou atividades ligadas ao lazer, como a pesca, o esporte, o cinema, a leitura, etc. Evidentemente a solução de um grande número de problemas sociais e culturais dos Estados Unidos depende de um ajuste humano da civilização do conforto e do lazer.

Encontraríamos a mesma situação nos países que ainda não atingiram o mesmo nível de produção dos Estados Unidos? Ao longo deste livro, tivemos ocasião de demonstrar que a França, um país europeu, já se defronta com alguns desses problemas no trabalho, na vida familiar e na cultura. Nos países europeus de estrutura capitalista, nos quais realizamos uma enquete comparativa sobre o lazer (de 1956 a 1959) deparamos com os mesmos problemas. Em todos esses países, o lazer possui um tal prestígio que todos os meios sociais, inclusive o operário, tendem em grande parte a fazer seus

---
(3) Whyte (R); Riesman (J).
(4) D. RIESMAN, em "Work and leisure", no livro *Mass leisure*.

os modelos da classe média. Sabemos da grande importância desses fenômenos nos processos de "aburguesamento" e "padronização". Além disso, todos querem imitar os países mais ricos. É incontestável a influência do modo de vida norte-americano que confere ao lazer um lugar tão importante. A predileção pelo automóvel, o culto pelas estrelas de cinema e de outros tipos, os atuais modelos de origem ou estilo norte-americano, de forma mais ou menos modificada, são transmitidos ao mundo inteiro por meio de potentes meios de difusão. Chegam eles tanto aos casebres das partes mais pobres da cidade quanto aos palácios dos ricos, ao Marrocos como a Argel, às favelas das cidades sul-americanas e africanas, enfim, a todos os lugares. No filme *Moi et un Noir* [5] os jovens da cidade de Abidjan são conhecidos por Eddie Constantine e Dorothy Lamour. Certamente há grandes áreas que conseguem ainda conservar-se isoladas, protegidas por sobrevivências tradicionais. Às vezes são eficientes certos tipos de resistências organizadas contra essa invasão cultural; há no entanto um ponto sobre o qual não persiste qualquer dúvida: outrora a cultura era sobretudo a superestrutura das instituições e dos costumes locais. Hoje, porém, a situação mudou, pois, devido ao extraordinário desenvolvimento das comunicações, a Terra tornou-se muito pequena. Os modelos culturais são transmitidos de um pólo a outro do mundo. Especialmente os modelos relacionados com o lazer são cada vez menos determinados unicamente pela experiência do meio local e cada vez mais pelas mensagens vindas da civilização que se apresenta como a mais poderosa, a mais rica e a de mais prestígio. Acha-se aí o pólo de propagação de uma civilização de tendências universais, uma *televicivilização*. Conseqüentemente um perigoso mimetismo social molda cada país, passando eles a repetirem agora ou mais tarde os benefícios e também os malefícios do lazer à moda norte-americana. À vista disso, parece-nos muito necessário reservar desde já, nos países que estão em processo de passagem para o ciclo da civilização industrial, um lugar importante para os problemas sociais e culturais do lazer. Cada país deverá fazer uma previsão das possibilidades em que o lazer se desenvolverá, tanto do ponto

(5) De Jean Rouche, ao mesmo tempo etnólogo e cineasta.

de vista econômico quanto cultural. Seria incorrer num grande erro limitar a ação cultural à abertura de escolas contra o analfabetismo ou à prolongação da escolaridade. Que sabemos da influência a ser exercida pela escola daqui a dez anos? Impõe-se completar os sistemas escolares com uma ampla política de instalação de instituições de lazer recreativo e instrutivo que atinja toda a população, incluindo jovens e adultos [6]. Se não o fizeram agora, depois talvez seja demasiado tarde para que se consiga organizar o lazer da civilização industrial, na dimensão do Homem.

Os problemas serão menos importantes nos países de estrutura socialista? A necessidade imperiosa de lazer resultaria de uma estimulação artificial provocada por um sistema capitalista, sem organização e isenta de um ideal coletivo? Glezermann, personalidade representativa de Moscou, num artigo escrito há alguns anos, no qual trata do "progresso cultural da sociedade, uma das condições essenciais da passagem para o comunismo", lembra após Marx que "a verdadeira riqueza da sociedade comunista reside na força produtiva desenvolvida por todos os indivíduos e quando isso for alcançado a medida das riquezas não será mais o tempo de trabalho, mas o tempo dos lazeres" (9). Marx chegou até a imaginar um estado idílico da sociedade futura, no qual, o trabalho sendo reduzido ao mínimo, os próprios lazeres se tornariam o essencial.

Será uma sociedade na qual "nenhum indivíduo estará preso a uma especialidade escolhida casualmente, mas sim poderá aperfeiçoar-se em todos os ramos de atividade que lhe convier. A sociedade assume a responsabilidade da regulamentação geral da produção e proporciona ao indivíduo oportunidades de fazer hoje uma cousa e no dia seguinte outra, ou ainda caçar de manhã, pescar à tarde e fazer crítica literária de noite, tudo como mais lhe agradar, sem nunca se tornar caçador, pescador, pastor ou crítico"[7].

A União Soviética não esperou alcançar essa época feliz para criar uma rede de instituições destinadas ao

---

(6) Verificamos com muita satisfação que na UNESCO a antiga concepção da educação de base, aplicada nos países em vias de desenvolvimento, foi substituída por uma concepção mais rica de divertimento, baseada numa formação permanente de toda a população.
(7) K. MARX, em *La Sainte Famille*, citado por D. RIESMAN, *The Lonely Crowd*.

lazer das massas. Todos os observadores concordam em afirmar que talvez seja esse o país que apresente o maior número de realizações que visam à propagação do esporte de massa. Desde sua primeira apresentação nos Jogos Olímpicos (1948), foram constantes os progressos nessa área. Nos Jogos de 1960, as equipes soviéticas obtiveram o maior número de medalhas. Uma outra personalidade de Moscou relatou numa revista francesa uma série bastante ampla de realizações culturais em favor do povo (10). No entanto, há alguns problemas que demandam exame.

Um tal sistema de educação sistemática chegará a atender a todas as aspirações das novas gerações quando o nível de vida soviético aproximar-se do nível de vida norte-americano? A ocupação do tempo livre não implicará, então, em problemas ainda mais complexos? Já se conseguiu perceber a presença de algumas necessidades latentes, não satisfeitas, apesar da censura existente com relação ao conteúdo das atividades de lazer e do conteúdo da cultura. A primeira enquete sobre o lazer, cujos fins nos parecem um tanto limitados, revelou, de início, que um grande número de pessoas não segue essa orientação dirigista (11). Em outros países socialistas, tributários ou independentes de Moscou, como a Polônia e a Iugoslávia, onde tivemos oportunidade de participar de enquetes realizadas em várias localidades, verificamos que, apesar da pressão do meio em favor do desenvolvimento cultural, uma grande parte da população conserva-se à margem das instituições de lazer educativo ou só participa delas de modo formal, por esnobismo ou conformismo. Na Iugoslávia, onde a educação socialista processa-se dentro de condições mais flexíveis do que na União Soviética, já em 1960, o problema do lazer foi considerado tão importante, nos seus efeitos positivos e negativos sobre a participação democrática nas instituições profissionais sindicais e municipais, que passou a ser objeto de discussões em reuniões realizadas nas mais altas esferas da vida política e ideológica (12).

Em suma, todos os países — capitalistas ou socialistas — enfrentam problemas de suma importância, devido à expansão do lazer. Uns partem de uma política de desenvolvimento das massas demasiadamente autoritária, outros, não tendo uma orientação a seguir, permitem que prospere uma recreação anárquica de base comercial. Todos, porém, em diferentes níveis de desenvolvimento técnico e dentro de estruturas sociais diversas ou opostas, já se vêem obrigados a enfrentar a questão central da civilização do lazer.

Essa questão poderia ser assim formulada: de que modo, numa civilização na qual o lazer passou a ser um direito de todos e chegará paulatinamente a constituir um fato de massa, cada homem, qualquer que seja sua origem, fortuna e instrução, poderá alcançar um *equilíbrio optimum,* por ele próprio encontrado, entre a necessidade de repouso, de divertimento, recreação e entretenimento, e participação na vida social e cultural.

A nosso ver, não existe problema mais importante para o futuro do homem, nas sociedades industriais e democráticas. O desafio é fascinante. Já são razoavelmente claros os objetivos do desenvolvimento econômico e social, porém quais serão os objetivos do desenvolvimento cultural, ao nível de uma sociedade na qual as massas, pouco a pouco, passem a gozar de lazer? Fala-se de instituições necessárias ao progresso da democracia econômica, social, política e escolar, mas esse progresso pressupõe a participação do cidadão e isso exige que os cidadãos estejam interessados nos conhecimentos e valores implícitos e que parte de seu lazer se destine à sua informação sobre as realizações da técnica, da ciência e das artes. Evidentemente, são inseparáveis a democratização permanente do saber, a democratização do poder, da organização e da decisão. Não bastará afirmar que a fim de evitar o domínio da "civilização do *gadget*" é indispensável que a política do consumo e da produtividade seja orientada pela sociedade. As teses pós-keynesianas, à moda de Galbraith, são necessárias, mas insuficientes para criar uma civilização mais humana. É igualmente necessário, porém insuficiente, incluir entre os objetivos sociais uma maior duração da educação. Na verdade, a promoção do lazer nas massas obriga-nos a examinar, nesta segunda metade do século XX, o amplo problema da *democracia cultural,* tão importante quanto o da democracia econômica, social e política. Os problemas da democracia cultural são condicionados pelos da democracia econômica, social e cultural e em parte condiciona os precedentes. Sentimo-nos menos preparados diante do problema da democracia cultural, por ser ele mais novo, pelo menos quando temos de enfrentá-lo na sua *totalidade*.

Nos dias de hoje, o problema do desenvolvimento cultural de nossa sociedade de massa é apresentado de forma incoerente e impotente. Na França, verificamos existir já uma certa orientação para esse desenvolvimento cultural que visa a alcançar todos os meios sociais. A ação cultural poderá ser definida com vistas à ação econômica e social, como o modo pelo qual agentes públicos e particulares intervêm sobre interesses, informações, conhecimentos, normas e valores da população de um grupo ou da sociedade global, em função de seus critérios de desenvolvimento cultural. Esses critérios podem ser conscientes ou inconscientes, mas geralmente são parciais e mal definidos, tanto ao nível dos fins quanto dos meios.

Não se deve culpar dessa incerteza somente os governantes e administradores responsáveis. Os conselhos eleitos, com mandato maior ou menor, constituídos para escolher, melhorar ou aplicar esses critérios também encontram as mesmas dificuldades. Por exemplo o Conseil Supérieur de l'Éducation Nationale nunca foi capaz de definir e caracterizar qual a educação que a escola deve proporcionar a dez milhões de alunos no sistema geral de uma educação permanente, programada para o conjunto da população francesa. A idéia que esse Conselho tem do poder dos grandes meios de informação de massa e das instituições e associações culturais é de uma simplicidade excesiva. Nunca constitu objeto de uma pesquisa científica a interferência dos efeitos desses meios de ação cultural extra-escolar na atuação da escola e da universidade. O Conseil Supérieur d'Éducation Nationale nem mesmo conseguiu sobrepor-se à ridícula disputa entre educadores antigos e modernos, desenvolvida fora do mundo dos professores em exercício, que há muito discutem sobre a diminuição ou o aumento no sistema escolar das aulas de Latim, Matemática e Francês, em lugar de procurar estudar como a escola poderá proporcionar um desenvolvimento cultural que favoreça os lazeres das massas. Foram abafadas todas as reformas um pouco mais audaciosas visando a permitir que o ensino passasse a atender às exigências de uma "cultura permanente".

O Conselho Supérieur de l'Éducation Populaire, no seu conjunto, é mais aberto aos problemas citados. Mas, no momento, sua preocupação dominante e bastante embaraçosa é fixar critérios para a oficialização e de como estabelecer subvenções destinadas às associações de educação popular [8]. Surgem novas associações que visam a ligar os educadores populares não só aos educadores escolares, mas também aos orientadores industriais e sindicais (atividades culturais dos comitês de empresa), aos trabalhadores sociais (animação sociocultural dos novos conjuntos residenciais), aos jornalistas (difusão da ciência contemporânea na televisão ou em revistas especializadas), aos pesquisadores interessados e aos criadores (associações de escritores científicos), e assim por diante. Criam-se novos agrupamentos, cujo objetivo primordial é procurar resolver os atuais problemas ligados ao desenvolvimento cultural do grande público, que permanecem porém no isolamento, sem grande publicidade, não gozando do amparo de órgãos oficiais, cujos responsáveis possuem pequena informação das necessidades complexas e em transformação.

Até mesmo o setor industrial, premido por novos problemas de formação do pessoal, não sabe que orientação tomar. Cada vez mais torna-se premente a necessidade de se promover o desenvolvimento de uma cultura geral, no setor industrial [9]. Neste ponto cabe indagar do conteúdo de uma cultura geral ligada tanto aos problemas do lazer quanto aos do trabalho. Um relatório do Conseil Économique, datado de 1962, sobre a promoção social, apresenta um grande capítulo referente à necessidade de uma promoção cultural. Porém, como

(8) O Conseil Supérieur que incumbiu uma comissão de estudar os critérios de intervenção (aprovação, subvenção), dentro desse novo contexto, há dois anos espera os resultados de tais estudos. E depois de passado esse tempo, os elementos dessa comissão que exercem a função de animadores, consequentemente muito competentes, reconhecem que suas conclusões já foram ultrapassadas pela situação. Poderiam eles agir de outro modo, na situação atual da informação e da pesquisa?

(9) O Institut de Formation Pratique des Chefs (I.F.P.C.), que reúne a quase totalidade dos representantes dos serviços de formação das empresas industriais, organizou sua última sessão do ano de 1960 em torno do seguinte tema: "A cultura geral e a formação industrial".

se ligará a promoção social à promoção cultural? Qual o conteúdo que uma e outra deverá ter para que atenda, simultaneamente, ao desenvolvimento econômico, ao progresso social e à livre expansão do homem nas suas atividades de lazer? A nosso ver, essa questão ainda está num ponto bastante obscuro e insistimos na necessidade de se fazerem pesquisas sobre ela.

Se passarmos para o campo das formas pelas quais intervirão os grandes meios de informação de massa, não é menor a confusão. O Conseil Supérieur e o Comitê dos programas da Radio-Télévion Française trabalham sob um bom lema: "Distrair, informar, instruir". Desejaríamos saber como é realmente executada a parte "instruir". Nessa organização, o Service de Relations avec le Public ocupa um lugar pouco importante entre os responsáveis pela organização dos programas. Ele não tem meios para desempenhar as funções de um serviço de estudo das necessidades culturais manifestas ou latentes das várias categorias sociais que compõem a sociedade francesa. Não sabemos por que os programas dramáticos, documentários, literários e científicos de muito boa qualidade, que divertem sem embrutecer ou instruem sem entediar, não são melhor aproveitados e exibidos nas escolas, universidades e em inúmeros agrupamentos de lazer recreacional e cultural.

Quais os motivos que levam a ligação entre a Radio-Télévision Française e a escola e a universidade a ser parcial, aleatória, e prejudicada por incompreensões simplistas de responsáveis, tanto de uma quanto de outra parte? Quem sabe os intercâmbios entre o conjunto das instituições e associações recreativas e culturais, nacionais, regionais e locais pudessem ser menos esporádicas e caóticas? Essa situação leva a um enorme desperdício de tempo, dinheiro e talento em detrimento da eficiência do desenvolvimento cultural da totalidade da população, quanto ao aproveitamento do tempo livre.

Para terminar, daremos dois exemplos: um certo comitê, que tem decisão sobre subvenções tende a favorecer as produções cinematográficas e as produções literárias de qualidade que poderiam não alcançar sucesso no jogo de oferta e procura do sistema comercial. Certamente seria uma forma interessante de intervenção, mas quais os critérios a serem adotados, nessa escolha, tanto na área cinematográfica quanto na literária? Pode ser justificável o apoio tanto a uma edição de luxo de um livro de Madame de Staël quanto a um filme de arte sobre assuntos plásticos. Mas por que essa escolha e não uma outra? Só uma orientação que levasse em consideração o conjunto da expansão da cultura nas várias categorias da população possibilitaria adoção de critérios acertados para a tomada de tais decisões. Se examinarmos a situação da censura das produções artísticas, veremos que ela apresenta uma indigência intelectual ainda maior. No setor da censura acontece o seguinte: em relação ao cinema, a comissão de censura pode, num determinado ano, interditar um filme e, em outro, autorizar sua exibição, dependendo essa mudança de critério unicamente das decisões de uma sessão da comissão. Os censores decidem recorrendo às suas reações morais para imaginar as reações de milhões de indivíduos, sem se preocuparem com qualquer pesquisa séria sobre os reais efeitos que os filmes possam causar, sem prestar a menor atenção a um problema que desde os tempos de Aristóteles ainda não foi resolvido — o das relações entre a mimese... e a catarse. Esse problema é encontrado no cinema, na literatura e em todas as artes. O tiro de revólver de Werther levará o leitor ao suicídio ou o impedirá de suicidar-se, oferecendo-lhe oportunidade de perpetrar um suicídio, por procuração, na sua imaginação? Ou então, é um outro aspecto da obra que ficará na memória ou penetrará nos sentimentos do leitor?

Em suma, essas formas de intervenção positiva ou negativa, visando a interditar ou estimular produções intelectuais e artísticas, oriundas da ação positiva ou negativa da Radio-Télévision Française ou das comissões de censura são sinais de uma profunda crise dos critérios que nortearam o desenvolvimento cultural da democracia francesa. Reconhecemos existir diferenças entre os conteúdos e os agentes da ação cultural. A democracia tem de ser pluralista, sob pena de renegar-se a si própria. No entanto, a palavra "liberdade" não poderá ser usada onde só existe incoerência e impotência. Essa situação, na maioria dos casos, termina na mais humilhante das ditaduras, isto é, daquela que resulta do conformismo, da mediocridade dos produtos culturais, facilmente vendidos às massas, bastante instruídas para se interessarem por eles, mas insuficientemente educadas para poderem exigir uma melhor situação cultural no campo do divertimento e da informação.

As ciências sociais ainda não estão capacitadas para formular e esclarecer as alternativas da decisão social frente aos vários problemas. Já temos, porém, a possibilidade e o direito de apresentar esses problemas em novos termos mais adaptados à situação do nosso tempo. Somente o estabelecimento de uma aliança entre a imaginação criadora e o rigor científico será capaz de nos ajudar a sair da atual crise em que se encontra a democracia cultural. Seria inútil esperar que a ação, ainda que planificada, pudesse resolvê-la, no estado atual da reflexão sobre esse assunto. Impõe-se executar um rico programa de audaciosas realizações de ação cultural que aja sobre o conjunto da população em todos os setores, ao qual se juntaria um rigoroso esforço para a execução de pesquisas, em profundidade. Sabemos serem difíceis de alcançar tais exigências; não encontramos porém outras que nos possibilitem a sair do atual verbalismo no qual se afirma que "todos os cidadãos de uma democracia têm direito à cultura", aceitando ao mesmo tempo o princípio de que os conhecimentos técnicos constituem unicamente privilégio dos técnicos, os conhecimentos administrativos somente dos administradores, os conhecimentos intelectuais e artísticos, dos intelectuais e dos artistas, todos eles isolados das massas. Para nós, não é suficiente descrever os característicos mais ou menos espetaculares de uma "cultura de massa", produzida em maior ou menor escala por certas firmas comerciais. Impõe-se estudar as situações culturais realizadas mas também as realizáveis, não somente os comportamentos mas também as necessidades. Repetiremos uma última vez que a Sociologia Cultural deveria tentar fazer uma mudança de atitude idêntica à conseguida recentemente pela Economia Política, quando esta se tornou cada vez mais tendencial e de previsão. O desenvolvimento cultural, assim como sucedeu com o econômico, deveria estimular em todos os países modernos, a criação de novos institutos de pesquisa que trabalhassem em íntima colaboração com instituições de previsão e de planificação e com o conjunto dos agentes da ação cultural, a escola, os órgãos de formação e de informação das massas, instituições e associações de lazer e assim por diante.

Os vários agentes deveriam difundir entre o grande público os resultados dessas pesquisas. A difusão é a relação democrática entre os criadores, os especialistas e as massas; é a condição fundamental da existência de uma democracia cultural. Será pois natural que a democracia pague o preço necessário dessa pesquisa ativa e da permanente difusão dos seus resultados. Já se falou do custo social de uma democracia, devemos também nos preocupar com seu custo cultural. Afirmamos páginas atrás ser necessário, mas insuficiente, aumentar as verbas destinadas às escolas.

O que deve ser feito é o estudo de todas as formas de difusão escolar e extra-escolar, necessário ao desenvolvimento cultural de uma sociedade de massa que se coloque à altura da *medida dos valores da democracia e dos poderes da civilização técnica*. Conscientemente referimo-nos aos "valores" da democracia. Por mais que se desenvolvam as ciências sociais jamais poderão elas substituir a necessidade de uma escolha de valores. As ciências sociais podem e devem contribuir para o esclarecimento dessa escolha, podem e devem evitar que a ação assuma o lugar do centro do sistema, e que passe a constituir um dogma que associa esses valores a místicas duvidosas, a místicas ultrapassadas ou a técnicas de precária eficiência. Mas jamais estarão capacitadas a substituir a filosofia dos valores. Há motivos para se temer que uma ação cultural possa inspirar-se em valores totalitários, incompatíveis com a liberdade das consciências individuais. É inerente a qualquer tipo de democracia completa o pluralismo das grandes correntes de idéias. Por outro lado, sabe-se que uma sociedade deve possibilitar a participação a um mínimo de valores comuns para poder viver e progredir, em lugar de destruir-se a si própria. Percebe-se através da mais sumária análise dos conteúdos da ação cultural, pública ou particular, que existe um mínimo cultural comum entre instituições e grupos que em outra situação ficaram distantes uns dos outros. A fim de se formar uma idéia mais clara da situação e melhor extrair os critérios de desenvolvimento cultural ligados à realização de uma democracia cultural que respeite as diferenças de cada indivíduo, parece-nos indispensável reunir os responsáveis pela ação cultural, particular ou pública, num *conselho cultural* que, com relação às várias forças culturais da França, desempenharia um papel comparável ao exercido, no setor das forças econômicas e sociais, pelo Conseil Économique ou pela Commission Supérieure des Conventions Collectives. Essa grande convenção coletiva entre as forças ideológicas, que procuram estudar as condições de um desenvolvimento cultural apropriado ao lazer das massas, poderia vir a constituir o mais forte escudo contra a propaganda totalitária e a incoerência liberal, a melhor base para a instalação de uma democracia cultural?

III
ANEXOS

METODOLOGIA

I. Sociologia do Lazer e modelo de pesquisa ativa

Tomando cada vez mais consciência do poder ambíguo que o lazer exerce na evolução da sociedade, organismos públicos e particulares procuram agir sobre as condições e o conteúdo do lazer. Essa ação, nas sociedades democráticas, pretende alcançar três objetivos que foram por nós salientados, no decorrer deste livro:

a) O lazer deve favorecer do melhor modo possível a participação de todas as classes, categorias e indivíduos na vida profissional, familiar e social, caso contrário, mesmo em democracia, certos organismos familiares e sociais passariam a ser orientados por especialistas e tecnocratas isolados de seu grupo;

b) Essas sociedades precisam desenvolver a participação de todos na vida cultural, na compreensão e até na produção — obras da técnica, ciência e arte — para que a cultura de nível não passe a ser privilégio de uma minoria, enquanto a massa do público, apesar da ação da escola, continua numa situação de subdesenvolvimento cultural, tendo de contentar-se com uma cultura de nível inferior;

c) Tais sociedades precisam fazer com que todos os indivíduos participem dessa orientação, devem despertar, em cada ser, seu próprio equilíbrio entre o descanso, o divertimento e o desenvolvimento da personalidade, no quadro dessa participação sociocultural.

A fim de atingir esses três objetivos, cada tipo de coletividade exerce sobre o lazer, ou por meio do lazer, de modo autoritário (coerção legal e moral), liberal (pressão e persuasão) de modo unificado (países do Oriente), e pluralista (países do Ocidente), uma atividade de defesa, estimulação, regulamentação, orientação, organização e planificação. A nosso ver, esse aspecto da evolução sociocultural colocará para a sociologia do lazer o mais importante problema, tanto para os dias de hoje quanto para os que virão.

Essa posição deveria levar a dissociar, na situação de lazer, os modos de condicionamento socioculturais inadaptados, anárquicos, desorganizados dos modos de ação sociocultural intencionais, consciente, organizados e mesmo planificados[1], tanto para o grupo e pelo próprio grupo, com vistas à elevação de seu próprio nível cultural. A Sociologia, a nosso ver, terá como propósito, antes de tudo, comparar as condições, processos e resultados desses dois tipos de modos diferentes e antagônicos. Longe de nós a idéia de uma sociologia voluntariosa que consideraria como maléfico o primeiro grupo e benéfico o segundo. Nossa atitude é *experimental*. Pensamos que se o homem tem possibilidades de intervir no jogo das determinações socioculturais será, certamente, valorizando uma ação voluntária, organizada e planificada pelos próprios grupos e instituindo o controle científico dos resultados dessa ação. O conteúdo de uma tal ação coloca um problema inicial: qual o efeito desse conteúdo sobre o lazer, qualquer que seja o tipo utilizado para sua difusão? A fim de estudar seu efeito e eficiência, teremos de reagrupar num conceito mais completo e mais dinâmico *de ação sociocultural* todos os conceitos parcelares criados pelas teorias da comunicação, propaganda, informação, aprendizagem, grupos restritos e relações sociais. Conhecemos o interesse prático apresentado por essa sociologia analítica; a experiência porém tem demonstrado que esses conceitos, na prática freqüentemente se atritam e que é impossível proceder ao estudo de uma situação real sem reagrupá-los de um ou outro modo. Caso seja verdade, que o conteúdo é mais importante

(1) LYND. Sociologie et planification. *Cahiers internationaux de sociologie*, 1946; RIESMAN. *The lonely crowd* (já citado); MANNHEIM. *op. cit.*

do que o modo de transmiti-lo, o próprio reagrupamento dos conceitos parcelares apresenta para uma sociologia experimental, tantas vantagens práticas e operacionais quanto outras do tipo teórico e conceitual.

Finalmente, o estudo comparativo dos vários tipos de meios de comunicação modernos e tradicionais, de telecomunicação ou de comunicação direta, parece-nos menos importante do que o dos vários tipos de organização e de estrutura, nos quais são elaborados e se difundem esses conteúdos do lazer, tanto ao nível da micro quanto da macrossociologia. O estudo das variações incidentais ou provocadas dos conteúdos, ligados a estruturas e organizações diversas, bem como sobre os efeitos por eles determinados nas funções dos lazeres na sociedade industrial e democrática, na nossa opinião, seria, em última análise, a perspectiva global na qual deveríamos recolocar nosso estudo experimental. A sociologia em migalhas oferece facilidades, freqüentemente ilusórias, ao conhecimento real.

1. *Observações sobre a pesquisa ativa*

Mas diante de uma tal posição, muitas vezes, sentimo-nos desarmados. Vivemos sob uma distinção demasiadamente formal entre a teoria e a doutrina, a pesquisa e a ação: a pesquisa apresentaria o problema e a ação traria a solução. Essa é um distinção enganadora, pois na realidade não existe qualquer divisão. Já no modo de apresentar o problema está implícita uma ação, e, no modo de trazer uma solução, o problema está presente. Devido a essa falsa separação, freqüentemente acontece de o conhecimento científico conseguir apresentar somente problemas evidentes, enquanto os problemas difíceis e ocultos são apresentados ou tratados pelos homens de ação, às escuras, que recorrem unicamente ao conhecimento intuitivo, como já salientamos. Segundo o recente exemplo da Economia Política, cada vez mais se colocando como uma ciência que visa à elevação dos níveis de vida e da Psicologia Social que conseguiu estabelecer uma ciência experimental da dinâmica dos grupos, a sociologia do lazer deveria orientar-se no sentido do estudo experimental das condições e processos de elevação dos níveis socioculturais do lazer. Ela ainda não atingiu esse ponto, mas tende a ser uma pesquisa ativa graças ao crescente desenvolvimento dos dispositivos de orientação, organização e educação, tanto na escala dos grupos restritos quanto nos mais amplos e das unidades mais vastas.

À custa de tais dispositivos, será possível provocar e controlar mudanças. Desejamos esclarecer que a pesquisa ativa tende para a experimentação provocada pelo próprio pesquisador (*action research*). Este é porém o último passo. A pesquisa ativa tende a ser uma pesquisa *pela* ação (controlada), mas é também uma pesquisa sobre a ação. Não se trata de uma pesquisa aplicada, limitada por imperativos externos, em oposição à pesquisa fundamental, desenvolvida livremente pelos seus imperativos internos. Ela será uma pesquisa sobre uma situação, *cujos elementos favoráveis e desfavoráveis do ponto de vista das necessidades socioculturais são sempre estudados com relação à ação real e possível mais propícia a melhor satisfazer essas necessidades.*

Estamos pois diante de uma sociologia simultânea ou alternativamente *crítica* e *construtiva* que deve possibilitar uma pesquisa, permanente como a própria ação, sobre as necessidades e os processos de satisfação que por sua vez despertam novas necessidades. A nosso ver, a melhor maneira de conhecer uma sociedade será explorar seus próprios *projetos de intervenção nela mesma.*

A problemática da pesquisa ativa exige uma metodologia apropriada. A fim de que as pesquisas possam trabalhar com as questões mais importantes, comuns à pesquisa e à ação, o sociólogo não pode contentar-se somente com as suas próprias hipóteses. Será ilusório pensar que ele só terá de colher "dados objetivos" sobre os quais o homem de ação lançará sua imaginação criadora. Claude Bernard insistiu muito nessa idéia, recentemente reabilitada por C. W. Mills, na Sociologia. De acordo com *a concepção* de uma pesquisa ativa, o pesquisador deve convencer-se de que os homens de ação têm necessidades que procuram satisfazer e resultados que obtêm ou acreditam obter. Esse é um ponto de partida indispensável no sentido de se tentar a unificação do conhecimento intuitivo e científico. Em seguida, o pesquisador deverá estabelecer sua independência absoluta, *criticando* os critérios de ação por meio da reflexão e da observação sociológicas. Sobre essas bases, o pesquisador procurará, paulatinamente, elaborar e *construir modelos teóricos* a serem utilizados na observação, explicação e transformação voluntária da situação, a partir de *critérios explícitos.* Para ele, não se trata de afirmações normativas, dogmáticas; ao contrário, a pesquisa ativa é uma tentativa de verificação dos modelos comuns à ação e à pesquisa, utilizando rigorosas técnicas de controle (refutação de hipóteses nulas, escalas de medidas, dispositivos de isolamento das variáveis, e assim por diante). Talvez o ponto mais importante resida na renúncia à distinção absoluta entre os pares causas-conseqüências e fins-meios. Com efeito, pode-se trabalhar do seguinte modo: *a*) o objetivo de uma ação (elevação dos níveis culturais) como um resultado antecipado, um nível antecipado da situação a comparar com o nível inicial e o nível final; *b*) Os meios de ação (um filme ou um círculo de estudos) como forças mais ou menos determinadoras entre as demais que amalgamam uma situação. Por exemplo, uma ação destinada a mudar uma situação, baseia-se numa hipótese de transformação (fim e meio) a ser verificada como se fosse uma hipótese de explicação causas-conseqüências. Caso se tenha conseguido uma aproximação do nível final, atingindo ou ultrapassando o nível antecipado, e se o nosso dispositivo de controle permite-nos concluir que essa mudança foi devida às forças postas em movimento pela ação, então, nossa hipótese de transformação estará verificada. Tudo aconteceu como se a ausência dessa ação explicasse a diferença entre o nível inicial e o antecipado da situação. Caso contrário, devem ser procuradas outras hipóteses a verificar. Seguindo esses passos, todas as situações podem ser abordadas do ponto de vista de uma ação real e possível e tratadas com toda a independência e o rigor da ciência. Quais os modelos necessários para a realização de uma tal pesquisa ativa na sociologia do lazer? Apresentaremos modelos estruturais matemáticos e não matemáticos, que se colocam entre as grandes teorias inverificáveis e as pequenas hipóteses insignificantes; e também formados por um conjunto de elementos separados de seu complemento e ordenados por um sistema de relações hipotéticas, possibilitando assim a organização de um campo, cujas propriedades permitem estudar experimentalmente se o sistema de relações é verificável ou em que condições poderá ser verificado.

2. *Modelos descritivos*

A. Em princípio, o fenômeno do lazer é descrito como uma *situação* social e cultural e não como um comportamento isolado.

Assim nessa situação o indivíduo, de acordo com seu *status* social, familiar, sua idade e caráter, vive uma cultura que tem sua própria *estrutura*. O estudo dos comportamentos de lazer é menos importante do que o dos conteúdos advindos desses comportamentos. Teremos pois de observar esses comportamentos como indícios, cujos significados serão analisados com relação a um quadro de referências que poderá desempenhar a função de um código. Os conteúdos dos diferentes lazeres apresentam relações entre si ou com outros ligados a atividades como as familiares, profissionais, cívicas, etc. Esses vários conteúdos, presos às diferentes atividades, podem ordenar-se em *setores* culturais. A esses setores associam-se interesses, representações, normas e valores que determinam *camadas* culturais. Estas, por sua vez, diferenciam-se segundo os tipos de conhecimento: prático, técnico, científico, artístico, filosófico, etc., resultando daí os *tipos* culturais. Finalmente, a cada tipo correspondem graus variados de participação nos produtos e resultados menores, médios e maiores da civilização, do ponto de vista de critérios escolhidos explicitamente. Chegamos então à determinação dos *níveis* culturais do lazer. Uma análise feita de acordo com esse quadro de referências possibilitará ligar os problemas do lazer aos da cultura. Essa análise é sobretudo estrutural e o seu procedimento específico constitui uma variedade de análise semântica (Ch. Morris diria semiótica).

B. Esse conteúdo de lazer inscreve-se no tempo. É ele estudado como o segmento de um processo de evolução permanente ou quase permanente de uma *série* de acontecimentos. O período atual foi determinado pelo período passado e aquele está em vias de produzir o período futuro. Este período futuro (*in statu nascendi*), a nosso ver, é dentre os demais aquele que deve ser estudado e tratado com mais cuidado. Tanto a História quanto a Sociologia precisam colaborar nessa pesquisa prospectiva. A sociologia do crescimento do lazer e do desenvolvimento dos conteúdos socioculturais será *tendencial para ser de previsão.*

C. O grande problema consiste em saber se tais tendências (realizadas ou em potencial) corresponderão ou não *às necessidades* da sociedade e dos indivíduos (coletivos ou individuais).

a) Será importante estudar as necessidades da sociedade, de suas classes e grupos (família, empresa, vida civil, etc.), no que se relaciona com o lazer. Por outro lado, é fundamental a observação dos fenômenos de inadaptação e de não-participação na vida social e cultural de um grupo, relacionado com o conteúdo do lazer, a fim de se tomar conhecimento através da observação *objetiva* do funcionamento negativo ou positivo do grupo, das necessidades sociais em matéria de lazer.

b) O nível cultural do grupo evolui, freqüentemente, sob a influência da ação consciente dos líderes de opinião formais e informais, dominantes e opostos. Ele também evolui devido à interpretação das atitudes ativas de *inovadores* que são agentes de desenvolvimento. A dinâmica das necessidades culturais não deverá satisfazer-se com o estudo das médias de comportamento (nível conformista), mas apoiar-se-á também na análise objetiva dos critérios de influência dos líderes (animadores, organizadores de lazer) e do poder dos *inovadores* (autodidatas, criadores, etc.) nas suas relações com os membros do grupo e com o próprio grupo.

c) Finalmente, será importante detectar na população média não somente as necessidades satisfeitas mas também as necessidades *latentes,* não satisfeitas na situação presente. Reside aí o interesse de fazer com que a situação de lazer varie realmente (método comparativo) ou ficticiamente (projeção de situações filmadas, questões projetivas, condicionais, etc.) a fim de se conseguir salientar ao máximo tais necessidades latentes. Com a comparação ponderada dos resultados desse tríplice tratamento objetivo e subjetivo, alcançar-se-á o conhecimento das necessidades, o que será mais significativo do que as afirmações costumeiras e vagas sobre as "necessidades humanas" ou o "fator humano", na sociologia do lazer.

Essas enquetes objetivas sobre as necessidades permitem, fixar, principalmente, em cada situação, os níveis culturais ideais ou possíveis do lazer e medir a diferença entre esses níveis e os níveis reais do ponto de vista de uma ação que se proponha ou se proporá reduzir tal diferença.

3. *Modelos explicativos*

A. Desse modo, o lazer integra-se numa situação social e cultural de caráter global. Seria insuficiente a descrição dos conteúdos do lazer da maneira como evoluem ou poderiam evoluir. Eles precisam ser estudados como um *resultado* e na verdade são produtos de um *equilíbrio quase-estacionário*, de um jogo de forças sociais e culturais, cujo conjunto deverá ser conhecido a fim de esclarecer a ação na escolha desses meios possíveis e na descoberta dos pontos que resistem ao seu êxito. Dentro dessa perspectiva, facilmente se compreenderá que uma simples sondagem de opinião ou de um simples estudo de atitudes é necessário, mas insuficiente. A pesquisa ativa implica uma análise do conjunto de forças que pesam sobre o indivíduo. É também indispensável o estudo *morfológico* do equipamento, das relações, organizações e estruturas.

B. Nesse conjunto, deve-se distinguir e comparar o valor (Lewin diria "valência") positivo ou negativo dessas diversas forças com relação aos meios de ação exigidos pela situação. Será dada atenção especial às forças que influem diretamente sobre o lazer: *a)* os grandes meios de difusão; *b)* as instituições e associações de lazer (bares, associações, etc.); *c)* as relações sociais que se processam durante o tempo livre (relações espontâneas, surgimento de líderes, educadores, etc.).

A fim de se fugir de uma sociografia formal sem grande utilidade para a ação, será fundamental estudar o conteúdo desses sistemas diferentes, a estratificação social e cultural dos meios nos quais eles se processam (operários, campesinos, elementos pertencentes aos quadros) e a estrutura social à qual se prendem (regime comercial e não-comercial, capitalista ou cooperativista)...

C. Nesse conjunto far-se-á um controle cuidadoso dos resultados provenientes das realizações *inovadoras* provocadas pela sociedade e pelos grupos com o objetivo de elevar os níveis culturais do lazer de seus próprios membros (leis de incentivo à ação cultural, difusão de obras-primas através do cinema, da televisão e das associações, etc.).

Ainda se encontram em início as pesquisas sobre a ação dos efeitos de vários tipos de organização do lazer, ligados à empresa, à escola, às igrejas, etc., e também as caracterizadas pelas atividades esportivas, turísticas, musicais, sociais, etc. Já se pode notar tentativas importantes de intervenção consciente e voluntária da coletividade no sentido de intervir na evolução sociocultural do lazer. Os resultados dessas intervenções ainda não foram avaliados em grande escala. Nota-se aí um retardamento da pesquisa com relação à ação que precisa ser suprido em regime *prioritário*.

Convimos ser difícil estabelecer o isolamento, nesse conjunto, de um grupo de forças. Talvez ele possa ser realizado por uma espécie de experimentação retroativa (*ex post facto*) já bastante explorada por Chapin e outros pesquisadores. Neste sentido é que a pesquisa ativa poderia aperfeiçoar seus modelos de explicação.

4. *Modelos experimentais*

Certamente, o modo específico de conhecimento numa pesquisa ativa é a experimentação propriamente dita, incidente ou provocada.

A. Todas as vezes que se nota uma mudança de situação, tanto no sentido negativo quanto no positivo, do ponto de vista dos critérios escolhidos, o sociólogo deverá recorrer a um dispositivo de controle. Este é o meio mais adequado para conhecer a possibilidade de mudança do fenômeno, as condições e os processos desta mudança. No domínio do lazer, o crescimento dos dispositivos de orientação social e cultural nos *vários contextos* capitalistas e socialistas deveria oferecer oportunidade para um grande progresso da sociologia experimental: organizadores, educadores e assessores que exercem ação sobre o lazer precisam aprender não somente a conhecer-se a si próprios como também a ser capazes de elaborar em conjunto uma pesquisa comum de um novo tipo. Sabemos que isso não será fácil, mas certos dispositivos de ação controlada poderão transformar-se em dispositivos de pesquisas permanentes (amostragens da área, observação, controle das técnicas de intervenção, avaliação dos resultados sobre a área...)

B. Poder-se-á então elaborar, paulatinamente, as condições e os processos de uma experimentação provocada pela dinâmica da própria pesquisa. Não se trata somente de fazer pesquisas e de comunicar seus resultados aos interessados com o objetivo de suscitar uma ação em troca (*feedback*). As técnicas de intervenção que daí resultam são, muitas vezes, demasiadamente simples e merecerão a crítica procedente dos homens de ação experimentados, sobretudo quando provindas de jovens sociólogos e psicólogos de laboratório, ignorantes das regras elementares da ação real (política, administração e pedagogia). Ao contrário, o que deve ser feito é uma pesquisa experimental baseada nas *próprias normas* da ação, com o objetivo de alcançar o *"optimum" sociocultural* de uma organização do lazer, que leve em consideração as características de uma situação, as necessidades da coletividade e do indivíduo. Deste ponto de vista, a sociologia do lazer deverá conferir o maior interesse aos progressos das ciências da planificação e de um modo geral da pesquisa operacional, que tende a colocar no campo da ciência não somente a informação mas ainda a *decisão*. Como afirma Guilbaud: "Começamos a entrever a possibilidade de uma reflexão científica que alimente e coordene as várias técnicas e cujo próprio objeto seja a ação humana, a ação e a decisão tomadas de dentro para fora, isto é do próprio ponto de vista do agente responsável"; ao que acrescentaríamos — real ou possível.

Informações referentes à França (Organizado com a colaboração de Claire Guinchat, técnica em documentação.)

A. EVOLUÇÃO

1. *Evolução do setor primário, secundário e terciário, em dados percentuais* (a partir de 1968, avanço notável do setor terciário):

	1946	1954	1962	1968
Primário	34,4	29,4	22,2	16,9
Secundário	30,9	35	38	39,2
Terciário	34,7	35,6	39,8	43,9

Fonte: NISARD. La population active selon les recensements depuis 1946. *Population*, 1, 1971.

2. *Evolução comparada entre a taxa de crescimento dos operários e a dos empregados, quadros médios e quadros superiores de 1962 a 1968* (ver o quadro da página seguinte):

As categorias de assalariados que mais rapidamente progrediram (professores, assistentes sociais, técnicos) são as que exigem uma formação relativamente longa. Os "empregos terciários", como transporte, comércio, serviços, aumentaram 25%; os empregados estáveis de bancos e da administração, bem como o pessoal de serviço em quase 16%, enquanto o número de pessoas empregadas na indústria (sem incluir a construção civil e os trabalhos públicos) permaneceu praticamente estável.

3. *Evolução comparada entre a distribuição dos operários e a das demais categorias socioprofissionais de 1954 a 1968.*

Apesar de um crescimento menos rápido do que o apresentado pelos "colarinhos brancos", os operários, juntados aos assalariados agrícolas e ao pessoal de serviço, formam sempre uma minoria importante da população ativa (46,3%). A pequena participação dessa minoria nas atividades artísticas e intelectuais mais elaboradas dos tempos de lazer coloca sempre o importante problema de uma política democrática do desenvolvimento cultural.

	1954	1962	1968	
Exploradores agrícolas	20,7	15,8	12	
Assalariados agrícolas	6	4,3	2,9	
Empregadores da indústria e do comércio	12	10,6	9,6	
Profissões liberais e quadros superiores	2,9	4,0	4,8	
Quadros médios	5,8	7,8	19,9	29,5
Empregados	10,8	12,5	14,8	
Operários	33,8	36,7	37,7	
Pessoal de serviço	5,3	5,4	5,7	
Outras categorias	2,7	2,9	2,6	

Fonte: I.N.S.E.E., *op. cit.*

Fonte: I.N.S.E.E. Evolution des catégories socio-professionnelles 1962-1968. Economie et Statistiques, 2, junho 1969.

	1962		1968		Variações %
Agricultores	3 044 670		2 459 840		−19,2
Assalariados agrícolas	826 090		588 200		−28,8
Total agrícola	3 870 760		3 048 040		−24,0
Empregadores da indústria e do comércio	2 044 667		1 961 980		−4
dos quais:					
comerciantes atacadistas		172 833		213 500	+23,5
comerciantes varejistas		1 133 965		1 028 160	−9,3
Profissões liberais e quadros superiores	765 938		922 800		+29,6
dos quais:					
professores, profissões literárias ou científicas		125 126		209 080	+67,1
engenheiros		138 061		190 440	+37,9
Quadros médios	1 501 287		2 014 100		+34,2
dos quais:					
professores primários e outros		421 189		564 360	+34
professores intelectuais de vários tipos, serviços médicos e sociais		110 101		176 320	+60,1
técnicos		343 986		533 940	+55,2
Empregados de escritórios e do comércio	2 396 418		3 029 900		+26,4
Operários	7 060 790		7 698 600		+9
dos quais:					
contramestres		306 142		360 120	+17,6
operários qualificados e operários semi-especializados		4 680 561		5 312 440	+13,5
mineiros		191 588		143 840	+24,9
Pessoal de serviço	1 047 312		1 171 060		+11,8
Outros	564 023		522 680		−7,3
dos quais:					
artistas		42 184		52 300	−24
clero		165 684		131 840	−20,4
exército e polícia		356 205		338 540	−5
Total não agrícola	15 380 435		17 391 120		11,4
Total população ativa	19 251 195		20 439 160		6,2

4. *Duração hebdomadária média do trabalho de 1946 a 1969*[1]:

Médias anuais

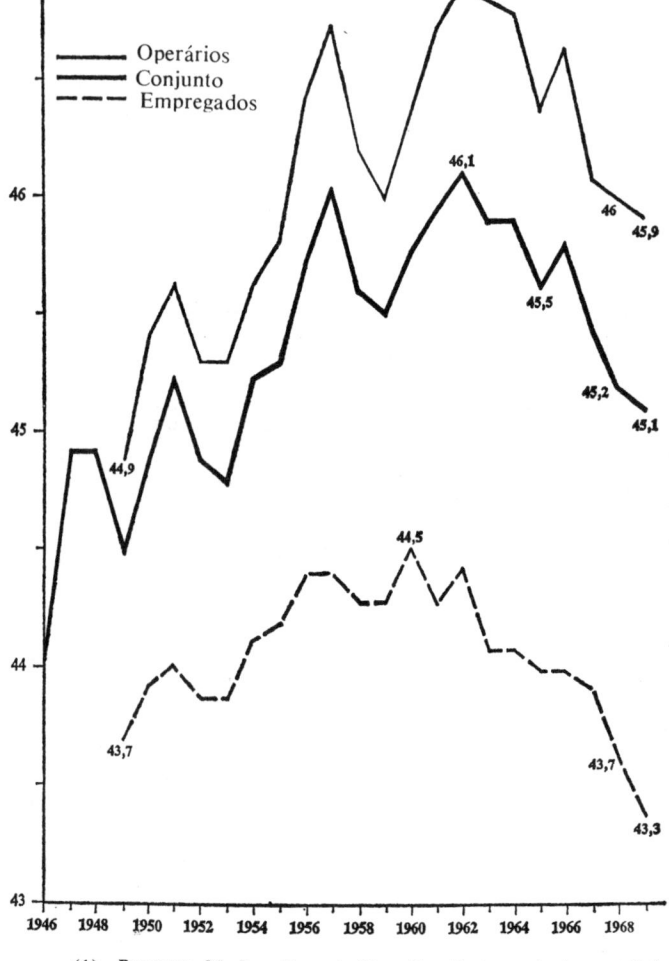

— Operários
— Conjunto
--- Empregados

46,1
46
45,9
45,5
45,2
45,1
44,9
44,5
43,7
43,7
43,3

1946 1948 1950 1952 1954 1956 1958 1960 1962 1964 1966 1968

(1) RUSTANT, M. Les Français Travaillent-ils trop. *Analyse et Prévision*, 3 e 4, 1970.

5. *Evolução da composição do orçamento familiar de 1959 a 1968*[1].

A fim de se poder medir a extensão e o crescimento reais das despesas com o lazer, seria necessário acrescentar ao item "cultura-lazeres" uma grande parte das despesas feitas em hotéis, restaurantes, bares (férias, saídas...) e, também, despesas com o rtansporte (férias, fim de semana fora de casa e em outros tipos de lazer). Cf. Enquete I.N.S.E.E. 1967 sobre os lazeres. Por exemplo, em 1968, em lugar de 9,6% no item "lazer", dever-se-ia ler: aproximadamente 16%.

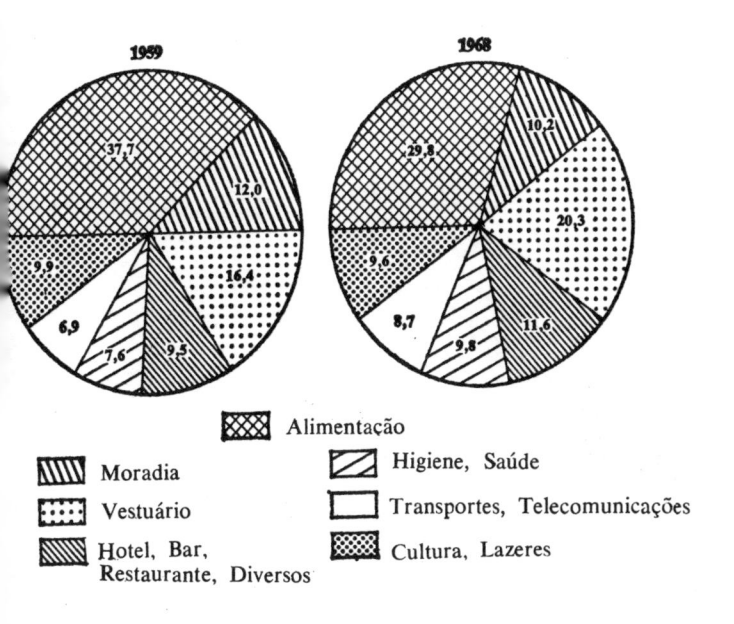

- Moradia
- Vestuário
- Hotel, Bar, Restaurante, Diversos
- Alimentação
- Higiene, Saúde
- Transportes, Telecomunicações
- Cultura, Lazeres

(1) C.R.E.D.O.C. L'évolution de la consommation des ménages de 1959 à 1968. *Consommation*, 2 e 3, abril/set. 1970.

6. *Evolução do consumo de bens e serviços de lazer, no consumo não alimentar individual, de 1959 a 1968*[1].

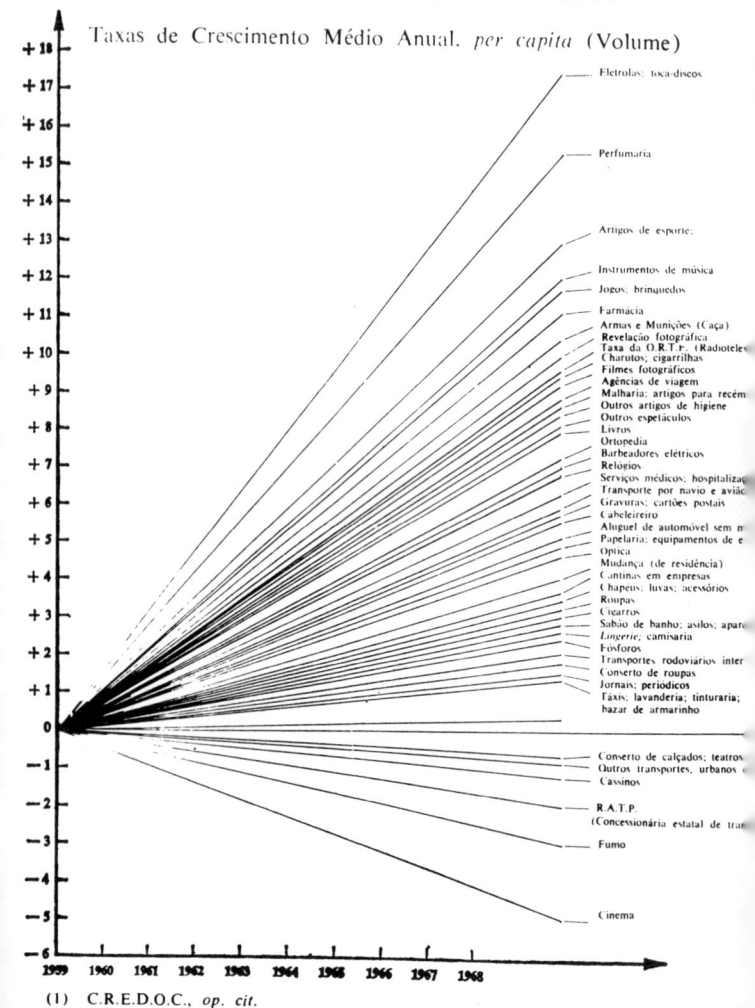

Taxas de Crescimento Médio Anual, *per capita* (Volume)

- Eletrolas; toca-discos
- Perfumaria
- Artigos de esporte;
- Instrumentos de música
- Jogos; brinquedos
- Farmácia
- Armas e Munições (Caça)
- Revelação fotográfica
- Taxa da O.R.T.F. (Radiotelev
- Charutos; cigarrilhas
- Filmes fotográficos
- Agências de viagem
- Malharia; artigos para recém
- Outros artigos de higiene
- Outros espetáculos
- Livros
- Ortopedia
- Barbeadores elétricos
- Relógios
- Serviços médicos; hospitalizaç
- Transporte por navio e avião
- Gravuras; cartões postais
- Cabeleireiro
- Aluguel de automóvel sem m
- Papelaria; equipamentos de e
- Óptica
- Mudança (de residência)
- Cantinas em empresas
- Chapeus; luvas; acessórios
- Roupas
- Cigarros
- Sabão de banho; asilos; apare
- Lingerie; camisaria
- Fósforos
- Transportes rodoviários inter
- Conserto de roupas
- Jornais; periódicos
- Táxis; lavanderia; tinturaria;
- bazar de armarinho
- Conserto de calçados; teatros
- Outros transportes, urbanos e
- Cassinos
- R.A.T.P.
- (Concessionária estatal de tra
- Fumo
- Cinema

(1) C.R.E.D.O.C., *op. cit.*

7. Evolução das taxas de partida nas férias, anos 1965-1969, segundo as categorias socioprofissionais.

As taxas de partida no período de férias aumentaram de modo espetacular de 1936 a 1965. A partir de 1965, as taxas aumentaram mais lentamente e de modo quase idêntico em *todas* as categorias socioprofissionais (I.N.S.E.E.)[1].

	verão 1965	verão 1956	verão 1967	verão 1968	verão 1969
População dos lares comuns abrangidos no campo da enquete	45 680 000	46 220 000	47 020 080	47 020 000	47 880 000
Número de pessoas que viajaram	18 710 000	19 260 000	20 010 008	20 010 000	20 460 000
Taxas de partida	41,0%	41,7%	42,6%	41,6%	42,7%
— exploradores e assalariados agrícolas	8,4	9,3	9,2	12,0	7,8
— empregadores da indústria e do comércio	41,7	43,4	42,9	46,1	47,9
— Profissões liberais e quadros superiores	83,7	83,9	85,1	83,3	84,3
— Quadros médios	74,7	74,9	69,9	73,8	73,8
— Empregados	56,5	58,8	59,0	56,2	59,5
— Operários	41,4	41,2	42,7	40,1	41,6
— Pessoal de serviço	44,0	43,5	42,9	39,5	43,6

(1) Caso se aceite como definição comum para casa de veraneio: "uma outra casa ou apartamento além do domicílio principal, do: quais o casal pode dispor a qualquer momento, a não ser, eventualmente, durante períodos curtos nos quais estão alugados, emprestados ou ocupados por outros membros da família com os quais o casal não reside habitualmente" (I.N.S.E.E., 1967), há 1 790 000 lares que dispõem de uma casa de veraneio (1 170 000 proprietários, 110 000 locatários por ano, 510 000 ocupantes a título gratuito). O I.N.S.E.E. calcula em 4 300 000 o número de adultos pertencentes a um lar que possui uma casa de veraneio.

8. Evolução do número de pessoas registradas nas 22 federações olímpicas de 1963 a 1970.

	1963	1967	1968	1969	1970
F.F. de Atletismo	51 512	77 988	77 463	85 037	88 837
F.F. de Basquetebol	103 601	124 512	133 919	145 000	152 015
F.F. de Boxe	8 253	3 464	3 803	3 825	2 777
		(254 prof.)	(259 prof.)	(325 prof.)	(200 prof., 75 estrang.)
F.F. de Canoe-Kayak	5 332	3 400	4 150	4 996	5 598
F.F. de Ciclismo	37 705	42 274	44 199	47 559	47 404
		(97 prof.)	(96 prof.)	(94 prof.)	(96 prof.)
F.F. de Esgrima	9 235	13 701	14 874	17 149	18 252
F.F. de Futebol	443 898	557 863	602 000	700 000	825 000
F.F. de Ginástica	53 004	70 752	74 008	81 232	83 060
F.F. de Halterofilismo e Modelagem física	5 762	8 133	9 868	11 400	11 250
F.F. de Hóquei sobre grama	4 275	4 000	4 200	5 000	5 500
F.F. de Judô e atividades afins	66 923	103 000	118 400	143 250	167 541
			(Judô)		881
			(Boxe francês)		4 456
			(Aikido)		11 384
			(Karatê)		
			Total		184 262
F.F. de Luta Livre	4 054	4 919	5 352	6 873	7 347
F.F. de Natação	39 084	45 927	56 136	62 474	68 408
F.F. de Esqui	259 107	434 353	476 290	546 532	592 385
			Patinação artística		7 300
			Dança		1 200
			Hóquei		2 900
			Patinação de velocidade		700
			Curling		700
			Bobsleigh		120
			Trenó		120
F.F. de Esportes na neve	2 574	4 000	5 044	8 500	13 000
F.F. de Esportes eqüestres	41 046	56 476	56 136	61 774	65 356
F.F. de sociedades de Remo	8 108	11 175	12 059	11 622	10 235
F.F. de Tiro ao alvo e Caça	21 312	25 750	26 639	30 000	34 000
F.F. de Iatismo a vela	23 000	49 000	55 000	60 262	63 667
F.F. de Volibol	24 815	24 553	28 872	29 381	31 740
F.F. de *Handball*[2]	24 462	38 276	45 040	52 000	60 000
F.F. de Arco e Flecha[2]	2 100	4 800	5 500	5 800	6 200
Total do número de registrados	1 208 370	1 666 097	1 809 406	2 041 041	2 360 719

(continuação do quadro da página anterior)

Situação dos registrados nas federações mais importantes, não olímpicas.

F.F. de Tênis	80 042	125 882	133 000	146 088	167 710
F.F. de *Rugby*	46 824	63 374	69 031	70 000	70 500
F.F. de Tênis de Mesa	23 012	34 565	36 856	30 272	42 375
				7% de mulheres	
				(12 796 de menos de 18 anos)	
Jogo de Treze			6 800	7 023	7 750
F.F. do Automóvel	4 893	5 740	13 842	17 198	19 417

(1) Fonte: *Bureau de Documentation du Secrétariat d'Etat à la Jeunesse, aux Sports et aux Loisirs*, março, 1971.
(2) As federações de *Handball* e de Arco e Flecha só constam do quadro dos esportes considerados olímpicos a partir de 1970.

305

9. *Evolução de alguns equipamentos coletivos de lazer, de 1963 a 1968*[1].

	existentes em 1963	de 1962 a 1965	1966	1967	1968	total existente 1.1.19
Estádios e campos de esporte	15 767	+1 419	+642	+1 112	+921	19 861
Piscinas cobertas	125	+33	+22	+49	+53	282
Piscinas ao ar livre	664	+197	+87	+148	+132	1 228
Salas de esporte e ginástica	1 954	+602	+332	+496	+440	3 814
Casas e Lares da Juventude	1 784	+366	+159	+247	+255	2 811
Centros de recepção	541	+95	+32	+79	+40	787
Centros de férias	6 250	406	90	148	73	6 967

10. *Pari mutuel urbain*[2]*.

De acordo com o I.F.O.P. (1963), aproximadamente um quarto dos adultos de mais de 21 anos jogam no P.M.U. Entre 1955 e 1965, o volume de dinheiro aplicado no P.M.U. passou a ser 10 vezes maior.

	milhares de francos antigos		milhares de francos novos
1955	42 151	1960	1 327,2
1956	53 931	1961	1 666,7
1957	70 120	1962	2 105,1
1958	85 994	1963	2 887,6
1959	107 943	1964	3 844,8
		1965	4 655,2

B. *Situação em 1967*

A mais importante sondagem sobre o lazer, realizada na França, foi a de 1967, sob a responsabilidade do Institut National d'Étude et de Statistiques Économiques (I.N.S.E.E.). A sondagem teve como base uma amostra nacional aleatória,

(1) *Bureau de Documentation du Secrétariat d'Etat à la Jeunesse, aux Sports et aux Loisirs*, 1970.
(2) I.N.S.E.E., *Annuaire rétrospectif*, 1966.
(*) Espécie de Loteria Esportiva, baseada em corrida de cavalos. (N. da T.).

compreendendo 6 637 indivíduos "adultos" (a partir de 14 anos). Uma pesquisa desse tipo sobre tal tema de modo algum era familiar ao I.N.S.E.E.; no entanto pareceu importante à direção desse organismo que um problema geral como o do lazer, ao qual se filia um tão grande número de atividades, aparentemente sem relação umas com as outras, se tornasse objeto de uma pesquisa global. A definição de lazer utilizada como hipótese central da pesquisa aproxima-se bastante daquela que inspirou a redação deste livro. Nosso grupo de pesquisa sociológica participou diretamente da elaboração do questionário por intermédio de um representante, o senhor Goguel.

A enquete data de 1967: certos dados estatísticos diferem muito da realidade de 1970-71; um dos campos que responde a essa data, é o da televisão: em outubro de 1970, 70% dos lares possuem pelo menos um receptor de televisão. Por outro lado, a enquete está sendo ainda explorada e não estamos capacitados para publicar dados referentes às variações de equipamento e comportamento relacionados com o lazer, segundo as categorias socioprofissionais, o que lamentamos. Todavia, informações sobre as distribuições médias já deixam transparecer diferenças e desigualdades entre os tipos de atividade de lazer; elas colocam problemas, ainda sem solução, para uma política de desenvolvimento cultural que continua tênue, apesar de alguns esforços de reflexão planificadora a partir de 1961.

Naturalmente não teremos espaço para apresentar todos os dados disponíveis em 1970; chamamos a atenção dos interessados para um estudo de Pierre Le Roux, publicado na coleção do I.N.S.E.E., série M-2, julho de 1970. Limitar-nos-emos aqui a citar alguns pontos de referência nesse campo cada vez mais vasto das atividades de lazer.

1. *Proporção dos lares (em %) que possuem ou dispõem de pelo menos:*

Um animal doméstico	37,3
Uma máquina fotográfica	59,8
Um projetor de *slides*	8
Um projetor de filmes	4,8
Um automóvel	54,9
Um barco	2,9
Uma câmara	5,4
Uma eletrola (ou toca-discos)	38,3
Um instrumento musical	18,4
Um jardim	57
Um instrumento de caça	14,4
Um instrumento de pesca	27,8
Um par de esquis	4,5
Um rádio	90,2
Um televisor	57,3
Uma casa de veraneio[1]	7,3

(1) Possuída realmente.

2. *Lares que possuem animais domésticos, sem função utilitária*:

4 390 000 lares (27,3%) possuem pelo menos um cachorro
4 190 000 lares (26,1%) possuem pelo menos um gato
2 660 000 lares (16,6%) possuem pelo menos um outro animal doméstico (peixe, pássaro, réptil, mamífero...)

NO TOTAL:

5 980 000 lares (37,3%) possuem pelo menos um animal doméstico.

3. *Distribuição dos lares que possuem um animal doméstico, segundo o tipo de moradia*:

% dos lares que possuem	uma casa individual	residem num imóvel coletivo	
		de menos de 10 apartamentos	de mais de 10 apartamentos
Pelo menos um animal doméstico	60,1	36,4	27,2
Pelo menos um cachorro	40,1	11,3	6,3
Pelo menos um gato	37,1	11,7	7,3
Pelo menos um outro animal doméstico	16,9	15,7	17

4. Bricolage *utilitário* e bricolage *de divertimento*.

7 940 000 adultos (21% do total) declaram praticar o *bricolage* pelos menos uma vez por semana — para *2 525 000, dentre eles*, trata-se de uma de suas ocupações favoritas e para 850 000, essencialmente uma obrigação. Apresenta-se uma ligação entre a freqüência com a qual os adultos praticam o *bricolage* e o interesse que dedicam a essa atividade.

Para 17 230 000 adultos que praticam o *bricolage* (isto é 45,6% do total), 4 740 000 dentre eles possuem, para executar esse tipo de atividade, um *atelier* ou uma peça particular reservada a essa utilização e 5 050 000 dispõem somente de uma banca ou de um cantinho.

O *bricolage* apresenta-se essencialmente como uma atividade masculina e mais precisamente como uma atividade do homem ativo.

5. *Distribuição dos adultos segundo a freqüência com a qual praticam o* bricolage *e a natureza do interesse que dedicam a esse tipo de atividade.*

Freqüência	*Números* (em milhares)	Total	Consideram o "bricolage"		
			Essencialmente como uma obrigação	Como um passatempo ao mesmo tempo agradável e útil	Como uma de suas ocupações favoritas
Todos os dias ou quase	1 870	100,0	8,2	47,3	44,5
Uma ou duas vezes por semana	6 070	100,0	11,5	60,6	27,9
Uma ou duas vezes por mês	5 810	100,0	18,1	68,0	13,9
Mais raramente	3 490	100,0	35,2	56,5	8,3
Nunca ou quase nunca	20 560				
Total	37 800				

6. *As práticas esportivas.*

Sobre 37 800 000 adultos:

14 880 000 (isto é, 39,4%) nunca praticaram qualquer esporte;
12 820 000 (isto é, 32,6%) praticaram outrora um esporte mas não praticam mais nenhum;
5 740 000 (isto é, 15,1%) praticam um esporte de modo irregular;
4 860 000 (isto é, 12,9%) praticam um esporte de modo regular, durante o ano todo.

7. *Distribuição dos adultos segundo a prática de esportes.*

	Estudantes e alunos (de mais de 14 anos)	Adultos (exclusive estudantes e alunos)	Total de adultos
Nunca praticaram qualquer esporte	2,3	42,4	39,4
Outrora praticaram um esporte mas não praticam mais nenhum	7,1	34,6	32,6
Praticam um esporte de modo irregular	19,2	14,9	15,1
Praticam um esporte regularmente durante o ano todo	71,4	8,1	12,9
Total	100	100	100
Número total (em milhares)	2 840	34 960	37 800

8. Prática dos vários esportes [1].

Tipo de esporte	Número de adultos que praticaram outrora mas não praticam mais (em milhares)	Número de adultos que praticam agora de modo irregular (em milhares)	Número de adultos que praticam agora, durante o ano todo (em milhares)	Observações
Atletismo	4 550	270	710	dos quais 550.000 estudantes ou alunos
Basquetebol	4 650	365	440	dos quais 330 000 estudantes ou alunos
Ginástica ou Educação Física	12 850	645	2 490	dos quais 1 620 estudantes ou alunos
Equitação	1 590	230	110	
Futebol	5 390	495	920	dos quais 540 000 estudantes ou alunos
Rugby	1 320	230	160	dos quais 110 000 estudantes ou alunos
Judô	820	56	150	
Natação	5 210	6 600	1 500	dos quais 550 000 estudantes ou alunos
Tênis	1 850	600	270	
Volibol	230	165	130	
Ciclismo	690	150	200	
Handball	160	60	105	
Pingue-pongue	90	110	105	
Alpinismo	780	370	110	
Esqui	1 810	975	440	
Barco a vela	910	910	190	
Outros esportes individuais	250	230	310	
Outros esportes coletivos	100	40	40	

Os números inferiores a 200 000 devem ser considerados como representações fracas dos números reais.

(1) Praticar um esporte "durante todo o ano" opõe-se aqui a praticar "somente durante as férias". É evidente que, para a maioria dos esportes, "todo o ano" significa "toda a estação".

10. Dança.

1 250 000 adultos dançam praticamente toda a semana.
2 450 000 uma ou duas vezes por mês.
Como se poderia esperar, a idade exerce uma influência muito grande.
A prática da dança atinge um máximo no grupo de adultos entre 18 e 22 anos; em seguida decresce rapidamente com a idade.
Distribuição (em %) dos adultos conforme a idade e a freqüência com a qual dançam:

Dançam	De 14 a 18 anos	De 18 a 22 anos	De 22 a 25 anos	De 25 a 30 anos	De 30 a 40 anos	De 40 a 50 anos	Mais de 50 anos
Toda a semana ou quase	8,1	22,0	10,0				
Uma ou duas vezes por mês	16,2	34,4	18,1	8,2	3,7	2,7	
Cinco ou seis vezes por ano	10,6	16,4	13,5	21,5	16,7	9,1	2,2
Mais esporadicamente ou nunca	65,1	27,2	40,4	70,3	79,6	88,2	97,8
Total	100,0	100,0	100,0	100,0	100,0	100,0	100,0

11. Televisão.

No momento da pesquisa, 57,3% dos lares possuíam um receptor de televisão (13,4% há menos de dois anos e 22,6% há mais de 5 anos).
62,1% dos adultos pertenciam a um lar que possuía um receptor de televisão.
A pesquisa apresenta um certo número de elementos que permitem uma caracterização da audiência da televisão.

Assim:

51,1% dos adultos assistem à televisão todos os dias ou quase todos os dias;
5,4% quase um dentre dois dias;
11,9% uma ou duas vezes por semana;
7,6% uma ou duas vezes por mês;
24% mais raramente.

Distribuição em (%) dos lares que possuem um receptor de televisão segundo...

Assistir à televisão durante as refeições

— usualmente	44,4
— de tempos em tempos	12,7
— raramente	8,2
— nunca ou quase nunca	34,7
	100,0%

Assistir à televisão depois do jantar

— o receptor está sempre ligado	26,4
— a escolha é feita de antemão, de acordo com o programa	60,0
— a escolha é feita de acordo com as primeiras imagens de cada programa	13,6
	100%

12. *Rádio.*

Distribuição dos adultos que ouvem rádio pelo menos uma ou duas vezes por dia, segundo a situação em que estão quando isso acontece:

Em 10 000 adultos que ouvem rádio pelo menos uma ou duas vezes por semana	*Não fazendo em geral mais nada ao mesmo tempo*	*Fazendo freqüentemente alguma cousa ao mesmo tempo*	*Fazendo, quase sempre, alguma cousa ao mesmo tempo*	*Total*
Ouvem rádio todos os dias ou quase todos os dias				
— noticiário	507	475	815	1 797
— programas de música, programas cantados e de vários tipos	122	304	491	917
— um pouco de tudo	769	1 334	3 375	5 478
	1 398	*2 113*	*4 681*	*8 192*
Ouvem rádio pelo menos uma ou duas vezes por semana, porém menos de uma vez por dia				
— noticiário	143	78	127	348
— programas de música, programas cantados e vários tipos	106	147	201	454
— um pouco de tudo	235	273	498	1 006
	484	*498*	*826*	*1 808*
Total	*1 882*	*2 611*	*5 507*	*10 000*

13. *Audição de discos.*

38,3% dos lares possuem uma eletrola.

44,9% dos adultos fazem parte de uma lar que possui uma eletrola e

25,9% possuem uma eletrola de uso particular.

Distribuição dos lares que possuem uma eletrola, segundo o número de discos possuídos:

Número de discos possuídos	Discos de longa duração (LP)	Compactos (simples e duplos)	Discos de longa duração (LP) e Compactos
Nenhum	6,0	2,5	—
De 1 a 10	42,8	19,4	5,0
De 11 a 25	28,2	36,7	20,4
De 26 a 50	14,1	27,2	39,0
De 51 a 80	—	—	5,1
De 81 a 125	8,3	13,6	9,2
Mais de 125	—	—	20,6
Sem resposta	0,6	0,6	0,7
	100,0	*100,0*	*100,0*

Pode ser calculado em cerca de 300 000 000 o número de discos existentes nos lares em que há uma eletrola(sendo 180 milhões de "compactos" e 120 milhões de discos de "longa duração"). Esse total corresponde a uma média de aproximadamente 50 discos por lar (aqueles que possuem uma eletrola).

14. *Espetáculos.*

Os resultados da enquete evidenciam uma enorme desigualdade de difusão das várias formas de espetáculo.

Assim, é a seguinte a proporção dos adultos que vão *pelo menos uma vez por ano:*

— ao cinema   49 %
— aos espetáculos esportivos   29,3%
— aos espetáculos de *variétés*   21 %
— a concertos   8,6%
— ao teatro   16,2%

Distribuição dos adultos segundo o tipo de espetáculo e o grau de freqüência:

	Ao cinema	Ao teatro profissional	Ao concerto de profissionais	Ao teatro ou ao concerto de amadores	Ao "Music-Hall", "Variétés", Cantores, Circo, etc.	A um espetáculo esportivo
Muitas vezes por semana	0,5	—	—	—	—	0,2
Toda a semana ou quase toda a semana	5,3	0,1	—	0,1	—	4,1
2 vezes por mês	5,7	0,5	0,1	—	—	3,1
1 vez por mês	6,4	1,8	0,4	0,1	0,4	2,5
5 ou seis vezes por ano	10,2	4,0	1,4	1,1	1,7	6,6
Mais raramente (de 1 a 4 vezes por ano)	20,9	14,4	6,5	14,9	18,7	12,8
Nunca ou quase nunca	48,7	39,7	23,5	36,0	47,5	28,7
Pessoas que nunca aí estiveram	2,3	39,5	68,0	47,8	31,5	42,0
	100,0	*100,0*	*100,0*	*100,0*	*100,0*	*100,0*

15. *Visitas a castelos ou monumentos; museus; exposições artísticas; feiras-exposição ou salões.*

É a seguinte a proporção de adultos que visitaram há menos de um ano:
— castelo ou monumento   30,1%
— feiras-exposição ou salões   33,3%
— museus   17,8%
— exposições artísticas   13,8%

O quadro abaixo apresenta a distribuição dos adultos segundo a data da última visita.

Natureza da visita	Há menos de 3 meses	Há menos de 6 meses	6 meses há menos de 1 ano	1 ano ou mais ou mais não se lembram	Nunca fizeram uma visita	Total
Um castelo ou um monumento	13,3	9,8	7,0	50,3	19,6	*100,0*
Um museu	6,9	5,8	5,1	49,6	32,6	*100,0*
Uma exposição artística	6,0	3,9	3,9	26,8	59,4	*100,0*
Uma feira-exposição, um Salão (Salão do Automóvel, Feira de Paris, Utilidades Domésticas, etc.)	12,8	8,5	12,0	44,2	22,5	*100,0*

16. *Leitura de jornais.*

Por ocasião da enquete, 59,2% dos lares recebiam regularmente um jornal diário, seja sob a forma de assinatura, seja pela compra regular por um dos membros da família; 51% recebiam hebdomadários e 35,5% revistas mensais ou trimestrais.

Quanto ao recebimento por meio de assinatura:

36,8% recebiam regularmente pelo menos um jornal diário;

47,6% hebdomadários;

73,8% revistas mensais ou trimestrais.

A importância relativa[1] da assinatura aumenta nitidamente quando se passa do jornal diário para o hebdomadário e do hebdomadário para as revistas de menor periodicidade.

Proporção dos lares nos quais se pratica a compra regular e, eventualmente, se faz assinatura segundo o tipo de jornal:

Natureza do jornal	Proporção dos lares que fazem assinatura e ainda compram regularmente	Proporção dos lares que não fazem assinatura, mas compram regularmente
Diário	23,1	47,8
Hebdomadário	29,6	35,3
Mensal	22,9	12,6

(1) E numa medida bem menor a importância absoluta.

Distribuição, por tipo de jornal, dos lares, segundo a prática de uma assinatura ou a freqüência da compra:

Natureza do Jornal	Total	Lares que assinam	Lares que não assinam		
			Compram regularmente	Compram irregularmente	Nada compram
Diário	100,0	21,8	37,4	22,2	18,6
Hebdomadário	100,0	24,3	26,7	21,6	27,4
Mensal e trimestral	100,0	26,2	9,3	18,5	46,0

17. *Leitura de livros.*

A fraca difusão do livro na França deve-se à freqüência com que os franceses lêem:

36,7% dos adultos declaram não lerem livros:

23,3% tiveram um livro em mãos, pela última vez, há mais de um mês antes da enquete;

14,2% tiveram um livro em mãos, entre uma semana e um mês antes da enquete;

14,4% no decorrer da semana que precedeu à enquete;

11,4% no dia ou na véspera da enquete.

Em outras palavras, 60% dos adultos, no momento da enquete, não tinham tido um livro em mãos, há menos de um mês. Deve-se salientar, paralelamente, que 60,6% dos adultos tinham declarado, quer nunca terem lido um livro, quer não poderem lembrar-se de um título ou do autor da última obra que haviam lido.

Por outro lado, 67,5% dos adultos declaram ler menos do que um livro por mês. Pode-se pois, estimar que quase 60% dos adultos não lêem de modo algum.

Distribuição dos lares segundo o número de livros que possuem:

Proporção dos lares que possuem:

— menos de 5 livros[1]   31,1 %
— de 6 a 25 livros   26,8 %
— de 26 a 100 livros   24,9 %
— mais de 100 livros   17,2 %

                                 100,0 %

(1) 9,2% dos lares declaram não possuir nenhum livro, "nem mesmo um livro de arte culinária, um livro de missa, um dicionário, ou um livro infantil" (não escolar)...

Distribuição dos adultos segundo o número de livros lidos, em média, por mês:

Número de livros lidos em média por mês

— nenhum	40,2%
— menos de um livro	27,3%
— 1 ou 2 livros	19,3%
— de 3 a 5 livros	9,4%
— mais de 10 livros	3,8%
	100%

Distribuição dos adultos segundo o número de livros lidos por mês e ainda relacionado com o fato de o lar possuir ou não um receptor de televisão:

Pertencem a 1 lar	Total	Número de livros lidos em média por mês					Nº médio de livros lidos por mês
		Não lêem	Menos de 1 livro	1 ou 2 livros	3 a 5 livros	mais de 5 livros	
Com TV	100,0	37,1	28,5	21,3	9,6	3,5	1,8
Sem TV	100,0	45,0	25,2	16,0	9,2	4,6	2,0

18. *Freqüência aos bares.*

3 530 000 adultos declaram ir ao bar pelo menos uma vez por dia. Mais precisamente, entre 100 adultos:
2,9 vão ao bar pelo menos duas vezes por dia;
6,4 vão uma vez por dia;
14,8 vão de uma a quatro vezes por semana;
7,5 vão uma a duas vezes por mês;
68,4 nunca vão ou quase nunca.

Distribuição dos adultos segundo a freqüência e o motivo pelo qual vão aos bares:

Em 100 adultos que vão a bar[2]	Tomam somente uma consumação	Discutem	Jogam (bilhar, cartas, P.M.U.)	Assistem à televisão
Ao menos duas vezes por dia	30,2	50,4	33,5	10,2
Uma vez por dia	44,2	36,2	25,1	3,5
De uma a quatro vezes por semana	32,5	44,0	28,6	2,8
Uma ou duas vezes por mês	44,0	43,6	10,4	4,9

(1) Por aqueles que declaram ler.
(2) A soma das porcentagens de cada coluna é superior a 100,0, uma vez que inúmeras das atividades citadas podem ser praticadas simultaneamente.

19. *Vinculação a grupos ou associações.*

10 450 000 adultos (seja 27,7%) do total declaram pertencer pelo menos a um grupo ou associação: sindicatos, associações familiares, culturais e religiosas, partidos políticos dos quais:

16,4% assumindo responsabilidades
24,0% participando regularmente das atividades
17,8% participando irregularmente das atividades
41,8% não participando de modo algum das atividades.

20. *Freqüência a cursos.*

Freqüência realizada fora das horas de trabalho ou no caso de estudantes e alunos, fora dos cursos normais (cursos dados durante os tempos de lazer).

1 945 000 adultos (seja 5,1%) freqüentam cursos e 435 000 seguem cursos por correspondência.

19,8% cursos de formação profissional
17,6% cursos de aperfeiçoamento profissional
15,4% cursos de línguas
9,9% cursos artísticos
7,4% cursos especializados
7,4% cursos de educação física
8,7% cursos de motorista.

21. *Uso de drogas estimulantes.*

(I.F.O.P., dez. 1969, amostra nacional representativa — 15 a 25 anos.)

— 3 jovens entre 10 conhecem colegas que tomaram drogas estimulantes; a proporção é a mesma para moças e rapazes.

Ela é mais acentuada entre os estudantes e os alunos (39%) e no aglomerado parisiense (52%).

— 19% mostram-se dispostos a experimentar drogas estimulantes.

15% já o fizeram, na região pariense.

5% do total dos entrevistados já tomaram drogas estimulantes.

Essa porcentagem se aproxima da apresentada pelos jovens norte-americanos que tomavam drogas em 1964 (Gallup): em 1969, alcançou 42% (Gallup).

REFERÊNCIAS BIBLIOGRÁFICAS SEGUNDO OS CAPÍTULOS DO LIVRO

I. LAZER E SOCIEDADE

1. A SITUAÇÃO AINDA NÃO ESTÁ CLARA

1. ROUGEMONT, Denis DE. L'Ere des loisirs commence. *Arts*, 10 de abril de 1957.
2. CAILLOIS, Roger. *Les Jeux et les Hommes*. Paris, Gallimard, 1958.
3. VILLERMÉ. *Tableau de l'état physique et moral des ouvriers et des employés dans les manufactures de coton, de laine et de soie*. Paris, Renouard et Cie, 1840. 2 v.
4. STOETZEL, Jean. "Les Changements des fonctions de la famille". In: *Renouveau des idées sur la famille*, Caderno nº 18 dos *Travaux et Documents*, Paris, P.U.F., 1954.

5. Monografias da École normale d'instituteurs, sobre Aumale e Saint-Jean-de-Neuville, sob a direção de Jean Ader, 1958.

6. FOURASTIÉ, Jean. *Machinisme et Bien-être*. Paris, éd. de Minit, 1951.

7. CHOMBART DE LAUWE, Paul. *La Vie quotidienne des familles ouvrières (Recherches sur les comportements sociaux de consommation)*. Paris, C.N.R.S., 1956.

8. LAFARGUE, Paul. *Le Droit à la paresse*. Paris, 1883.

9. WOLFENSTEIN, Martha. "The Emergence of fun morality". In: *Mass Leisure* (Larrabee e Meyersohn, orgs.), Glencoe, Illinois, The Free Press, 1958.

10. L.E.G.E. "Dépenses et distractions, vacances, éducation, etc.". In: *Enquêtes sur les tendances de consommation des salariés urbains: Si vous aviez 20% de plus, qu'en feriez-vous?* Commissariat au Plan e I.F.O.P., 1955.

11. MOSCOVICI, Serge. Reconversion industrielle et changements sociaux. *Cahiers de la fondation nationale des Sciences politiques*. Paris, Armand Colin, 1961.

12. GIROUD, Françoise. *La nouvelle vague. Portraits de la jeunesse*. Paris, Gallimard, 1958.

13. *Informations sociales*, número sobre as famílias em férias, maio de 1960, nº 5.

14. ARZOUMANIAN. Paupérisation absolue. *Economie et Politique*, out. de 1956.

15. GEORGE, Pierre. *Etudes sur la banlieue de Paris*. Ensaios metodológicos, Paris, 1950.

16. Enquête I.N.E.D. Cinq conquêts sociales. In: *Cahiers de l'I.N.E.D.*, nº 9, *Travaux et Documents*, 1950.

17. DESPLANQUES. *Consommation*. nº 1, 1958. *La Consommation*, 1952.

18. GOUNOD, Philippe. Les Vacances des Français en 1957. *Etudes et conjonctures*, 1958. 13, 7, pp. 607-622.

19. FRIEDMANN, Georges. *Problèmes humains du machinisme industriel*. Paris, Gallimard, 1955.

FRIEDMANN, Georges. *Le Travail en miettes*. Paris, Gallimard, 1957. (Trad. bras., Ed. Perspectiva. *O Trabalho em Migalhas*, 1972).

FRIEDMANN, Georges. *Où va le travail humain?* Paris, Gallimard, 1953.

20. LARRABEE, E. "What's happening to hobbies". In: *Mass Leisure, op. cit.*

21. RIPERT, Aline. *Les Sciences sociales du loisir aux U.S.A.* 1960. Documento datilografado.

22. RIESMAN, David. *The lonely crowd, a study of the Changing American Character*. Yale Univ. Press, New Haven, 1952, 1950. (Trad. bras., Ed. Perspectiva, *A Multidão*

Solitária, 1971), e *Individualism reconsidered, and other essays*, Glencoe, Illinois, The Free Press, 1954.

23. HAVIGHURST, R-J. & FRIGENBAUN, K. Leisure and life style. *American Journal of Sociology*, LXIV, nº 4, janeiro de 1959. pp. 396-404.
24. BIZE, (Dr.) P.-R & GOGUELIN, P. *Le Surmenage des dirigeants, causes et remèdes*. Paris, éd. de l'Entreprise moderne.
25. LEFEBVRE, Henri. *Critique de la vie quotidienne*. Paris, l'Arche, 1958.
26. MORIN, Edgar. *Le Cinéma ou l'homme imaginaire*. Paris, éd. de Minuit, 1958.
27. SWADOS, Harvey. "Less work, less leisure". In: *Mass Leisure, op. cit.*
28. I.F.O.P. *Sondages*, 1º de nov. de 1947, Distractions et Culture en France, e 1º de jan. de 1949, Les loisirs.
29. HUIZINGA, J. *Homo ludens, a study of the play-element in culture*. Londres, Paul Kegan, 1949. (Trad. bras., Ed. Perspectiva, *Homo ludens*, 1972.)
30. NISARD, Charles. *Histoire des livres populaires ou de la littérature du colportage depuis le xvᵉ siècle jusqu'à l'établissement de la commission d'examen des livres du colportage*. Paris, Amyot, 1864. 2 v.
31. I.F.O.P. Sondages, La Presse, le Public et l'Opinion. *Sondages*, nº 3, 1955.
32. ESCARPIT, Robert. *Sociologie de la littérature*. ("Que sais-je?", nº 778), Paris, P.U.F., 1958.
33. BACHELARD, Gaston. *La Formation de l'esprit scientifique, Contribution à une psychanalyse de la connaissance objective*. 3ª ed., Paris, Vrin, 1957.
34. VARAGNAC, A. *Civilisations traditionnelles et genres de vie*. Paris, Albin Michel, 1948.
35. BENARD, Jean. La répartition des dépenses de la Population française en fonction de ses besoins. *Population*, 2, abril--junho de 1953.
36. I.N.E.D. Enquête sur l'opinion publique à l'égard de l'alcoolisme. *Population*, nº 1, 1954.
37. WRIGHT, Charles & HYMAN, H. "Voluntary Association memberships of American Adults". In: *Mass Leisure, op. cit.*
38. LEWIN, K. *Psychologie dynamique*. Paris, P.U.F., 1959.

2. O LAZER VEM E VAI PARA ONDE?

1. VAUBAN, Sebastien la Pretrede. *Projet d'une dîme royale*. Paris, Guillaumin, 1943.
2. FOURASTIÉ, Jean. *Machinisme et Bien-être, op. cit.*

3. POLLOCK, Friedrich. *L'Automation, ses conséquences économiques et sociales.* Paris, éd. deMinuit, 1957.
4. NAVILLE, Pierre. La Vie de travail et ses problèmes. *Cahiers da la Fondation nationale des Sciences politiques*, Paris, Armand Colin, 1954.
5. BARRAU, P. *Conseils aux ouvriers sur les moyens d'améliorer leur condition.* 1864.
6. DUVEAU, Georges. *La Vie ouvrière en France sous le IIe Empire.* Paris, Gallimard, 1946.
   CHEVALIER, L. L'opinion populaire. In: *Classes laborieuses et Classes dangereuses*, Paris, Plon, 1958.
7. MACÉ, Jean. Cf. *Jean Macé, fondateur de la Ligue française de l'Enseignement*, de Prosper ALFARIC, éd. Le Cercle parisien de la L. F.E., 3, rue Récamier, Paris.
8. COUBERTIN, Pierre DE. *Leçons de pédagogie sportive.* Lausanne, éd. La Concorde, 1921.
9. FOURASTIÉ, Jean. *Machinisme et Bien-être, op. cit.*
10. *Revue de l'Institut Solvay.* Universidade de Bruxelas, out.-dez. de 1937.
11. PROUTEAU, Gilbert & RAUDE, Eugène. *Le Message de Léo Lagrange.* Prefácio de Léon Blum, Paris, Compagnie du Livre, 1950.
12. ROTTIER, Georges. Loisirs et vacances dans les budgets familiaux. *Esprit*, junho de 1959.
13. I.F.O.P. Conditions, attitudes, aspirations des ouvriers. *Sondages*, nº 2, 1956.
14. TREANTON, J.-R. "Le travailleur et son âge". In: *Traité de sociologie du travail*, Paris, Armand Colin, 1961.
15. NAVILLE, Pierre. La Journée de sept heures et la semaine de cinq jurs. *Tribune marxiste*, Paris, nº 8, 1959.
16. *4e Plan de modernisation et d'équipement* (Relatório sobre o).

3. DETERMINISMOS SOCIAIS E LAZER

1. LYND, Robert e Helen. *Middletown.* trad. de F. Alter, Paris, éd. du Carrefour, 1931, e *Middletown in transition*, New York, Harcourt, Brace and Co., 1937.
2. I. F. O. P. Activités sportives des Français. *Sondages*, nº 15, 1948.
3. LAZARSFELD, Paul & KENDALL, Patricia. *Radio listening in America.* New York, Prentice Hall, 1948.
4. I.N.S.E.E. Une enquête par sondage sur l'auditoire radiophonique. In: *Bulletin mensuel de statistique*, supl. março e julho de 1954.
5. VEILLE, Roger. *La Radio et les Hommes.* Paris, éd. de Minuit, 1952. (Col. "l'Homme et la Machine", nº 4.)
6. DURAND, J. *Le Cinéma et son public.* Paris, Sirey, 1958.
7. COHEN-SÉAT, G. Problèmes actuels du cinéma. *Cahiers de filmologie*, P. U.F., I, II, 1959.

8. VARAGNAC, A. *Civilisations traditionnelles et genres de vie. op. cit.*
9. HERSKOVITS, Melville J. *Les Bases de l'anthropologie culturelle.* Paris, Payot, 1952.
10. I.F.O.P. *Sondages,* número especial sobre as festas, 1º de janeiro de 1949.
11. *Rapport annuel du Conseil supérieur de la chasse et de la pêche,* 1954.
12. VAN GENNEP, Arnold. *Manuel du folklore français contemporain.* Paris, éd. Picard, 4 tomos (Publicados entre 1937 e 1953).
13. LEFEBVRE, Henri. *Critique de la vie quotidienne. op. cit.*
14. BAQUET-DUMAZEDIER, Joffre e Janine & MAGNANE, G. *Regards neufs sur les Jeux olympiques.* Paris, éd. du Seuil, 1952.
15. CASSIRER, H. *La Télévision dans le monde.* UNESCO, 1957. (Citado por.)
16. BRAMS, L. "Signification des contenus de la presse féminine actuelle". In: *l'Ecole des Parents* (6), abril de 1956. pp. 22-38.
17. BOGART. Adult talk about newspaper comics. *American journal of Sociology,* 61, 1, pp. 26-30.
18. *Enquête sur la télévision et les actes de violence,* realizada na América, 1952-1953.
19. MORIN, Edgar. *Les Stars.* Paris, éd. du Seuil, 1957. Col. "Microcosme".

4. RELAÇÕES ENTRE O TRABALHO E O LAZER

1. FRIEDMANN, Georges, *Le Travail en miettes. op. cit.*
   FRIEDMANN, G. & NAVILLE, P. *Traité de sociologie du Travail.* Paris, Colin, 1961.
2. GAUTHIER, J. L'adaptation aux travaux spécialisés dans une entreprise. In: *Bulletin du Centre d'études et recherches psychotechniques,* 1958. n.ᵒˢ 2, 3.
   GAUTHIER, J. & LOUCHET, P. *Colombophilie chez les mineurs du Nord.* Prefácio de G. Friedmann, Paris, C.N.R.S., 1960.
3. LEPLATRE, N. & MARENCO, C. *Approche sociologique des jeunes ouvriers, Résultats d'une enquête d'exploration.* Paris, Institut des Sciences sociales du travail, 1957.
4. CROZIER, Michel. "Les Activités de loisirs et les Attitudes culturelles". In: *Petits fonctionnaires au travail,* Paris, C.N.R.S., 1955.
5. VARAGNAC, A. *Civilisations traditionnelles et genres de vie. op. cit.*
6. LARRUE, J. Loisirs organisés et réactions ouvrières. *Journal de psychologie normale et pathologique,* 1958. 1.
7. *Estimations convergentes des dirigeants nationaux des syndicats C.F.T.C. et C.G.T.*

8. NAVILLE, Pierre. Cristallisation de l'Illusion professionnelle. *Journal de psychologie normale et pathologique*, P.U.F., julho-setembro de 1953.
9. PEUPLE ET CULTURE. "Journées d'étude de la Culture populaire sur les lieux du travail". In: *Peuple et Culture*, n.os 35-36 e 37-38, 1956.
10. RIESMAN, D. *Individualism reconsidered, and other essays. op. cit.*
11. FROMM, Erich. *The sane society*. Londres, Routledge and Kegan Paul, 1956.
12. HEKSCHER, P. & DE GRAZIA, S. *Executive leisure*. Enquete da *Harvard Business Review*, agosto de 1959.
13. HAVIGHURST, R. *Leisure and life-style. op. cit.*
14. LE GUILLANT. La Névrose des téléphonistes. *La Raison*, n.os 20-21, 1º trim. 1958.
15. VEIL, Claude. *Fatigue intellectuelle et organization du travail. Pourcentage de repos*. Tese de doutorado em Medicina, 1952.
16. PIEPER, Josef. *Leisure, the basis of culture*. New York, Pantheon books inc., 1952.
17. SOULE, G. The economics of leisure. *The Annals*, nº especial, *Recreation in the age of automation*, setembro de 1957.
18. NAVILLE, Pierre. "De l'aliénation à la jouissance". In: *Le Nouveau Léviathan*, Paris, liv. Marcel Rivière, 1957.
19. BENASSY-CHAUFFARD, C. & PELNARD, J. Loisirs des jeunes travailleurs. *Enfance*, outubro de 1958.
20. RIESMAN. *The lonely crowd. op. cit.*
21. LIPSET, S. Martin; TROW, Martin; COLEMAN, James-S. *Union democracy*. Glencoe, Illinois, The Free Press, 1956.
22. MAC DONALD. In: *Mass Culture, op. cit.*
23. TOURAINE, A. Travail, loisirs et Sociétés. *Esprit*, número especial sobre os lazeres, junho de 1959.
24. HERVÉ, Solange. *Diplôme d'expert psychologue sur les autodidactes* (datilografado).
25. WILENSKY, H. Travail, carrière et intégration sociale. *Revue internationale des Sciences sociales*, nº especial, 1, *Aspects sociologiques du loisir*, UNESCO, vol. XII, nº 4, 1960.
26. MEYERSON, I. Le Travail, fonction psychologique. *Journal de psychologie normale et pathologique*, 1952. 52, 1, pp. 3-18.
27. TOURAINE, A. *L'Evolution du travail ouvrier aux Usines Renault*. Paris, éd. du C.N.R.S., 1955. Trabalhos do Centre d'études sociologiques.
28. PRUDENSKY. *op. cit.*

5. FAMÍLIA E LAZER

1. DUMAZEDIER, J. & HENNION, R. *Revue internationale des Sciences sociales*, número especial, 1, Aspects sociológicos du loisir, UNESCO, vol. XII, nº 4, 1960.

2. STOETZEL, J. Une étude du budget-temps de la femme mariée dans les agglomérations urbaines. *Population*, março de 1948. n° 1.

   GIRARD, A. Une étude du budget-temps de la femme mariée dans les agglomérations urbaines. *Population*, out.-dez. de 1958. n° 4, pp. 591-618.

   GIRARD, A. & BASTIDE, H. Le Budget-temps de la femme mariée à la campagne. *Population*, abril-junho de 1959. n° 2, pp. 253-284.

3. DARIC, J. La valeur économique du travail de la femme à son foyer. *Famille* (Bélgica), junho de 1952. n° 6.

4. GOODE, W. Horizons in family theory. *Sociology to-day*, New York, 1959.

5. OGBURN, W.-F. & NIMKOFF MEYER, A. *A handbook of Sociology*. Londres, Routledge and Kegan Paul, 2ª ed., 1950.

6. STOETZEL, J. "Changements dans les fonctions familiales". In: *Renouveau des idées sur la famille*, Paris, 1954. pp. 343-369.

7. *Consommation, Annales du Centre de recherches et de documentation*, jan.-março de 1958, n° 1, e out.-dez. de 1958. n° 4, Paris.

8. FOURASTIÉ, J. e F. *Les Arts ménagers*. Paris, 1947.

9. NAVILLE, P. La Vie du Travail et ses problèmes. *Cahiers de la Fondation nationale des Sciences politiques*, Paris, 1951.

10. FOURASTIÉ, J. *Machinisme et Bien-être. op. cit.*

11. CHOMBART DE LAUWE, P. Ménages et catégories sociales dans les habitations nouvelles. Extraído dos *Informations sociales*, n° 5, Paris, éd. de l'U.N.C.A.F., 1958.

12. Enquête sur l'équipement ménager des Français. *Bulletin hebdomadaire de Statistiques*, Paris, I.N.S.E.E., 12 de maio de 1956, e I.N.S.E.E., out. de 1960.

13. GIRARD, A. Situation de la famille contemporaine. *Economie et Humanisme*, 16, 103, suplemento do 1° trim. de 1957.

14. LE CORBUSIER. *Les Trois Etablissements humains*. Paris, éd. de Minuit, 1959.

15. RIESMAN, D. *The lonely crowd. op. cit.*

16. DUMAZEDIER, J. & RIPERT, A. *Le Loisir et la Ville*. ed. C.N.R.S., 1962. 1° tomo.

17. Les Vacances des Français. *Etudes et conjonctures*, Paris, P.U.F., julho de 1958.

18. GIROUD, F. *La nouvelle Vague, Portraits de la jeunesse. op. cit.*

19. LAZARSFELD, P. & KATZ, E. *Personal influence*. Glencoe, Ill., The Free Press, 1955.

20. CHAMBRE, P. "Enquête sur le travail scolaire à la maison". In: *Courrier de la recherche pédagogique*, Paris, junho de 1955, e "Ecole nouvelle", n° 29.

21. RIESMAN, D. *The lonely crowd. op. cit.*
22. BURGESS, E.-W. & LOCKE, J.-H. *The family, from institution to communionship.* New York, American book company, 1945.
23. MEYERSOHN, R. "Social research in television". In: *Mass culture, op. cit.*
24. SCHEUCH, E.-L. Family cohesion in leisure time. *The sociological review*, vol. 8, nº 1, julho de 1960.
25. FOGEYROLLAS, P. Prédominance du mari ou de la femme dans le ménage. *Population*, jan.-março de 1951. nº 1.

II. LAZER E CULTURA

1. SHILS, E. Mass society and its Culture. Daedalus, 89, primavera de 1960.
2. GORKI, M. A propos de la science (1933). *Komsomolskaïa Pravda*, 1951.
3. LENGRAND, P. & ROVAN, J. In: *La Calabre*, obra coletiva dirigida por Jean Meyriat, Paris, A. Colin, 1960.
4. RIESMAN, D. "Work and leisure in post-industrial society". In: *Mass leisure, op. cit.*
5. Departamento do comércio, U.S.A., relatório de 1960.
6. GALBRAITH, J. *The affluent society (la Société de l'abondance).* trad., Paris, Calmann Levy, 1961.
7. Ministério da Cultura, U.R.S.S. *Annuaire statistique sur l'éducation et la culture.* 1960.
8. PRUDENSKY. Les Loisirs dans la société socialiste. *Le Kommunist*, out. de 1960. Comentário de uma pesquisa sobre o lazer, na cidade de Gorki, Novosibirsk, Krasnoiarsk.
9. LONDON, J. *Enquête sur le loisir à Oakland.* 1960. (Questionário.)
10. WILENSKY, H. "Travail, carrières et intégration sociale". In: *Aspects sociologiques du loisir, op. cit.*
11. OSSIPOV, C. & IGNATIEV, N. Communisme et problème des loisirs. *Esprit*, número especial sobre o lazer, junho de 1959.
12. ROSENBERG, B. & WHYTE. In: *Mass culture, op. cit.* LARRABEE e MEYERSOHN. In: *Mass leisure, op. cit.*
13. LOWENTHAL, L. "Un concept à la fois humaniste et sociologique: la culture populaire". In: *Aspects sociologiques du loisir, op. cit.*
14. Daedalus. Mass Culture and Mass Media. *Journal of the American Academy of arts and sciences*, 89, (2), primavera de 1960.

15. SUCHODOLSKY, B. "La Politique culturelle de la Pologne populaire". In: *Le Régime et les institutions de la République populaire de Pologne*, Bruxelas, Institut Solvay, 1960.

1. LAZER USUFRUÍDO NO FIM DO ANO E CULTURA TURÍSTICA

1. GOUNOD, B.-Ph. Les Vacances des Français en 1957. *Etudes et conjonctures*, julho de 1958.
2. *Etudes et documents* do Centre de recherches économiques et sociales, 1959.
3. Les Vacances des Français en 1951. *Etudes et conjonctures*, julho-agosto de 1952.
4. SORBELLI, Sandro. Le marché touristique: un inconnu. *Répertoire des voyages*, maio de 1958.
5. DUMAZEDIER, J. Vers une sociologie du tourisme. *Répertoire des voyages*, maio de 1958.
6. HUNZIKER, W. *Le Tourisme social*. II, Berna, Imprimerie fédérative, S. A., 1951.
7. Association internationale d'experts scientifiques (A.I.E.S.T.) du Tourisme. Compte rendu du congrès 1959. *Revue de Tourisme*, Berna.
8. RAYMOND, H. Hommes et dieux à Palinuro. *Esprit*, junho de 1959.
9. DUCHET, R. *Le Tourisme à travers les âges*. Paris, éditions Vigot, 1949.
10. BOYER, M. *L'Evolution du tourisme dans le Sud-Est de la France, sujet de thèse*.
11. Enquete oral junto à municipalidade de Saint-Tropez, executada por C. ALLO (não publicada), 1960.
12. *Etudes et documents* do Centre de recherches économiques et sociales, fev.-março de 1959.
13. *Trafic au départ des six grandes gares de Paris*. S.N.C.F., direction du Mouvement, 1ª div. 1959.
14. *The travel market. A national study*. outubro de 1953-setembro de 1954.
15. Relatório dos serviços da Prefeitura do Sena, 1959.
16. DAINVILLE, Fr. DE. Tourisme social. *Etudes*, julho-agosto de 1956. pp. 72-93.
17. Service statistique de l'Union nationale des camps de montagne, 1959.
18. Service statistique du Commissariat au tourisme, 1959.
19. Estimation des services du Haut Commissariat de la Jeunesse et des Sports.
20. LITTUNEN, Y. *Recherches en cours sur les vacances*. Helsinki, 1960.

21. VARAGNAC, A. *Civilisations traditionnelles et genres de vie. op. cit.*
22. KLINEBERG, O. et alii. Technique d'évaluation. *Revue int. Sciences Sociales,* março de 1955.

2. AS FUNÇÕES DO LAZER E A PARTICIPAÇÃO NO CINEMA

3. TELEVISÃO E LAZER

1. DURAND, J. *Le Cinéma et son public.* Paris, Sirey, 1958.
2. Centre national du Cinéma, enquete de 1954.
3. WALL, W.-D. Considérations sur la recherche filmologique. In: *Rapport aux Congrès internationaux de filmologie,* Sorbonne, Paris, 19-23, fevereiro de 1955.
4. MORIN, E. *Le Cinéma ou l'homme immaginaire.* Paris, éd. de Minuit, 1958.
5. BAZIN, A. *Qu'est-ce que le cinéma?* Paris, Ed. du Cerf. 1958.
6. HOGGART, R. *The uses of Literacy.* Londres, Chatto and Windus, 1957.
7. HUIZINGA, J. *Homo ludens. op. cit.*
8. LOWENTHAL, L. *Un concept humaniste et sociologique: la culture populaire. op. cit.*
9. DUMAZEDIER, J. & SYLWAN, B. *Télévision et éducation populaire.* Paris, UNESCO, 1955.
10. BOGART, L. *The Age of Television.* New York, Frederik Ungar Publishing Co., 1956.
11. OULIF, S.-M. Réflexions et expériences. L'Opinion des Téléspectateurs et son approche. *Cahiers d'études Radio-Télévision,* P.U.F., 3, 1954.
12. MEYERSOHN, R. "Social Research in Television". In: *Mass Culture, op. cit.*
13. BELSON. *Television and the family: an effect study.* Audience Research Department, B.B.C.
14. BARTHES, R. *Mythologies.* Paris, éd. du Seuil, 1957. (Trad. bras., DIFEL, *Mitologias,* 1972.)
15. ADORNO, T.-W. "Television and the Patterns of Mass Culture". In: *Mass Culture, op. cit.*
16. ANDERS, G. "The Phantom World of T.V.". In: *Mass Culture, op. cit.*
17. FRIEDMANN, G. Introduction aux aspects sociologiques de radio-télévision. In: *Sociologie des communications* (extraída à parte uma conferência pronunciada no C.E.R.T., fevereiro de 1956).
18. HIMMELWEIT, H.; OPPEINHEIM, A.-N.; VINCE, P. *Television and the child.* Londres, G.-B., 1958-1960.
    SCHRAMM, W.; LYLE, J.; PARKER, B. *Television in the lives of our children.* Stanford, U.S.A., 1961.

4. O LAZER E O LIVRO

5. O LAZER, A INSTRUÇÃO E AS MASSAS

1. BERELSON, B. *Who reads what books and why?* Glencoe, Free Press, 1957.
2. VARAGNAC, A. *Civilisations traditionnelles et genres de vie. op. cit.*
3. DELARUE, P. *Le Conte populaire français.* Paris, éd. Erasme, 1957.
4. NISARD, Ch. *Littérature de colportage. op. cit.*
5. DUVEAU, G. *La Vie ouvrière sous le second Empire. op. cit.*
6. PERDIGUIER, A. *Question vitale sur le compagnonnage et la classe ouvrière.* 2ª ed., Paris, 1863.
7. TOLAIN, A. In: *Tribune ouvrière,* 18 de junho de 1956.
8. BARKER, E.-R. *Le livre dans le monde.* UNESCO.
9. MONNET, P. *Monographie de l'édition.* Paris, Cercle de la Librairie, 1956.
10. ESCARPIT, R. *Sociologie de la littérature.* Paris, P.U.F., 1958.
11. DESPLANQUES, J. Consommation en 1957. In: *Consommation. Annales du C.R.E.D.O.C.,* nº 1, 1958.
12. HASSENFORDER, J. Réflexions sur l'évolution comparée des bibliothèques publiques en France et en Grande-Bretagne durant la seconde moitié du XIX siècles. In: *Bulletin de l'Union française des organismes de documentation,* nº 4, julho-agosto de 1956.

    DUMAZEDIER, J. & HASSENFORDER, J., "Eléments pour une sociologie comparée de la production, de la diffusion et de l'utilisation du livre". In: *Bibliographie de la France,* 1962.
13. LEVAILLANT, Mlle. L'Organisation des bibliothèques d'entreprise, Rapport de la commission "Bibliothèques et clubs de lecture", au XIIe congrès de "Peuple et Culture", 1956. In: *Informations sociales,* 2º ano, nº 1, janeiro de 1957.
14. RIBERETTE, P. Les Clubs du livre. In: *Bulletin des bibliothèques de France,* 1º ano, nº 6, junho de 1956.
15. Enquete junto aos principais clubes do livro (não publicada).
16. BREILLAT, P. "La lecture publique et l'école". In: *Lecture publique rurale et urbaine,* 1954.
17. DURAND, J. *Le Cinéma et son public. op. cit.*
18. HASSENFORDER, J. *Lecture en région rurale. Goût et comportement des usagers des bibliothèques circulantes départementales. Hte-Vienne.* Paris, Centre d'Etudes Economiques, out. de 1957, 12 p.

19. CACERES, B. Comment conduire le livre au lecteur. In: *Informations sociales*, 2º ano, nº 1, jan. de 1957.
    CACERES, B. Dans le secteur non commercial quels moyen sont à encourager pour mettre le livre au contact avec le lecteur? In: *Informations sociales*, 2º ano, nº 1, jan. de 1957.
20. I.F.O.P. Ce que lisent les Français? *Réalités*, julho de 1955.
21. TALLANDIER (Ed. Tallandier) informations orales.
22. Enquete junto aos editores de romances policiais.
23. FOURASTIÉ, J. De la vie traditionnelle à la vie "tertiaire". *Population*, nº 3, 1959.
24. CHARENSOL, G. Quels enseignements peut-on tirer des chiffres de tirage de la production littéraire actuelle. In: *Informations sociales*, 2º ano, nº 1, jan. de 1957.

6. ATITUDES ATIVAS E ESTILO DE VIDA
CONCLUSÃO PROVISÓRIA

1. RIESMAN, D. *The lonely crowd*. op. cit.
   HAVIGHURST, R. *Leisure and life-style*. op. cit.
2. KAPLAN, M. *Leisure in America, A social inquiry*. New York, J. Wiley, 1960.
3. LAZARSFELD, P. *Personal influence*. op. cit.
4. Centre national du Cinéma, enquete de 1954, *op. cit.*
5. HAVIGHURST, R. op. cit.
6. VARAGNAC, A. *Civilisations traditionnelles et genres de vie*. op. cit.
7. BELL, Daniel. *The end of ideology*. Glencoe, Free Press, 1960.
8. WRIGHT, C. & HYMAN. "Voluntary association memberships of American adult". In: *Mass Leisure*, op. cit.
9. GLEZERMANN, G.-E. "Le progrès culturel de la société". In: *Etudes soviétiques*, out. de 1953.
   MARX, K. Manuscrits inédits de Marx. *Le Bolchevik*, 1, 12, 1939.
10. OSSIPOV, G. & IGNATIEV, N. *Communisme et problème des loisirs*. op. cit.
11. PRUDENSKY. op. cit.
12. GORICAR. *Rapport ronéotypé pour la rencontre de Portoroz* (Iugoslávia). Groupe International des Sciences sociales du loisir, junho de 1960.

BIBLIOGRAFIA COMPLEMENTAR

(1962-1971)

Trabalhos publicados em francês sobre

LAZER E DESENVOLVIMENTO CULTURAL

BEN SAÏD, Georges. *La Culture Planifiée?* Paris, Seuil, 1969. 332 pp. [Col. "Peuple et Culture"].

BOUET, Michel. *Signification du Sport.* Paris, Éd. Universitaires, 1968. 72 pp., bibl.

——. *Les Motivations des Sportifs.* Paris, Éd. Universitaires, 1969. 240 pp., bibl.

BOURDIEU, P. & DARBEL, Alain. *L'Amour de l'art. Les musées d'art européens et leur public*, 2ª ed., rev., corr. e aum., Paris, éd. de Minuit, 1969. 247 pp.

Cazeneuve, Jean. *Les Pouvoirs de la télévision*. Paris, Gallimard, 1970. 385 pp. [Col. "Idées"]

C.R.E.D.O.C., L'Évolution de la consommation des ménages de 1959 à 1969, por J. Niaudet, *Consommation*, 2-3, pp. 7-156, abr.-set. 1970.

Cribier, Françoise. *La Grande Migration d'été des citoyens en France*. Paris, C.N.R.S., 1969. 2 v., 397 pp.

Dumazedier, J. & Imbert, Maurice (em colaboração com J. Duminy e C. Guinchat). *Espace et Loisir dans le société française d'hier et de demain*. Paris, Centre de Recherche d'Urbanisme, 1967. 2 v., 260 e 210 pp., bibl.

Dumazedier, J. & Ripert, Aline (em colaboração com Y. Bernard e N. Samuel). *Le Loisir et la Ville*. t. 1: "Loisir et Culture". Paris, Seuil, 1966. 398 pp., bibl.

De Baecque, André. *Les Maisons de la culture*. Paris, Seghers, 1967. 150 pp. [Col. "Clé pour l'Avenir"].

Fourastié, Jean. *Des loisirs pour quoi faire?* Paris, Casterman, 1970. 144 pp. [Col. "Mutations-Orientations"].

Govaerts, France. *Loisir des femmes et Temps libre*. Bruxelas, Edição do Institut de Sociologie, 1969, 312 pp.

Hassenforder, Jean, *Développement comparé des bibliothèques publiques en France, Grande-Bretagne et aux États Unis dans la seconde moitié du XIXe siécle*. Paris, Cercle de la Librairie, 1967. 211 pp., bibl.

Institut National de la Statistique et des Études Economiques, *Les Comportements de loisirs des Français*, por Pierre Le Roux, Les collections de l'I.N.S.E.E., M, 2, julho 1970. pp. 3-61.

Kaes, René. *Images de la culture chez les ouvriers français*. Paris, Cujas, 1968. 348 pp., bibl.

Lanfant, Marie-Françoise. *Recherche sur le développement culturel et social*. Paris, 5 Relatórios, 1967 a 1969, em colaboração com M.-J. Parizet.

Lang, Jack. *L'État et le Théâtre*. Paris, Pichon e Durand-Auzias, 1968. 375 pp.

Larrue, Janine. *Loisirs ouvriers chez les métallurgistes toulousains*. Paris, Mouton, 1963. 223 pp.

Mesnard, André-Hubert. *L'Action culturelle des pouvoirs publics*. Paris, Librairie générale de Droit et de Jurisprudence, 1969. 545 pp.

Piel, J. *Relations sociales et Loisirs des adolescents*. Bruxelas, La renaissance du livre, 1968. 335 pp.

Touraine, Alain. *La Société post-industrielle*. Paris, Denoël, 1969. 319 pp. [Col. "Médiation", 61].

Trichaud, Lucien. *L'Éducation populaire en Europe*. Paris, Éditions Ouvrières, 1968. t. 1.

TEMKINE, Raymonde. *L'Entreprise théâtre*. Paris, Cujas, 1967. 497 pp.

VILLADARY, Agnès. *Fête et Vie quotidienne*. Paris, Éditions Ouvrières, 1968. 242 pp. [Col. "Évolution de la vie sociale"].

BIBLIOGRAFIAS ESPECIALIZADAS

DUMAZEDIER, J. & GUINCHAT, C. *Les Sciences sociales e l'Organisation du Loisir*. Paris, Cujas, 1966. 2 t.

DUMAZEDIER, J. & GUINCHAT, C. La Sociologie du Loisir. Tendances actuelles de la recherche et bibliographie (1945-1965). *La Sociologie Contemporaine,* Mouton, v. XVI, 1, 127 pp., 1968.

Este livro foi impresso em São Paulo,
nas oficinas da Orgrafic Gráfica e Editora, em dezembro de 2014,
para a Editora Perspectiva.